中公新書　2812

赤松明彦著

サンスクリット入門

インドの思想を育んだ「完全な言語」

中央公論新社刊

はじめに――サンスクリットという言語とその文法

ギリシア語を話すギリシア人やペルシア語を話すペルシア人はいても，サンスクリット語を話すサンスクリット人は今もいないし昔もいなかった。どうしてだろうか。答えは簡単で，「サンスクリット」が，言語に付けられた名称だからである。サンスクリット地方もなければ，サンスクリット民族も存在しない。だからわざわざ「語」を付けて「サンスクリット語」と言う必要はない。以下では，「サンスクリット」と言うことにする。

サンスクリットは，奇妙な言語である。この名称は，「完全なものにされた」を意味する「サンスクリタ」というサンスクリットの単語（過去分詞形の形容詞）に由来する。なぜこのように呼ばれるかと言えば，この言語が，文法によって，「完全なものにされた」ものだからである。そしてこの文法を「パーニニ文法」と言う。

「パーニニ文法」とは，パーニニという人物が作ったサンスクリットの文法のことである。パーニニは，紀元前350年頃，今のパキスタンの北西部にあたるガンダーラ地方に生まれた。ただし，パーニニ自身が，自分が文法を作った言語を「サンスクリタ」と呼んだわけではない。「バーシャー」，つまり「言葉」と言っているだけである。彼は，自分が属する集団の中で話されている言葉や，その周辺で話されている言葉，さらに宗教儀礼のうちに伝承されてきた言葉などを対象にして，あたかも現代の言語学者がフィールドで聞き取り調査をして未知の言語の語彙と文法の体系全体を記述するように，その言葉の語彙とそこに働いている様々な規則を取りだし，記号を並べた暗号文のような短句にして規則集を作った。

その規則集は，一般に，「パーニニ・スートラ（経）」と呼ばれているが，正式名称は『アシュタ・アディヤーイー』（『8章からなる文典』）である。この名が示す通り，この規則集は全体が8章からなっている。各章は，またそれぞれ4つの節からなり，節ごとに1番から始まる番号が付された規則（スートラ）が並んでいる。各「スートラ」には番号が付いているから，規則のひとつひとつを，「章・節・スートラ番号」によって示すことができる。たとえば最初のスートラ1. 1. 1は，次のようである。（本書では，サンスクリットの文を原則としてローマ字で示す。）

vṛddhir ādaic「ヴリッディは，āT と aiC である。」

これが表す規則の内容は，「この規則集の中で使われる術語〈ヴリッディ〉vṛddhi は，ā という長母音の音素と，ai と au という二重母音の音素を表す」である。これは規則集の中で使われる術語を定義する規則で，「ヴリッディ」は，日常使われる意味では，「増大」とか「成長」であるが，この規則集の中ではそのような日常の意味とは別の特殊な音韻上の現象（後に説明する「ヴリッディ化」）に関わる術語として使われている。また，āT とか aiC というのは，暗号表に基づく暗号のようなものである。規則の中には，このような術語を定義する規則もあれば，文法的な操作を規定する規則もあり，もとの形から具体的な単語としての語形が作り出されるプロセスを，それらは説明するように作られている。

この規則集の全体は，このような短句で表現される約4000の規則で構成されている。規則集の本体に先立って，一般に「シヴァ・スートラ」と呼ばれている「音の一覧表」が掲げられ，また付表として「動詞の語根一覧表」や「名詞の基本形一覧表」が付いている。紀元前4世紀に作られたと聞いて，古代の原始的なものを思い浮かべた人もいるかもしれないが，実際はプログラミング言語にも比すことができる簡潔性と体系性をもった文法の規則集であり，「人類の知性の最も偉大な金字塔のひとつ」（L・ブルームフィールド『言語』）と言われている。

パーニニは，どのような人物であったか。彼は，当時インド北西部にいたアーリヤ人の祭官層に属する学者・知識人であったと考えてよいだろう。パーニニが生きた時代には，西から移動してきたアーリヤ人の活動の中心はすでにガンジス川流域の平原地帯に移っている。そこでは，仏教やジャイナ教といった新しい宗教運動が起こり，インド社会が大きな変革期を迎えた時期にあたる。パーニニが活動していたその頃のガンダーラ地方は，ガンジス川流域から見ればすでに周辺部である。しかし，アーリヤ人の故地とも言うべき地域であったから，なお古代のヴェーダ語が保持される一方で，話し言葉として新たに発展した言語が，祭官層に属する特定の集団のうちに流通していたと思われる。そして，この集団に属する人たちは，「シシュタ」と呼ばれていた。

「シシュタ」は，パーニニ文法の伝統を引き継いだ文法学者パタンジャリ（紀元前2世紀中頃）の『マハー・バーシュヤ（大注解書）』などでは，「文法学を学んでいないのに，その話す言葉が文法から逸脱しない者」を意味するとされている。これは，「心の欲するところに従って矩（のり）をこえない」有徳の人と同様に，後世では理想の人格を言うものだろうが，パーニニが活躍した当時においては，それは，一般に知識人を指し，パーニニの文法にとってのモデルスピーカーたちを言うものであった。

こうして文法の体系が形作られた結果，その言葉はその文法によって規定されることになった。それがサンスクリットである。サンスクリットとは，つまり，パーニニの文法規則から逸脱することのない「完全な言語」を言うのである。したがって，「サンスクリタ」という語が，そのような特定の言語を意味するものとして一般に使われるようになるのは，パーニニ以後のことで，おそらくかなり時代が下がってからのことである。最初期のものとしてかろうじて認められる用例は，最古層が紀元前2世紀に成立したとされる『ラーマーヤナ』に見られるが，これは固有名詞としてではない。確実な用例は，ようやく7世紀の詩論書に確認されるもので，そこでは，「サンスクリタ」は，パーニニ（およびパーニニ派の学者）の文法を規範とした言語（つまりサンスクリット）を指すという通念ができあがっている。

こうしてみると，サンスクリットという言語の奇妙な特徴がはっきりと見えてくるだろう。サンスクリットは，文法が先にある言語なのである。文法を学ばないと習得できない言語であるから，母語としてそれを自然に身につける人はいないということになる。パンディットと呼ばれる学者の家系に生まれると，子供は3歳頃からサンスクリットの学習を始めることになる。そんなわけで，インドでは，現代でも，3歳でパーニニのスートラ4000すべてを人前で暗唱してみせた子供のニュースが流れたり，ギネス・ブックのインド版である *Limca Book of Records* で，暗唱の最年少記録を競ったりすることになる。

このことは裏返せば，パンディットの家に生まれても，母

1ルピー札

語は別にあるということである。それがそれぞれの地域の言語であり，方言である。現代のインドでは，19569の言語（および方言）が，母語として話されていると言う（2011年のインド国勢調査による）。大部分の人々は，共和国憲法でいわゆる公用語として認められた22の言語（ヒンディー，マラーティー，ベンガリー，タミル，グジャラティー，ウルドゥー，ネパーリーなど。サンスクリットもこの22の中に入っている）を話しているが，この22の言語も含めて，1万人以上の話者人口をもつ言語は121ある。

近年，インドでは電子マネーが急速に普及して紙幣を使うことが少なくなったようだが，インドのルピー紙幣の裏には英語とヒンディー語による額面表記とは別に，15の現代インド語の文字で金額が列記されている。写真は，2020年に新しく発行された1ルピー札（1ルピーは約2円）で，左端にそれぞれ「1ルピー」と書かれている。

このような現代インドの地方語の多くは，「プラークリット」と総称される古代インドの地方語に起源をもつものである。たとえば，仏教の初期の経典はパーリ語で伝承されているし，ジャイナ教の多くの典籍はアルダマーガディーと呼ばれる地方語で残されている。これらの言語も，ひとつの体系として音韻や文法の法則をもっている。ただ，サンスクリットが人工言語的な不変の厳密さをもっているのに対して，プラークリットは自然言語としてある種のルーズさをもっており，サンスクリットでは厳密に区別されていた音が区別されなくなったり，母音が融合したりして，時代や地域による変化が認められる。

文法学者にとっては，そしてこれこそがインド的な言語観の典型とも言えるが，サンスクリットは，永遠・不変の言語でなければならない。しかし，パーニニは，その規則中で，他の文法家の名前を挙げながら，同じ語でも別の語形が使用される場合があることに言及している。この事実は，ある語が地域の違いによって変化するということを認めていたことを示している。パーニニは，古いヴェーダ語と，新しい「話し言葉（バーシャー）」についての観察と考察を重ねる中で，先行者によって使われた用語や考え出された文法規則のようなものをも借用しながら，ひとつの体系としてのサンスクリットの文法規則集を作り上げたのである。

パーニニ文法以外に，体系的に記述されたサンスクリット文法はなかったのかと言えば，そんなことはない。いずれも紀元後になるが，2世紀頃のシャルヴァヴァルマンや，5世紀のチャンドラゴーミンの文典，あるいは6世紀のプージュヤパーダや，12世紀のヘーマチャンドラの文典などは，比較的有名である。ただ彼らの文法は，本来の意図はどうあれ，結果的には特定の宗派でのみ受け入れられたもので，前二者は仏教徒によって，後二者はジャイナ教徒たちによってもっぱら学ばれたようである。したがって，その広がりは限られたものであった。

そこで本書では，このパーニニの文法に基本的に基づきながら，古典サンスクリットの作品に現れてくるサンスクリットの文章を例文として，文法事項の説明を進めていくことにしたい。先ほど言ったように，古典サンスクリットの作品は，文学作品だけでなく，法律の文書でも，哲学書でも，医学や数学の専門書でも，サンスクリットで書かれている限りパーニニの文法に従っている。

ただ，本書でも比較的数多く引用することになる，二大叙事詩『マハーバーラタ』と『ラーマーヤナ』は，パーニニ文法とは若干異なる「叙事詩サンスクリット」の特徴を示すことがある。また，仏教やジャイナ教のサンスクリットのテキストも文法的に厳格でないことがある。しかし，本書は，実際の作品の中に現れてくる具体的な文章を例文にして，なまのサンスクリットを学ぶことを目的にしている。文法書にありがちな木で鼻をくくったような例文はなしにしたい。したがって，ときにはパーニニ文法によっては説明することが難しい例文が出てくることもあるだろう。そのような文章も含めて，ゆっくりと楽しみながら読んでもらえたらと思う。それでは，めくるめくサンスクリットの世界へと迷い込むことにしよう。

目次

変化表の一覧

デーヴァナーガリー文字一覧表

※文字の配列はユニコード表に基づく。上欄と左欄の数字・記号は、その文字コード番号である。表では、上段にデーヴァナーガリー文字、中段に対応するローマ字転写、下段におおよそ対応するカタカナ音を示している。網掛けになっている文字はサンスクリットでは使われない。

	0	1	2	3	4	5	6	7
090	○ऀ	○ँ	○ं	○ः	ऄ	अ	आ	इ
	反転鼻音化記号	チャンドラ・ビンドゥ（鼻音化記号）	アヌスヴァーラ（特別鼻音）	ヴィサルガ	短母音 a	a	ā	i
					ア	ア	アー	イ
091	ऐ	ऑ	ऒ	ओ	औ	क	ख	ग
	ai	チャンドラ記号 ā	タミル語などの短母音 o	o	au	ka	kha	ga
	アーイ	オ	オ	オー	アーウ	カ	カ	ガ
092	ठ	ड	ढ	ण	त	थ	द	ध
	ṭha	ḍa	ḍha	ṇa	ta	tha	da	dha
	タ	ダ	ダ	ナ	タ	タ	ダ	ダ
093	र	ऱ	ल	ळ	ऴ	व	श	ष
	ra	ドラヴィダ語の歯茎ra音	la	ヴェーダ語の反舌音 ḻa	ドラヴィダ語のla音	va	śa	ṣa
	ラ	ラ	ラ	ラ	ラ	ヴァ（ワ）	シャ	シャ
094	○ी(की)	○ु(कु)	○ू(कू)	○ृ(कृ)	○ॄ(कॄ)	○ॅ	○ॆ	○े(के)
	○ī (kī)	○u (ku)	○ū (kū)	○ṛ (kṛ)	○ṝ (kṝ)	チャンドラ記号 a	タミル語などの短母音記号 e	○e (ke)
	○イー（キー）	○ウ（ク）	○ウー（クー）	○リ（クリ）	○リー（クリー）			○エー（ケー）
095	ॐ	॑	॒	॓	॔	○ॕ	○ॖ	○ॗ
	oṃ	高アクセント記号（ヴェーダ）	アクセントなし記号（ヴェーダ）	重アクセント記号	鋭アクセント記号	チャンドラ記号長母音 ā	カシミール語などの母音記号 ụ	カシミール語などの母音記号 ụ̄
	オーム							
096	ॠ	ॡ	○ॢ(कॢ)	○ॣ(कॣ)	।	॥	०	१
	ṝ	ḹ	○ḷ (kḷ)	○ḹ (kḹ)	ダンダ（区切り記号）	二本ダンダ（区切り記号）	0	1
	リー		○リ（クリ）					
097	॰	ॱ	ॲ	ॳ	ॴ	ॵ	ॶ	ॷ
	省略記号	緊張母音記号	マラーティー語　独立母音	カシミール語 ạ	カシミール語 ạ̄	カシミール語 ô	カシミール語 ụ	カシミール語 ụ̄

※表において、◌は任意の子音字を表している。その右側の（　）内に具体例を、क्(k)を代表例にして示している。なお、サンスクリットで母音とされる ऋ や ऌ のローマ字転写は、正式には、この表に示すように、r や l の下点は白ぬきの ｡ である。しかし本文中では黒丸で示している。

	8	9	A	B	C	D	E	F
090	ई	उ	ऊ	ऋ	ऌ	ऍ	ऎ	ए
	ī	u	ū	r̥	l̥	チャンドラ記号 e	タミル語などの短母音 e	e
	イー	ウ	ウー	リ	リ	エ	エ	エー

091	घ	ङ	च	छ	ज	झ	ञ	ट
	gha	ṅa	ca	cha	ja	jha	ña	ṭa
	ガ	ンガ	チャ	チャ	ジャ	ジャ	ニャ	タ

092	न	ऩ	प	फ	ब	भ	म	य
	na	ドラヴィダ語の歯茎鼻音	pa	pha	ba	bha	ma	ya
	ナ	ナ	パ	パ	バ	バ	マ	ヤ

093	स	ह	◌ऺ	◌ऻ	◌़	ऽ	◌ा (का)	ि◌ (कि)
	sa	ha	カシミール語の母音記号 a	カシミール語の母音記号 ā	ヌクター記号	アヴァグラハ	◌ā (kā)	◌i (ki)
	サ	ハ				’	◌アー(カー)	◌イ　キ

094	◌ै (कै)	◌ॉ	◌ॊ	◌ो (को)	◌ौ (कौ)	◌् (क्)	◌ॎ	◌ॏ
	◌ai (kai)	カシミール語などの母音記号 ạ̄	短母音記号 o	◌o (ko)	◌au (kau)	ヴィラーマ符号 (k)	シャーラダー文字母音記号	短母音記号 aw
	◌アーイ(カーイ)			◌オー(コー)	◌アーウ カーウ			

095	क़	ख़	ग़	ज़	ड़	ढ़	फ़	य़
	ヒンディー語外来音 qa	ヒンディー語外来音 xa	ヒンディー語外来音 ġa	ヒンディー語外来音 za	ヒンディー語 ṛa	ヒンディー語 ṛha	ヒンディー語外来音 fa	マガール語 yha
	カ	ハ	ガ	ザ	ラ	ラ	ファ	ヤ

096	२	३	४	५	६	७	८	९
	2	3	4	5	6	7	8	9

097	ॸ	ॹ	ॺ	ॻ	ॼ	ॽ	ॾ	ॿ
	マールワリー語 ḍa	アヴェスター語 ža	ヴェーダ語 y̌a	マールワリー語 g̈a	シンド語 ǰa	声門破裂音	シンド語 d̤a	シンド語 B̤ē
	ダ	ザ	ザ	ガ	ジャ		ダ	バ

DTP・市川真樹子

第1課　文字と発音

それではサンスクリットの学習をはじめよう。言葉は音声から成り立っている。赤ん坊は，言葉を話し始めるときにはまだ文字を知らない。外国語を学ぶときにはまず耳から入るのがよいということもよく言われることだ。サンスクリットを学ぶ場合でも同じだと言うので，サンスクリット会話のクラスをもっている大学が，インド本国だけでなく，欧米にもある。しかし，この本を手にしたあなたは，この本を読むことで，サンスクリットについて知りたいと思っているはずだから，先に文字を知る必要がある。そこで，サンスクリットという言語を写すための文字について，まずは見ることにしよう。

サンスクリットを写す文字として，おそらくあなたは，「梵字」というのをご存知だろう。あるいは，「悉曇文字」というのを聞いたことがあるかもしれない。古代インドの文字の中で，紀元前250年頃のアショーカ王の碑文に使われているものが，ブラーフミーと呼ばれる文字である。これが「梵字」である。「ブラフマー神が創った文字」を意味している。ブラフマー神というのは，古代インドの創造神だが，仏教との関わりが深く，お釈迦さんが覚りを開いたときに，その覚りの内容を人々に伝えるように懇願したのが，このブラフマー神であり，後には仏教の守護神となった。日本人には馴染みの「梵天」である。悉曇文字は，この梵字が変化し発展した字体のもので，日本で伝統的に梵字と言われているのは，この悉曇文字である。身近なところでは，お墓に建てる卒塔

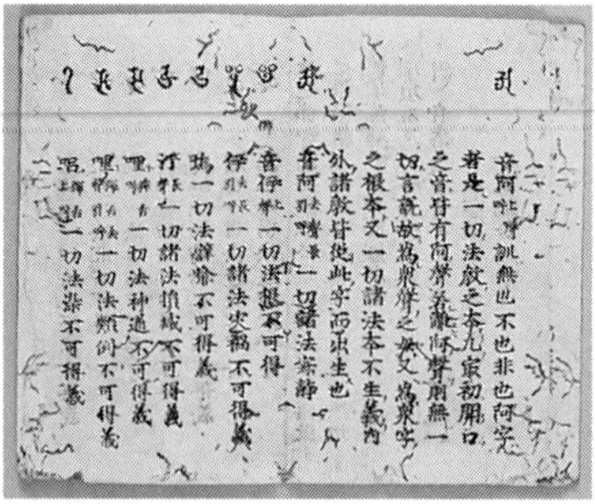

『梵字悉曇字母幷釈義』（国立国会図書館蔵）

婆に書かれていたりする。

この「悉曇文字」は，天平年間の8世紀前半に日本に伝えられたとされるが，この文字をサンスクリットという言語，つまり梵語とともに，本格的に学んだとされるのが，平安時代の真言宗の開祖である空海であった。『梵字悉曇字母幷釈義』という著作には，サンスクリットのアルファベットにあたる文字のひとつひとつが示され，解説がなされている。

そこで我々も，この悉曇文字でサンスクリットを勉強しようということになるかと言えば，そうは行かない。この字体はインドでは早くに使われなくなったからである。インドでは，サンスクリットを写すのに，その時代や地域ごとに様々な文字が用いられてきたが，10世紀（？）頃になると，一般的にデーヴァナーガリーと呼ばれる字体が用いられるようになった。これもブラーフミー文字（梵字）から発展した字体である。このデーヴァナーガリーが，現在では，サンスクリットを書き表す文字として筆記や印刷において広く流通している。現代インド語であるヒンディー語も，この文字を使って表記されている。

次に示すのがデーヴァナーガリーによる基本的な文字の一覧である。それぞれの文字と，それを写すのに現在一般的に用いられているローマ字表記とを示している。それに加えて，その発音をカタカナで示しているが，有気音と無気音の区別をカタカナでは示せない。「カ」と「カハ」のようにして区別することも可能だが，子音が連続する場合などもあって大変煩わしい。カタカナでデーヴァナーガリー文字の音を正確に示すことは極めて困難だと思えるので，本書で示すカタカナ表記は便宜的なものだと思ってほしい。

母音

		短			長		
単母音		अ	a	ア	आ	ā	アー
	口蓋音	इ	i	イ	ई	ī	イー
	唇音	उ	u	ウ	ऊ	ū	ウー
	反舌音	ऋ	ṛ	リ	ॠ	ṝ	リー
	歯音	ऌ	ḷ	リ	ऌの長音は使用されない		
二重母音	口蓋音	ए	e	エー	ऐ	ai	アーイ
	唇音	ओ	o	オー	औ	au	アーウ

ヴィサルガ　　　　：　例　अः　aḥ　　　　　　　　アハ
アヌスヴァーラ音　˙　例　अं　aṃ（または aṁ）　アム

※以下の子音などの表では，〈ka〉などのように，母音〈a〉を伴った形で音を表しているが，実際の子音として発音されるのは，〈a〉を伴わない〈k〉などである。

子音（破裂音と鼻音）

	無声無気音			無声有気音			有声無気音			有声有気音			鼻音		
喉音	क	ka	カ	ख	kha	カ	ग	ga	ガ	घ	gha	ガ	ङ	ṅa	ンガ
口蓋音	च	ca	チャ	छ	cha	チャ	ज	ja	ジャ	झ	jha	ジャ	ञ	ña	ニャ
反舌音	ट	ṭa	タ	ठ	ṭha	タ	ड	ḍa	ダ	ढ	ḍha	ダ	ण	ṇa	ナ
歯音	त	ta	タ	थ	tha	タ	द	da	ダ	ध	dha	ダ	न	na	ナ
唇音	प	pa	パ	फ	pha	パ	ब	ba	バ	भ	bha	バ	म	ma	マ

半母音（有声）

口蓋音	य	ya	ヤ
反舌音	र	ra	ラ
歯音	ल	la	ラ
唇音	व	va	ヴァ

歯擦音（無声）

口蓋音	श	śa	シャ
反舌音	ष	ṣa	シャ
歯音	स	sa	サ

気音（有声）　ह　ha　ハ

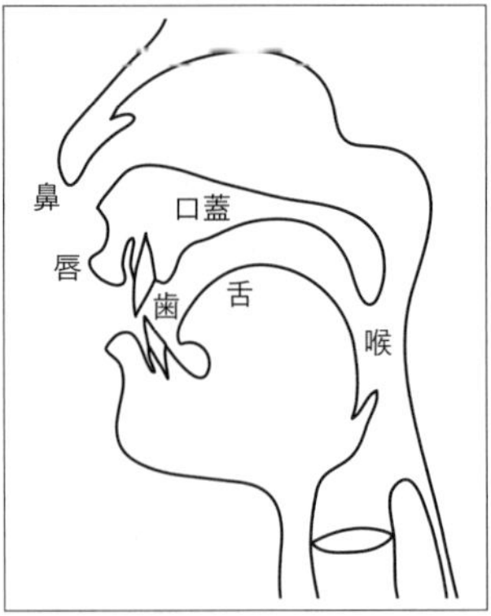

音声器官の構造

この一覧表は，日本語の「あいうえお，かきくけこ，さしすせそ，……」と並ぶ50音表（46文字）に対応するものではなく，「あいうえお」（母音）と「かさたなはまやらわ」という各行の最初の文字〈子音＋ア音〉だけを並べた表に対応するものである。日本語のひらがなやカタカナは，音節文字だから，母音以外の文字は，原則的に子音と母音からなるひとつの音節を表す文字でできている。だから，子音が同じでも母音が異なれば，文字の形は全く違ったものになる。一方，ローマ字は音素文字だから，ひとつの文字がひとつの音素に対応している。たとえば，ローマ字のkaとkiは，同じ子音(k)をもっているが，これを仮名で表せば，前者は「か／カ」，後者は「き／キ」で，字体は全く似ていない。

ではデーヴァナーガリーはどうだろうか。上に見たように，कがka「カ」だから，デーヴァナーガリーも音節文字のように見える。ところが，ki「キ」はकिである。全部並べてみよう。〈क　ka　カ〉〈कि　ki　キ〉〈की　kī　キー〉〈कु　ku　ク〉〈कू　kū　クー〉〈कृ　kṛ　クリ〉〈कॄ　kṝ　クリー〉〈कॢ　kḷ　クリ〉〈के　ke　ケー〉〈कै　kai　カーイ〉〈को　ko　コー〉〈कौ　kau　カーウ〉である。

こうして見るとकは，子音のkを表す音素文字のようにも見える。子音文字に何も符号が付いていないときには，常に母音aを伴っていると考えられる。では子音だけを表すにはどうしたらよいか。क्のように各文字の下にヴィラーマと呼ばれる符号を付けるのである。上の一覧表で見たक्以外の他の子音などについても同様である。母音を表す符号を付けて，〈चि　ci　チ〉や〈मू　mū　ムー〉や〈वृ　vṛ　ヴリ〉のように書けばよいのである。

ただ中には〈रु　ru　ル〉のように特殊な字形になるものもあり，また〈क्र　kra　クラ〉のように子音に続く ्र は尻尾になり，一方子音に先立つときは，〈र्क　rka　ルカ〉のように鉤（かぎ）になるのもある。また，〈ज्ञ　jña　ジュニャ〉や〈क्ष　kṣa　クシャ〉のように子音の字体が変化してしまうものもある。

このようにいくつかの子音が連続するときには結合文字が作られる。たとえば，次のようにである。

ङ्ख्य　　ङ्क्ष्य　　ङ्क्त्य

ṅkhya　　*ṅkṣya*　　*ṅktya*

このような結合文字は数多くあるが，ここでそれらをひとつひとつ挙げることはしない。また文字だから，当然，書き順がある。原則は上から下，左から右だがこれもここでは述べないことにする。またデーヴァナーガリーの文字の上部には横の線が１本必ず入っている。この横線はいつ書くのか。１文字を書くのであれば，横線の下の部分を先に書いて，次に横線を引いて，その後に横線の上の部分を書く。しかし，संस्कृतः saṃskṛtaḥ のような単語の場合，さらに単語が並ぶ文章の場合はどうするのか。横線は語末や行末の切れのよいところで最後に引くことになっている。いやノートにサンスクリットの文をデーヴァナーガリー文字で書く場合は，たいてい横線は引かないままであった（私の場合）。

このように，デーヴァナーガリー文字は，左から右に横に連なって単語を作り，単語が連なって文を作るから，デーヴァナーガリー文字で書かれたサンスクリットの文は，左から右に読むことになる。ところが，先に触れた梵字（悉曇文字）は，お墓に建つ卒塔婆やお寺の石塔などに時々見られるように，縦に書かれることが多い。それらの多くは「陀羅尼」と呼ばれる呪文で１字が１音で成り立っている。１文字ごとに独立した意味が与えられているから，漢字と同様に独立した文字として縦書きも可能である。

また，古代のインド系の文字で，アショーカ王の勅令を記した碑文や初期の仏典を記した文字の中にはカローシュティー文字もある。こちらは，アラビア語やペルシア語で使われるアラビア文字と同様に，右から左に書かれる。また，時代が下がれば，インドの各地域で，その地域の言語の文字で書かれたサンスクリットの文が残されている。先に，現代インドの紙幣には英語とヒンディー語のほかに15種の文字で額面が示されていると言ったが，タミル語やベンガル語，あるいはグジャラート語などで使われるそれぞれのインド系文字で，サンスクリットの古典の出版もなされている。また，東南アジア諸地域の文字でも碑文などでサンスクリットの文が残されている。このようにサンスクリットを表記する文字は多く存在している。したがって，本書では，サンスクリットを表記するのに，デーヴァナーガリー文字ではなく音写したローマ字を使うが，基本的にはこれらのどの文字を使ってもその「音」は同じである。

さて以上で文字の話は終わりである。この文字をすぐに覚えることは難しい。それに本書は，サンスクリットを日本語で読むことを目的にした本である。だから，文字については これぐらいにして，この後はもっぱらローマ字によってサンスクリットの単語や文章を示すことにしたい。

なお，インド系文字について知りたければ，町田和彦（編著）『華麗なるインド系文字』（白水社，2001年）がある。

コラム１　有声音と無声音，有気音と無気音

３頁と４頁の表で言えば，母音と鼻音と半母音は有声音である。加えて，子音のうちで，有声無気音と有声有気音の欄に並んでいるのが有声音である。いずれも声帯（のど）の振動を伴う音である。一方，無声音は，声帯の振動を伴わずに発せられる音で，先の表で言えば，無声無気音と無声有気音，それに歯擦音である。また，有気音と無気音の区別は，表で言えば，〈kha〉と〈ka〉の違いで，破裂音（k，g，c，j，ṭ，ḍ，t，d，p，b）の後に母音が続く場合，母音を発音する前に気息が伴われるのが有気音である。帯気音とも言われる。

第2課　音の変化と意味の変化

言語には，語を作ったり文を作ったりするときに，もとの音が別の音に変化するという特徴がある。それは，音を変化させることによって，その語がもともともっていた意味や文法的な働きがそこでは変化したことを表すためのものである。そうした音の変化はたいてい規則的に起こることが知られている。そのような規則を理論的に明らかにするのが，音韻論と呼ばれるものである。ここからは，サンスクリットの音韻論を見ていくことにしよう。

日本語には「濁音化」という現象がある。「雨降り」は「あめふり」なのに，「土砂降り」は，なぜ「どしゃぶり」なのか。外国人に日本語を教えていて，この濁音化に関してなにか規則的な説明はできないものかと，日本語の先生でなくても考えるはずである。「本居（もとおり）・ライマンの法則」というのがあるが，必ず例外は見つかる。一方で，我々は「あめぶり」とか「どしゃふり」と言うことはない。ひとつひとつの語についての用法をおおよそ身につけているのである。

日本語の濁音化に関して言えるのは，結局一般的な法則をそこに見出（みいだ）すことは難しく，個々の語のひとつひとつにその語が経てきた歴史的な何らかの理由があって，濁音化が起こったり，起こらなかったりしているのだということであろう。そこには，音韻（発音）が関わっていたり，意味が関わっていたり，文法が関わっていたりするはずである。語形成における音の変化は，口調とか音声だけの問題ではなく，その語がこうむってきた様々な要因を反映したものなのである。そこで以下では，サンスクリットの語形成における音の変化を見ていくことにしよう。

まず，具体例について見ることにする。サンスクリットの語形成において起こる音の変化は規則的である。それというのも，そのような音の変化を文法が定めているからである。したがって，今から述べるサンスクリットの語形成における音の変化は，ほぼ例外なしに起こるものであることをまず知っておいてもらいたい。

ここでは，「ブッダ」（buddha）という語を例にして，語形成における音の変化を見ることにしたい。「ブッダ」は，「覚(さと)った人」という意味である。「ブッダ」が，仏教の開祖の名前であることは誰もが知っているだろう。そして仏教徒のことを，サンスクリットでは「バウッダ」（bauddha）と言う。つまり，「バウッダ」は「ブッダ」の派生語であって，「ブッダに関する」という意味を表す形容詞であり，そこから「ブッダに関係する人」，つまり「仏教徒」を表す名詞へと転化しているのである。ここでは，この「ブッダ」と「バウッダ」を例にして，具体的にサンスクリットの語形成における音の変化のありさまを見ることにしよう。

この「ブッダ」という語は，人の名前を指す場合は，固有名詞であるが，一般的には「覚った」という意味の形容詞である。そしてこれは，「覚る，気づく，知る」という意味を表す語根 budh- の過去分詞形 buddha- である。過去分詞を標示する接辞は，-ta- であるから，この buddha- という過去分詞形は，語根 budh- に，-ta- が付いた形ということになる。そのことを次のように表してみよう。

budh- ＋ -ta- → bud-dha-

ここにはどんな音の変化が起こっていると言えるだろうか。次の課で詳しく見るように，サンスクリット文法では，ある語が作り出されるときにその語の内部で音が変化する現象を，「内連声（ないれんじょう）」と呼ぶ。その詳しい規則については，次課で学ぶ。「連声」というのは，一般に，２つの語が連続するときに，前の語の末尾の音と後の語の先頭の音のいずれかあるいはその両方で音の変化が起こることである。サンスクリット文法では，そのような２つの語の間で起こる現象を「外連声（がいれんじょう）」と言い，他方，単語の形成においてその単語の内部で起こる音の変化を「内連声」と言う。

その「内連声」の現象のひとつがここで起こっているのである。この現象は，「有声有気音は，t または th が後続する場合に，有声無気音となり，後続する t または th は有声有気音の dh となる」と説明することができる。

語形成における音の変化の現象を説明（記述）すればこのようになるが，これを文法という観点から言い換えれば，「語根 budh- の過去分詞形を作る場合，それに接辞 -ta- を添えて作るが，その際，有声有気音 dh を有声無気音 d とし，後続する t を有声有気音の dh にしなければならない」という音の変化を命じる規則がそこに働いていることになるのである。

この規則を図式で示せば，次のようになる。

-有声有気音- ＋ -t / th- → -有声無気音- ＋ -dh-

この規則は，budh- ＋ -ta- → bud-dha- が代表例であることから，「ブッダの規則」と呼ばれることもあるが，この規則が適用される語は，ほかにも，labh- ＋ -ta- → labdha-（「得られた」）などがある。

このような「内連声」と呼ばれる音の変化は，規則的に起こる現象であるから，それを説明する規定は，サンスクリットの使用者に対して文法規則として働くことになる。つまり，サンスクリットの使用者は必ずその規則を守らなければならないのである。文法から逸脱した言葉は，サンスクリットとは認められないというのが，サンスクリット使用者にとっての暗黙の了解である。サンスクリットで創作する者は，文学者であれ哲学者であれ，法律家であれ天文学者であれ，必ずサンスクリットの文法（パーニニの文法）に従わなければならない。それから逸脱した言葉を使う者は，学者（知識人）とは認められない，というのが，少なくともバラモンたちの間の共通理解であった。

次に「バウッダ」（bauddha）の例を見ておこう。これは言語学においては，「母音交替」という術語で呼ばれる音の変化の例である。buddha と bauddha の両語を見比べると，前者の u という母音が，後者では au という二重母音に変化していることがわかる。このように母音が交替することによって，語の意味（「仏陀（ぶっだ）」→「仏教徒」）や語としての働き（固有名詞 → 一般名詞）に区別が生じる現象を，「母音交替」と呼ぶ。

日本語でも，たとえば5段活用の動詞では語尾の部分で母音交替が起こっている。今，「行く」（iku）を例にとって，その活用形を，子音と母音の区別がわかりやすいようにローマ字で書いて示すと，ik-a-nai（行かない），ik-i-masu（行きます），ik-u（行く），ik-u-toki（行くとき），ik-e-ba（行けば），ik-e（行け），ik-o-u（行こう）となって，語尾の母音の音色がa → i → u → e → oと交替していることがわかる。こういう現象を母音交替と呼ぶのである。

母音交替が，語形成において特に顕著に見られるのは印欧語である。たとえば英語では，不規則動詞の活用を，begin, began, begunとか，sing, sang, sungとセットにして我々は覚えているはずである。ドイツ語なら，singen, sang, gesungenである。この場合，動詞の原形と過去形と過去分詞形を区別するために，i → a → uと母音の交替が起こっている。インドからヨーロッパに分布する諸言語を，印欧語とひとまとめにする理由のひとつが，この母音交替という現象を，そこに属する言語のいずれもが共通して示すことにある。そしてサンスクリットもこの印欧語のひとつである。

そこで，buddhaとbauddhaに戻ろう。この2つの語を見比べると，-u-と-au-が交替していることがわかるだろう。これは，uという母音をauという二重母音に量的に変化させることによって，後者が前者の派生形であることを示そうとしているのである。印欧語の比較言語学では，この現象を「母音交替」と呼んでいるのは先ほど見た通りだが，サンスクリット文法では，この現象を，「母音の階梯（かいてい）」と呼んでいる。

サンスクリットでは，同じ語源に属するグループの語において，その語のもとの部分や接尾辞の部分にある母音が，一定の規則によって段階的に交替するという現象が見られる。そして，この母音の交替によって，その語形が，もとの語形とは違った機能を果たすことがわかるのである。サンスクリットにおける母音の交替は，次の表に示すような，弱―正常（グナ）―延長（ヴリッディ）の3つの階梯（規則正しく変化する段階）によって現れてくる。（同じ類のタテ列の上から下へが量的な変化を表す。またカッコ内は，母音が後続する場合の形を示している。また，「正常階梯」は，「標準階梯」とか「完全階梯」と言われることもあり，「弱階梯」に対して「中階梯」とされることもある。その場合，「延長階梯」は「強階梯」となる。）

	I類	II類	III類	IV類	V類
弱階梯	—	i, ī (y, iy)	u, ū (v, uv)	ṛ (r), ṝ (ir, ur)	ḷ
正常階梯	a	e (ay)	o (av)	ar	al
延長階梯	ā	ai (āy)	au (āv)	ār	—

そこで，この表に基づいて，buddha と bauddha をまず見てみよう。u は，表の第III類の弱階梯の位置にある。一方 au は，その延長階梯（ヴリッディ）にある。u が au に交替するこのような現象を，サンスクリット文法では「ヴリッディ化」と呼んでいる。先に言ったように，buddha は，語根 budh-「気づく，覚る，知る」に，接辞 -ta- を添加して作られた過去分詞形で，「覚った」を意味し，それが名詞化して「覚った人＝仏陀」を意味する固有名詞となったものである。そして，その buddha の最初の音節にある u をヴリッディ化して，bauddha という語形にすると，それは「仏陀に関するもの」すなわち「仏教徒」という意味を表すようになるのである。ここで，同じ budh- という語根から作られる他の語（派生語）も，一緒に並べて見ておこう。

budh-「気づく，覚る，知る」（語根）
buddha「覚った（人），仏陀」（過去分詞・形容詞，固有名詞）
bauddha「仏陀に関するもの。仏教徒」（男性名詞）
buddhi「気づくこと，理性，精神，意思」（女性名詞）

bodha「目覚めていること，覚醒状態，菩提(ぼだい)」（男性名詞）
bodhi「覚り，菩提」（女性名詞，男性名詞）

どうだろうか。このように並べてみると何がわかってくるだろうか。buddha と bauddha の語形成についてはすでに見た通りである。次の buddhi は，buddha と語形は似ているが，語尾の母音が異なっている。次の，bodha と bodhi の両者も似ているが語尾の母音が異なっている。両者を，budh- というもとの動詞と比べると，最初の音節の母音がともに o となっている。o は，前頁の表では，正常階梯（グナ）の位置にある母音である。先ほどの「ヴリッディ化」にならって言えば，この2つの語形では，u が o へと「グナ化」しているわけである。

このように並べてみると，同じ語根から派生語がどのようにして作られていくのかよくわかるだろう。そう，「もとの母音を変化させて」派生語（もとの意味から変化した意味を表す語）を作るのである。そして，この母音の変化が，サンスクリットでは規則的に起こるのである。言い換えれば，サンスクリット文法では，母音をその階梯に従って規則的に変化させることによって派生語を作るのである。

ただし，上の例で見るように，派生語を作るにあたっては，もうひとつ重要な要素がある。それは，接尾辞である。上の例で言えば，buddha と buddhi では，前者は，budh- に過去分詞を作る接辞 -ta- を付けたものであった。同じような言い方をすれば，後者は，budh- に，行為そのものを表す女性名詞を作る接辞 -ti- を付けたものである。語形成にあたっては，ここでも先ほどの「ブッダの規則」が適用されるから，budh- ＋ -ti- → bud-dhi- となる。

では，bodha と bodhi は，どうだろうか。前者は，budh- に，接辞 -a- を付けたもの，後者は，接辞 -i- を付けたものである。この場合の -a- も -i- も，行為そのもの，あるいは行為主体を表す名詞を作る接辞である。サンスクリットでは，語根にこれらの接辞を付けて，その行為・動作を表す名詞を作ることが多い。そして，その場合には，多くの場合，語根部の母音が「グナ化」するのである。両者は，意味のうえでは区別がないから，漢訳だとともに「菩提」と翻訳されたりもしている。

そこで最後に，bauddha を見ておこう。すでに何度も見たように，この語は，buddha の語頭の u を「ヴリッディ化」して作った語である。では，この語の場合には，接辞は付いていないのだろうか。派生語を作る場合は，接辞を付けるのがサンスクリットでは原則である。したがって，bauddha の場合も，何らかの接辞が語尾に付いているはずである。

実は，サンスクリットの派生語形成において最も重要なのは，もとの語形に何らかの接辞が付加されて作られるこの種の派生語である。bauddha は，buddha の「ヴリッディ化」によって作られた派生語であることは先に言ったが，buddha がすでに動詞語根 budh- から派生した過去分詞・名詞であるのだから，bauddha は，派生語の派生語である。これを第二次派生語と言う。そして，第二次派生語の多くは，もとの語幹に接辞 -a- を付けることによって作られ，その際に語頭の音節の「ヴリッディ化」を伴うのである。buddha というもとの語が，-a- で終わっているので，接辞の -a- が付いたようには見えないのだが，文法的にはここでは，接辞の -a- が付けられているのである。そのことは次の例で確かめることができる。

インドの代表的な神様に，シヴァ神とヴィシュヌ神がいる。それぞれの神を信仰する者たちのことを，「シャイヴァ」「ヴァイシュナヴァ」と言う。ローマ字で書くと，Śiva → Śaiva，Viṣṇu → Vaiṣṇava である。母音に注目して，どんな変化が起こっているか考えてほしい。

シヴァの場合は，語頭の音節でヴリッディ化が起こっている。一方，ヴィシュヌの場合は，語頭の音節でヴリッディ化が起こっているとともに，もとの語の末尾の -u- がグナ化している。つまり，もとの語幹が -u- で終わる場合，それに接辞の -a- が後続するので，-u- は -av- とグナ化するというのが規則である。それで，「ヴァイシュナヴァ」となる。

ここに見る，「シャイヴァ」も「ヴァイシュナヴァ」も，そして先に見た「バウッダ」も，すべて，実は父系語（patronymics）と呼ばれるものにほかならない。そして，叙事詩『マハーバーラタ』に登場する「クル」（Kuru）の子孫は「カウラヴァ」（Kaurava）だし，「プル」（Puru）の子孫は「パウラヴァ」（Paurava）である。このように -u- で終わる固有名から作られる父系語はいずれも規則通りにヴリッディ化とグナ化が起こっている。

以上見て来たように，サンスクリットを学ぶうえで，音の変化の規則について知っておくことはとても大切なことである。特にサンスクリットは，文字に書いて残すことを重んじる文化の言語であるよりも，話し聞き記憶によって伝承することに重きを置く文化の言語であったから，文字で言葉を残す場合も，音の変化をそのまま文字にしているのである。音の変化の規則については，続く課で，もう少し学ばなければならない。

第3課　内連声の規則

本課では，単語が作られるときに起こるその内部での音の変化の規則について見る。単語は，語幹に，接辞や，格や人称に関わる変化語尾を付けて作られる。そのときに起こる音の変化には規則性が見られ，通常は接続する後の音によって前の音が影響される。

母音の場合，原則的に，(1)単母音（a / ā, i / ī, u / ū, ṛ / ṝ, ḷ）は，同種の単母音と合体する。(2)a / āは，他の母音と結合して二重母音（e, ai, o, au）を作る。(3)a / ā以外の単母音は，その単母音以外の母音と結合して，それぞれに対応する子音（半母音y, v, r, l）となる。これらの原則は，次課で学ぶように，文中で単語間で起こる母音の変化と同じである。

ところで，第1課で見たように，サンスクリットにおいては，母音には単母音と二重母音があった。そして単母音には短母音と長母音の区別がある。また，二重母音のeとoは，「エー」「オー」と発音され，aiとauは「アーイ」「アーウ」と発音される。サンスクリットには，短母音の「エ」と「オ」は存在しない。だから，yogaは，サンスクリットで発音すれば，「ヨーガ」であって，決して「ヨガ」ではない。ただ，我々の発音では，a, i, u, ṛ, ḷが短母音（ア，イ，ウ，リ，リ）であり，ā, ī, ū, ṝ, e, oが長母音（アー，イー，ウー，リー，エー，オー）となる。そして，aiとauだけが二重母音（アーイ，アーウ）である。

ではなぜサンスクリットでは，eとoが二重母音とされるのか。それはeとoが，印欧語の起源としては，もともと

ai と au であり，また，ai と au は，もともと āi と āu であったことによる。これはサンスクリットの音韻を理解するうえで極めて重要な事実である。上に示した原則の⑶を図式で示すと次のようになる。

i ＋ i 以外の母音 → y- 母音
u ＋ u 以外の母音 → v- 母音
e ＋ e 以外の母音 → ay- 母音［e が ai に復古し，i が y に半母音化］
ai ＋ ai 以外の母音 → āy- 母音［ai が āi に復古し，i が y に半母音化］
o ＋ o 以外の母音 → av- 母音［o が au に復古し，u が v に半母音化］
au ＋ au 以外の母音 → āv- 母音［au が āu に復古し，u が v に半母音化］

上の原則に従う格語尾の変化を示す名詞に，二重母音語幹の名詞がある。たとえば，「舟（nau-）」（女性名詞）が「舟たちは」と主格・複数形になるときは，主格・複数形の語尾が付いて，nau ＋ as → nāvas となる。ここでは，原則のうちの「au ＋ au 以外の母音 → āv- 母音」が働いていることがわかるだろう（名詞の格については56頁コラム３を参照）。

もうひとつ二重母音語幹の名詞の例を出しておこう。go- である。go- には男性名詞と女性名詞の両方がある。女性名詞の場合なら意味は「牝牛（めうし）」（英語で cow），男性名詞の場合なら「牡牛（おうし）」（英語で bull または ox）である。主格・単数形は，gaus（gauḥ）である。go- に，主格・単数形の語尾 -s が付いて，-o- が -au- へとヴリッディ化して名詞語幹 gau- を作っている。go ＋ s → gau ＋ s → gaus (gauḥ) である。

また，go- の対格・単数形は gām である。対格・単数の語尾の基本形は，-am だから，上の原則⑶に従えば，gau ＋ am → gāvam（あるいは，go ＋ am → gavam）ではないかと思ってしまうが，gām なのである。そうかと思えば，主格・複数形は gāvas (gāvaḥ) で，gau ＋ as → gāvas と，原則に適（かな）っている。ところが，対格・複数形は，gās (gāḥ) であって，これは，対格・単数形と同様に，不規則である。また，たとえば，具格・単数形は gavā，与格・単数形は gave，処格・単数形は gavi で，これらはいずれも，gau- ではなくて，go-（母音階梯で言えばグナ階梯）を語幹として，go ＋ ā，e，i → gavā，gave，gavi というように作られている。不規則なことこの上ない。

この不規則さは何なのか。対格・単数形の gām については，印欧語のある発展段階で，gau ＋ am が，gā ＋ am に変化し，gām になったのではないかと考えられている。それにしても不規則である。サンスクリットには，たまに非常に不規則な変化をする名詞や動詞が見られる。これらは覚えるのが本当に大変である。しかし，実は，頻繁に使う語は，たとえ不規則であっても覚えられるのである。つまり，不規則な語こそがよく使われていた語だということができるのであり，その社会と文化にとって重要な概念を表す語であったということができるだろう。「牛」は古代のインドの社会と文化にとっては，切り離せないものであり，今もその神聖さにおいてインドの人々によって崇（あが）められているものである。インドを象徴する動物と言っても過言ではない。だからこそ，それを表す語は，不規則な変化を保ち続けてきたのである。

次に，単語の内部における子音の変化の規則について見ておこう。本書の最終的な目的は，サンスクリットの文を読んで理解することであるから，すでに文は目の前にあることが前提である。目の前の文にどんな形の単語が並んでおり，その単語がどんな語幹から，あるいは語根からできあがっているのか類推できれば，後は辞書を引いて，その語の意味を確かめ，辞書の指示に従って，関連する文法事項について文法書で調べればよいはずである。子音の場合も，母音の場合と同じで，もしそれが変化するならば，たいていの場合は類似の音に変化するから，類似の音を思い浮かべ，あれこれ類推して辞書を引けば，きっと目的の語に当たるだろう。

そして，辞書にその語が見つかれば，名詞であれば，それの格語尾の形を同定して，文法書で確認し，文中における格関係を確定すればよいし，動詞であれば，人称語尾の形を確認して，人称・数・態，さらに時制と法について，文法書を丁寧に読んで確かめればよいのである。これを繰り返していけば，そのうちにはすぐに語幹や語根の形が頭に浮かんでくるようになるはずである。

さて，単語の内部における子音の変化の規則であるが，その代表的なものである「ブッダの規則」については，すでに先に見た所である。簡単に復習すると，図式で書けばその規則は次のようなものであった。

-有声有気音- ＋ -t / th- → -有声無気音- ＋ -dh-

過去分詞 buddha-（「覚った」）については，すでに見た通りである。同様に，語根 labh-（「得る」）の過去分詞は，labh ＋ ta → labdha-（「得られた」）となり，また語根 yudh-（「争う」）の過去分詞は，yudh ＋ ta → yuddha-（「争った」，「戦争」）となる。

サンスクリットの文章では，過去分詞は，修飾語の役割を果たすことが多い。つまり，名詞を修飾する形容詞として，あるいは主語と呼応する述語として，文中に現れてくるのである。これは，文章を読むという点から言えば，すでにその規則が適用された語形が，目の前には示されているということである。したがって，以下に見るような規則も，それを覚えておかなければサンスクリットが読めないというようなことはない。ただこういうことがあるという事実を知っておけば，単語の意味の理解，ひいては文意の理解に役立つであろう。

単語の内部における子音の変化の別の例として，s と n の2つの音の反舌音化（そりじたおんか）という規則は特に重要である。そのうちのひとつは「ルキ規則」と呼ばれている。これは，「単語の内部で s が ṣ に変化する（反舌音化する）」という規則である。ただし，それには，(1) s が，r または k，あるいは a / ā 以外の母音（多くの場合 i / ī (e, ai)，稀（まれ）に u / ū (o, au)）の後にあって，(2) その s が，語末に位置するのではなく，また r に後続されるのでもない場合，(3) たとえ，介在する母音の後に，s に先立ってアヌスヴァーラ（ṃ）やヴィサルガ（ḥ）が来ていても，という3つの条件が付いている。

簡単に言えば，r，u，k，i（「ルキ」）の後で，s は ṣ に代わることがあるということである。たとえば，処格・複数を表す格語尾，-su は，この規則によって，次の例のようになる。

putreṣv agniṣu dāreṣu preṣyaśiṣyagaṇeṣu ca.

putreṣu（「子供たちにおける」）← putra ＋ su，agniṣu（「祭

火における」）← agni ＋ su，dāreṣu（「妻たちにおける」）← dāra ＋ su，preṣya-śiṣya-gaṇeṣu（「従者や弟子の集団における」）← preṣya-śiṣya-gana ＋ su。putra-「息子，子供」もdāra-「妻」も -gaṇa-「集団」も，いずれも a-語幹の男性名詞である。また，agni-「火」は，i-語幹の男性名詞である。処格・複数形は，ここではすべて -eṣu，-iṣu という形をとっている。

もちろん，名詞の格変化だけでなく，動詞の人称変化でもこの規則は働き，たとえば，svap-「眠る」という動詞の3人称・単数の完了形は，su-ṣvāp-a という風に現れてくる。完了形については後に学ぶので，ここでは，svap- の s が ṣ に変化していることだけに注目しておいてほしい。

あるいは，名詞の複合語でも，mātṛ-ṣvasā「母の姉妹」← mātṛ「母」＋ svasā「姉妹」のようにこの規則が働いている例が見られる。

一方，「単語の内部で n が ṇ に変化する（反舌音化する）」という規則がある。これも次の3つの条件のもとで起こる。⑴同一の語の内部において ṛ，ṝ，r，ṣ が n に先行し，⑵母音，n，m，y，v が後続し，⑶先行する音と n との間に，歯音，y以外の硬口蓋音，反舌音，ś，s が介在しない。（言い換えれば，母音，軟口蓋音，唇音，y，v，h，ṃ，ḥ は介在してもよい。）

たとえば，agnīn siñcanti vāriṇā「彼らは，祭火を水でぬらす」という文があるが，この文で，vāriṇā に上の規則が働いている。vāriṇā は，vāri- の具格・単数形である。vāri- は，i-語幹の中性名詞である。具格・単数の語尾の基本形は -ā であるが，i-語幹の男性名詞（例 agni-）と中性名詞（例vāri-）については，-n- が間に挿入される。そこで，agni- の具格・単数形は，agninā「火で」となる。しかし，vāri-

は，vāriṇā である。agninā と vāriṇā を比べれば，n の反舌音化の規則がどのような条件下で起こるかがよくわかるであろう。大概の場合，n に先行して r があるのである。

vāri- という中性名詞は，語尾の基本形の前に n が挿入されることが多い。具格・単数形が vāriṇā であることは，いま見た通りだが，vāriṇe（為格・単数），vāriṇaḥ（奪格／属格・単数），vāriṇi（処格・単数），vāriṇī（主格／対格・両数），vāriṇoḥ（属格／処格・単数），vāriṇi（主格／対格・複数），vāriṇām（属格・複数）となり，いずれにおいても n の反舌音化が起こっている。

また，動詞語根 mṛ-「死ぬ」に，状態を表す接尾辞 -ana を付けて名詞を作ると，maraṇa「死」となるが，dṛś-「見る」に，同じ接尾辞 -ana を付けて「見ること」を意味する名詞を作っても，その形は darśana である。この場合は，r と n の間に，ś が介在しており，反舌音化を阻止している。

コラム２　反舌音（そりじたおん）

ṛ，ṝ，ṭ，ṭh，ḍ，ḍh，ṇ，r，ṣ を反舌音と言う。舌の先を上に反(そ)らせて舌先の裏を口蓋に触れさせて発する音。日本語にはほとんど存在しない音である。真言密教の「マンダラ」は，maṇḍala であって，mandala ではない。しかし日本語にはこれを区別するための文字も音もない。そして，単語の内部において，前後の音に影響されて，s が ṣ に変化する，あるいは，n が ṇ に変化するのが「反舌音化」である。

第4課　母音の外連声の規則

次の写真は，サンスクリット写本の一部である。写真は2行になっているが，紙幅の都合でちょうど半分のところで切って2行にしたもので，もとの写本では1行であった。古代インドの聖典である宗教詩『バガヴァッド・ギーター』の一節（3. 34）である。

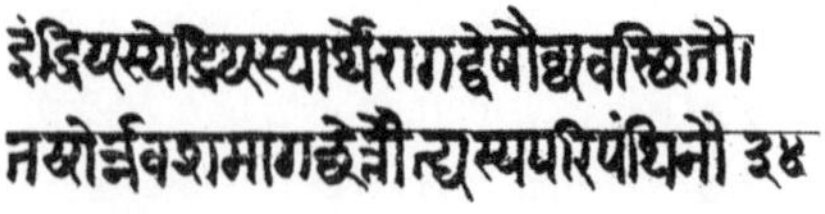
इंद्रियस्येंद्रियस्यार्थेरागद्वेषौव्यवस्थितौ।
तयोर्नवशमागच्छेत्तौह्यस्यपरिपंथिनौ ३४

見てわかるように，この文には切れ目がない。正確に言えば，上の段の1行目の末尾に区切りの棒（ダンダ）が入っていて，その後に2行目が続いているが，それは2行からなる詩節の前半の終わりを示す記号である。また文の末尾には，「34」という数字が書かれていて，これによってここで文（詩節）が終わることがわかる。もっとも気がついてみれば我々の日本語も句読点の間には切れ目なく文字が続いているので単語ごとに区切られる英語のような文になじんでいる人たちには上の文字列と日本語の文字列は同じようなものに見えるかもしれない。今，こんな風に読点を使わずに日本語の文を書いても，我々はこの文を自然と単語に区切って，苦もなく理解しているだろう。（なんだか読みにくいなあ，と思うにしても。）サンスクリットも慣れてしまえば，上の文でもすぐに区切りを入れて読めるようになる。たとえば次のようにである。

इन्द्रियस्येन्द्रियस्यार्थे रागद्वेषौ व्यवस्थितौ ।
तयोर्न वशमागच्छेत् तौ ह्यस्य परिपन्थिनौ ॥ ३४

これはデーヴァナーガリーで書いているから，まだ文字がつながっているが，これをローマ字で書けば，次のようにより明確に語間の区切りを示すことができる。（本書では，ローマ字音写したサンスクリットの文は，読みやすくするために，単語間に空白を入れ，一連の意味の切れ目にはコンマを，文の終わりにはピリオドを入れて区切りを示すことにする。）

indriyasyendriyasyārthe rāgadveṣau vyavasthitau.
tayor na vaśam āgacchet tau hy asya paripanthinau.（34）

ここまで来れば，かなり読みやすくなったが，それでも冒頭の語は1語にしては長すぎると，すぐに気がつくだろう。そう，この語 indriyasyendriyasyārthe は，実は3つの独立した単語がつながっているのである。（サンスクリットでは，変化語尾を伴った独立した言語単位を「単語」と定義する。）前課で見たのは，ひとつの単語の内部で起こる音の変化であったが，今ここで問題になっているのは，ひとつの文の中で，前後に並んだ単語の前の単語の語尾と後ろの単語の語頭の間で音がつながって，音の変化が起こる場合である。これを，「外連声」と言うが，本課では，まず母音の外連声を扱うことにしたい。

もう一度 indriyasyendriyasyārthe を見てみよう。これをひとつひとつの単語に分ければ，次のようになる。

indriyasya + indriyasya + arthe

この詩節の意味については後で見ることにして，今は，音のつながりに注目しよう。＋で表したつなぎ目の前後の音が連結して，別のひとつの音に変化している。ここでは，a ＋ i → e，a ＋ a → ā と，２つの母音が連結してひとつの別の母音となっていることがわかるだろう。サンスクリットでは，このように，前の単語が母音で終わり，続く単語が母音で始まる場合には，いくつかの例外を除いて，必ずその２つの母音は連結して別のひとつの母音へと変化するのである。そのような例から見ることにしよう。

※以下では記号の / （スラッシュ）は，「または」を意味している。

⑴上の -a ＋ a- → -ā- のように，同じ種類の母音が連結する場合

-a / -ā ＋ a- / ā- → -ā-

例 na（否定辞）＋ asti「ある」→ nāsti「ない」

-i / -ī ＋ i- / ī- → -ī-

例 asti「ある」＋ iha「ここに」→ astīha

-u / -ū ＋ u- / ū- → -ū-

例 sādhu「正しく」＋ uktam「言われた」→ sādhūktam

⑵語尾の -a または -ā が，他の母音と連結する場合

-a / -ā ＋ i- / ī- → e

例 ca「そして」＋ iha「ここで」→ ceha

-a / -ā ＋ u- / ū- → o

例 tatra「そこで」＋ uktam「言われた」→ tatroktam

-a / -ā ＋ e- / ai- → ai

例 tathā「そのように」＋ eva「まさに」→ tathaiva

-a / -ā ＋ o- / au- → au

例 etasya「これの」＋ oṣadhiḥ「薬」→ etasyauṣadhiḥ

-a / -ā ＋ ṛ- / ṝ → ar

例 yathā「〜の通りに」＋ ṛtu「季節」→ yathartu

⑶語尾の -i，-ī，-u，-ū，-ṛ，-ṝ は，他の母音と連結する場合，半母音化する。

-i / -ī ＋ 他の母音 → -y

例 yadi「もし」＋ etat「それが」→ yadyetat

-u / -ū ＋ 他の母音 → -v

例 astu「それはあれ（命令形，３人称・単数）」＋ evam「このように」→ astvevam

-ṛ / -ṝ ＋ 他の母音 → -r

例 kartṛ「動作者（中性）」＋ asti「〜である」→ kartrasti

冒頭の例文で言えば，２行目の中程にある hy asya において，この規則が働いている。もとは，hi ＋ asya「なぜなら，その人の……」である。

⑷語尾の -e，-o は，短母音の a と連結する場合は，そのままで，a- が脱落して，そこにアヴァグラハ符号が付く。a- 以外の母音と連結する場合は，-e も -o も，-a となる。

※「アヴァグラハ符号」（ऽ）もデーヴァナーガリー文字の一種である。語頭の a が規則に従って脱落する場合に，この符号が用いられる。ローマ字ではアポストロフィ「'」を用いる。たとえば，तेऽपि te 'pi ← te ＋ api

-e ＋ a- → -e '（a の脱落）

例 te「彼ら」＋ api「もまた」→ te 'pi

-o ＋ a- → -o '（a の脱落）

例 prabho「主よ」＋ atra「ここに」→ prabho 'tra「主よ，ここに（来れ）」

-e ＋ a 以外の母音 → -a ＋ 当該母音

例 nagare「町に」＋ iha「ここ」→ nagara iha

-o ＋ a 以外の母音 → -a ＋ 当該母音

例 prabho「主よ」＋ ehi「来たれ」→ prabha ehi

なお，後の２つの場合に，nagara ＋ iha → nagareha や，prabha ＋ ehi → prabhaihi のようにさらに母音の結合を起こすことは，原則としてない。

⑸ 語尾の -ai は，母音と連結する場合は，-ā（または -āy）となる。また，語尾の -au は，母音と連結する場合は，-āv（または -ā）となる。

-ai ＋ 母音 → -ā ＋ 母音

例 tasmai「それに」＋ aśvāya「馬に」→ tasmā aśvāya「その馬に」

-au ＋ 母音 → -āv ＋ 母音

例 tau「その２つが（を）」＋ ubhau「両方が（を）」→ tāv ubhau「その両方が（を）」

以上が，母音の外連声の主な規則である。最後に挙げた(5)の規則の例として，tau「その2つが（を）」を示したので，これに関連させて，先の例文の全体の意味を見ておくことにしよう。もう一度，例文を示す。

indriyasyendriyasyārthe rāgadveṣau vyavasthitau.
tayor na vaśam āgacchet tau hy asya paripanthinau.

よく見てみると，-au という語尾で終わっている語がいくつかあることに気がつくだろう。tau もそのまま出ている。

サンスクリットの文章を読むときに，まず最初に注目すべきは語尾の形である。語尾にはその語が文章の中で果たす機能についての情報がつまっている。語尾の形は，その情報を読み取るための目印である。

単語は，語幹と語尾でできている。語幹の部分はその語の意味を表す部分である。意味を知るためには，辞書を引かなければならない。一方，語尾がどんな情報を表しているのかを知るために役立つのが文法である。

そこで上の文章に戻ろう。この文章には，-au という語尾で終わっている語が，数えてみると4つある。ひとつの文章のうちに4回も同じ形の語尾があるのだから，きっと何か決まった情報がそこで示されているに違いない。そしてそれらが同じ形であるということは，それらの語は同格の関係にあって，主語と述語，修飾語と被修飾語の関係にあるだろうと予測がつく。

そこで，-au という語尾の形について，文法的な知識によってそれらの文中の働きを確定することになる。名詞の語尾の変化（格変化）やその働き（文中で表す意味）については後の課で詳しく学ぶことにして，ここでは，とにかく上の文章全体の意味を確かめることにしよう。

先ほど，語尾の形は，その語が文中で果たす機能（役割）の目印であると言ったが，-au が何の目印かと言えば，それは，⑴両数の主格か対格か呼格，⑵単数の処格，のいずれかを示している。⑵の場合は，-i で終わる語幹あるいは -u で終わる語幹の男性名詞の場合だけであるから，-au という語尾は，たいていの場合両数の主格か対格か呼格を表している。そこで，上の文章は次のような意味になる。ここでは単語間の意味の関係をはっきりさせるために，連声をはずし，語尾や語頭の音をもとに戻して，単語を並べることにする。それぞれの単語に対応する意味をその下に示す。＋は，前後の母音の連声をはずしてもとの母音に戻していることを示している。

indriyasya	+ indriyasya	+ arthe
感官の（単数・属格）	感官の（単数・属格）	対象へ（単数・処格）

rāga-dveṣau	vyavasthitau.
愛執と憎悪とが（両数・主格）	定められた（両数・主格，過去分詞）。

tayoḥ	na	vaśam	āgacchet
その２つの（両数・属格）	（否定辞）	勢力下に（単数・対格）	入るべし。

tau	hy	asya	paripanthinau
その２つは	なぜなら	その人の（単数・属格）	障碍物（しょうがいぶつ）である［から］。

上の例では，語尾の子音の連声についてもはずして，もとの音に戻しているが，これは次の課で学ぶものである。

文全体を訳すと，「感官（眼（め），耳，鼻，舌，身）には，その感官ごとの対象に対する定まった愛着と嫌悪がある。人は，その２つの支配下に入ってはならない。なぜならその２つは，その人の行く手をはばむ２つの敵であるから。」となる。対象に向かって，好きとか嫌いとかいった感情を引き起こすのが感官である。この文は，そのような感覚器官の統御を説くヨーガの教えを述べた文章である。

ここまで母音の外連声について見て来たが，そこでわかったのは次のようなことである。

⑴サンスクリットの単語は，別の単語と連結して文を作るときに，それぞれの単語の語尾や語頭の音が変化する。
⑵そこでの音の変化は，そのまま文字として表される。
⑶単語の末尾の母音は，続く単語の語頭に母音があるならばその母音と結合する。

ところで，日本語には，「ん」で終わる単語以外には，子音で終わる単語は存在しない。それは50音表をローマ字で書けばわかるように，日本語の場合，「ん」以外の文字音はすべて子音と母音の結合によって成り立っているからである。たとえば，か＝ｋ＋ａであり，ぶ＝ｂ＋ｕである。したがって，日本語の場合は，母音が重なって変化する場合があることは知っていても，「ん」で終わる単語以外に子音で終わる単語はないから，子音が重なるとその音が変化することがあるということには，ほとんど全く注意が働かないと思われる。

ところが，サンスクリットの場合は，上に見たように，語尾の母音と語頭の母音との間で外連声が起こるのと同様に，前の単語が子音で終わる場合にも，続く単語の語頭の母音あるいは子音との間で音の連結が起こって，そこでも音の変化が現れるのである。これを「子音の外連声」と言う。これにも一定のパターンがあるから，それを次に見ることにしよう。ただその前に知っておかなければならないことがひとつある。子音が「絶対語末」の位置に来た場合の規則である。

第5課　絶対語末

「絶対語末」とは，語が単語として出現するときにとる語形の末尾のことである。文は単語から構成されている。単語は，語幹と語尾から成っている。つまり，文を作る場合，まず意味の単位である語幹を思い出し，それに文法的な事項（格・人称・数・時制）を示す語尾を添えて単語を作り，その単語を並べて文を作るという順番になる。つまり，文に先立って単語が現れてくるのである。単語が現れたときには，文はまだ完結していない，つまり存在していない。単語が次々と音声となって現れてくるだけである。その瞬間ごとの単語の末尾を「絶対語末」と言う。

その絶対語末にある音が，次に続く単語の語頭の音と連結して，音の変化を起こし，2つの単語が連結し，それがさらに次の単語へ連結して，文ができあがる。こうして文が完結するのは，最後の単語の末尾に絶対語末の音が現れて，次に休止（ポーズ）が来たときである。「絶対語末」が，文末として説明されることが多いのは，実際に文として完成したときには，「絶対後末」は，文末にしかないからである。しかし，ある単語が出現したその瞬間には，次に別の単語が続くかどうかはまだわからない。言ってみれば，そこは仮の文末である。その単語は，その出現の瞬間には，その語尾をひとまずの文末として，絶対語末の音をとっている。

音が連続して単語を形作り，単語が次々と連続して文を完成する。このようなイメージが，サンスクリットの文章にはある。文にはなっていないが，語幹と語尾がくっ付いて単語としては完成したその瞬間の語末の音，それが「絶対語末」の音である。

語末が母音の場合は，問題ない。名詞の格語尾で言えば，具格や与格の単数の語尾の基本形は母音 -ā，-e であるし，両数の語尾はたいてい -au である。動詞の語尾にも，母音で終わるものはたくさんある。それらには，前課で見た母音の外連声の規則が働くだけである。しかし，名詞の主格の単数形の基本形は，男性も女性も -s である。主格・単数形は，使われる頻度が最も高い語形であろう。しかし -s は語末には現れないのである。

サンスクリットでは，絶対語末に現れる子音は，-k，-ṭ，-t，-p，-ṅ，-ṇ，-n，-m，-l，-ḥ だけと，決まっている。（これらのうち，-ṇ と -l は極めて稀にしか現れない。）したがって，これらとは別の他の子音が絶対語末の位置に来たときは，これらの子音のどれかと置き換えなければならない。つまり，文を作る過程で現れてくる単語は，その単語が子音で終わるときには，その子音を，絶対語末の子音に変化させたうえで，次の単語の語頭の音と連結するのであり，これを繰り返してできあがるのが，単語の連続体としての文なのである。

たとえば，「はじめに言葉だけがあった。言葉は実に神（ブラフマン）であった。」とサンスクリットで言いたいとしよう。どうすればこれを文として表すことができるだろうか。これを，観念から単語が生まれ，それが文になっていくプロセスとして段階的に見てみると，次のようになる。

1 「はじめに」→ idam agre（「この世界の始まりにおいて」という意味を表すサンスクリットの常套句（じょうとうく）である。）
2 「はじめに言葉」→ idam agre vāc（もし，agre に続く単語の語頭が，a であれば，その a は脱落して，そこにアヴァグラハ符号が付いていたし，語頭が a 以外の母音であった場合は，agra となったはずだが，ここでは，vāc だったので，そのままである。）

3 「言葉が」→ vāc ＋ s → vāc（語幹 vāc に，女性名詞の主格・単数を示す格語尾の基本形 s を付加して，vācs の形を得る。しかし，絶対語末の子音は１個に限られ，２個以上の子音が語末に来たときは，最初の子音だけが残る。）

4 「言葉が」→ vāk（c の音は，絶対語末に来ることができないから，k に変える。）

5 「言葉だけが」→ vāg eva（次に eva が来ることがわかった瞬間に，語末の k が，続く有声音の e と連結して，有声音化して，vāg となる。eva は不変化の限定詞。）

6 「あった」→ āsīt（「ある」を意味する動詞 as- の３人称・単数・直説法過去形。）

7 「だけがあった」→ evāsīt（母音の外連声 a ＋ ā ＝ ā。-t は，絶対語末に来ることができる子音のひとつである。これが文末。）

8 idamagre vāg evāsīt（「はじめに言葉だけがあった。」という文の完成。）

言いたいことがあって，それをサンスクリットで言い表すためには，おおよそこのような段階を踏まなければならない。そして実際には，このプロセスの全体は，ほとんど一瞬の間に起こっているに違いない。同じようにして，「言葉は実に神（ブラフマン）であった。」を表す文も生まれてくる。

vāg　　vai　　brahma
言葉が　実に　ブラフマン（であった)。

ここでも，vāc → vācs → vāc → vāk → vāk ＋ vai → vāg vai となる。vāk が，続く vai の語頭の有声子音 v に同化して，k → g となることに注意しておきたい。そして，これが，「子音の外連声」と言われるものである。

これまでも何度も言って来たように，本書では，サンスクリットの文を「読む」という観点から，サンスクリットの文法を学ぼうとしている。つまり，idamagre vāg evāsīt. vāg vai brahma. というこのような文がある場合に，これを読んで，その意味を理解することができるようになるのが目的である。そして，この文の意味を理解するためには，上に見たプロセスを，ちょうど逆に，つまり連結した音を分解し，文を単語に分け，単語の語尾を絶対語末の音に戻し，語幹の形（名詞なら名詞語幹，動詞なら語根）を見つけて，その語形を辞書の中に探して見つけ出して，意味を確認するという風に進まなければならない。

つまり，サンスクリットの文を読んで理解するためには，何よりもまず，そこで起こっている音の連続について理解し，それを適切に単語に分解しなければならないということである。先にも触れたが，辞書の見出し語は語幹や語根の形で出ている。つまり，vāc という形を思いつかない限り，vāg や vāk をいくら辞書の中に探しても見つからない。外連声の規則を理解しておかないと，（少なくともそういう規則が，つまり約束事があるということを理解しておかないと，）サンスクリットの文章を読むことは難しいだろう。以上のようなことを踏まえたうえで，絶対語末の子音と，子音の外連声（第6

課）についての規則を見ておくことにしよう。

先にも言ったが，絶対語末とは，語が，〈語幹＋語尾〉という形をとって，単語として完成したときの語末のことである。サンスクリットの場合，そこに来ることができる音は，次のものだけである。

⑴母音 a, ā, i, ī, u, ū, ṛ, ṝ, ḷ, ḹ と二重母音 e, ai, o, au
⑵無声・無気の破裂音（閉鎖音）-k, -ṭ, -t, -p
⑶鼻音 ṅ, ṇ, n, m（ñ は除く）
⑷-l
⑸-ḥ（ヴィサルガ）
（以上のうち，-ṇ と -l は極めて稀。）

つまり単語の語尾は，必ず上の音のどれかで終わるということである。

単語の語尾とは，名詞であれば格変化の語尾であり，動詞であれば人称変化の語尾である。それらの具体的な形については後に学ぶから，ここで示す一般的な規則については，おおよそを理解しておけばよいだろう。

母音が語尾に来る場合の外連声についてはすでに学んだ。絶対語末に子音が来る場合の規則として忘れてはならない重要な規則がひとつある。それは，「絶対語末に来る子音は1個に限られる。単語の語尾の変化に際し，2個以上の子音が語末に来るときは，最初のものだけが残る」という規則である。先ほどの例で言えば，vāc ＋ s（主格・単数の語尾）→ vāc → vāk（「言葉は」）である。

サンスクリットには，この vāc のように，語幹が子音に終わる名詞がたくさんある。bhiṣaj（医者），devarāj（神々の王), diś（方角, 地域), viś（庶民), marut（風), kṣudh（飢え), dvār（扉), manas（心, 意識), āyus（寿命）など, いろいろある。それぞれの語の主格・単数形を示せば次のようになる。

bhiṣaj + s → bhiṣaj → bhiṣak（「医者が」)
devarāj + s → devarāj → devarāṭ（「神々の王が」)
diś + s → diś → dik（「方角が」)
viś + s → viś → viṭ（「庶民が」)
marut + s → marut → marut（「風が」)
kṣudh + s → kṣudh → kṣut（「飢えが」)
dvār + s → dvār → dvāḥ（「扉が」)
manas + s → manas → manaḥ（「心が」)
āyus + s → āyus → āyuḥ（「寿命が」)

これを見ればわかるように, 子音に終わる名詞の場合, 主格・単数を表す格語尾の基本形 s を付けても, その語形は結局はもとの名詞語幹の形のままである。しかし, 文法には, 必ず規則を適用していくプロセスがある。たとえ形が同じでも, 後の形はすでにある規則が適用された結果の形であるから, その内容, つまり語形が表す働きは, 前のものとは異なっているのである。語幹の vāc は,「言葉」という意味を表すものであるが, 主格・単数形の vāk（← vāc）は,「言葉は」という文中での主語を表す語である。そこでは, 当然,「……である」といった述語が次に続くことが期待されるのである。

そこで本書では, 名詞語幹の形を示す場合は, ハイフンを付けて vāc- のように示している。ハイフンが付いていない

vāk のような場合は，それが語尾を伴った単語であることを示している。また，動詞の場合は，動詞語幹に人称変化語尾を付けて単語の形が作られるが，動詞語幹は，語根，つまり動詞の原形に接辞を付け加えて作られるから，このもとの形である語根はハイフンを付けて示すことにする。

絶対語末の子音への変換には，次のような規則があるので，まとめて示しておく。

⑴ -k / kh / g /gh → -k
⑵ -ṭ / ṭh / ḍ / ḍh → -ṭ
⑶ -t / th / d / dh → -t
⑷ -p / ph / b / bh → -p
⑸ -c → -k
⑹ -j / ś / ṣ / h → -k / ṭ ［上に見た，diś → dik と viś → viṭ のように，語によって異なる。］
⑺ -r / s → -ḥ（ヴィサルガ）

⑹ の規則は，一律に決まっていないようなので厄介である。diś- は dik，viś- は viṭ と覚えるほかなさそうである。

第6課　子音の外連声の規則

前課で見た例文に戻ろう。vāg evāsīt「言葉だけがあった。」，vāg vai brahma「言葉は実にブラフマン（であった）。」。vāk という絶対語末の子音を伴う単語となった vāc は，次に eva や vai のような母音（e）や有声子音（v）を語頭にもつ語が来たので，さらに音の変化を起こし有声化して，vāg となっている。これが子音の外連声と言われるものである。

ところで先に言ったように，絶対語末に来ることができる子音は，-k，-ṭ，-t，-p，-ṅ，-ṇ，-n，-m，-l，-ḥ だけである。つまり，子音の外連声は，これだけの子音についてしか起こらないのである。しかも，l が語末に来ることはほとんどない。そこで，ここでは，(1)-k，-ṭ，-t，-p，(2) 鼻音（-ṅ，-ṇ，-n，-m），(3)-ḥ の場合について，順に，それもサンスクリットの文章を読むうえで重要度が高いと思われる規則だけを見ておくことにしよう。

(1) 語末の -k，-ṭ，-t，-p の変化

無声無気の破裂音（あるいは閉鎖音）であるこれらの音は，上の vāk → vāg の例で見たように，有声音の前で，有声音化する。しかし，無声音の前ではもちろんそのままで変化しない。また，鼻音 n / m の前では，対応する鼻音である ṅ / ṇ / n / m となる。ただし，有声音化する場合もある。定式化しておけば次のようになる。

-k, -ṭ, -t, -p ＋ 無声音- → 変化せず
-k, -ṭ, -t, -p ＋ 有声音- → -g, -ḍ, -d, -b ＋ 有声音
-k, -ṭ, -t, -p ＋ 鼻音 n- / m- → -ṅ, -ṇ, -n, -m ＋ 鼻音 n- / m-
または,
-k, -ṭ, -t, -p ＋ 鼻音 n- / m- → -g, -ḍ, -d, -b ＋ 鼻音 n- / m-

ただし，-t に関しては，続く語の先頭の音が，有声音であっても，c- または ch-，j- または jh-，ṭ- または ṭh-，ḍ- または ḍh- の場合には，それぞれの無気音に同化されて，また l- の場合には，l- に同化されて，次のように変化する。

c- / ch- が続く場合は，-t → -c　例 tat ca → tac ca
j- / jh- が続く場合は，-t → -j　例 tat janma → taj janma
ṭ- / ṭh- が続く場合は，-t → -ṭ　例 tat ṭaṅkam → taṭ ṭaṅkam
ḍ- / ḍh- が続く場合は，-t → -ḍ　例 tat ḍhālam → taḍ ḍhālam
l が続く場合は，-t → -l　例 tat labhate → tal labhate

また，-t に関しては，続く語の先頭の音が，ś- の場合には，次のようになる。

-t ＋ ś- → -c ＋ ch-　例 tat śrutvā → tac chrutvā

(2) 語末の鼻音 -ṅ，-ṇ，-n，-m の変化

まず最も頻繁に見られる規則から始めよう。語末の -m は，次に子音が続く場合には，-ṃ（アヌスヴァーラ）となる。たとえば，aham gacchāmi → ahaṃ gacchāmi となる。

次に，語末の -n は，続く単語が j- で始まる場合，-ñ とな

る。また，続く単語がś- で始まる場合も，-ñ となるが，その場合は，続く単語の語頭のś- も変化して ch- となる。たとえば，tān janān → tāñ janān，また，tān śrutvā → tāñ chrutvā（ただし，śrutvā のままでもよい）。

また，語末の -n は，続く単語が l- で始まる場合は，l̐ となる。たとえば，tān lokān → tāl̐ lokān。（ここで，l̐ は，鼻音化した l を表す。）

さらに，語末の -n は，次に続く単語が t-，th-；ṭ-，ṭh-；c-，ch- で始まる場合，それぞれに対応する歯擦音を伴って，-ṃs，-ṃṣ，-ṃś となる。たとえば，aśvān tatra → aśvāṃs tatra，tān ṭaṅkārān → tāṃṣ ṭaṅkārān，bharan ca → bharaṃś ca，pāśān chettum → pāśāṃś chettum などとなる。

最後に，語末の -ṅ，-ṇ，-n は，それが短母音の後にあり，次の単語が母音（短母音でも長母音でも）で始まる場合には，重複される。たとえば，pratyaṅ āste → pratyaṅṅ āste，sugaṇ iti → sugaṇṇ iti，paśyan etat → paśyann etat などとなる。

鼻音の変化には，ほかにもあるが，ここでは以上にしておく。

(3) -ḥ（ヴィサルガ）の変化

最後に，-ḥ（ヴィサルガ）の変化を見ておこう。絶対語末では，もとの語尾の -s と -r に代わって，-ḥ（ヴィサルガ）が現れてくる。これから見るようにその変化の規則は，これまでのものと比べるとやや複雑である。これまでの規則が，もっぱら後に続く単語の語頭の音との関係での変化であったのに対して，これから見る -ḥ の変化は，その前にどんな母音が来るか，-aḥ なのか -āḥ なのか，それとも a あるいは ā

以外の母音を伴う，たとえば -iḥ とか -eḥ なのかにも関係するからである。さらにまた，もとの語尾が -s であったのか，-r であったのかにも注意しなければならない。

しかも，-aḥ は，語幹が -a で終わる男性名詞の主格・単数形の語尾として，サンスクリットの文章の中に頻出するし，-āḥ も，その男性名詞の主格・複数形，また -ā で終わる女性名詞の主格・複数形としてしばしば現れてくる。また，-iḥ と -eḥ は，たいていの場合，-i で終わる男性名詞か女性名詞の主格・単数形と属格（または奪格）・単数形である。だから，-ḥ の変化の規則は，サンスクリット文法を学ぶうえで，とても重要なのである。その規則を一覧表にすれば次のようになる。

-aḥ	-āḥ	-*V*ḥ	続く単語の接頭の音
-o[注1]	-ā	-r	a-
-a	-ā	-r	a 以外の母音-
-aḥ	-āḥ	-ḥ	k- / kh-; p- / ph-
-aś	-āś	-ś	c- / ch-
-aṣ	-āṣ	-ṣ	ṭ- / ṭh-
-as	-ās	-s	t- / th-
-o	-ā	-r	g- / gh-; j- / jh-; ḍ- / ḍh-; d- / dh-; b- / bh-
-o	-ā	-r	n- / m-（ṅ, ñ, ṇ, ṃ は語頭には来ない）
-o	-ā	-r	y- / v-
-o	-ā	-ø[注2]	r-
-o	-ā	-r	l-
-aḥ	-āḥ	-ḥ	ś- / ṣ- / s-[注3]
-o	-ā	-r	h-

この表の最上段の -aḥ，-āḥ，-*V*ḥ は，単語の語末の音を示

している。-*V*ḥ は，ḥ の前の母音が，a でも ā でもない母音の場合の語末の音（-iḥ，-uḥ，-īḥ，-ūḥ，-eḥ，-oḥ，-aiḥ，-auḥ）を示している。右列の各行に示したのが続く単語の語頭の音である。そこでたとえば，先行する単語が -aḥ で終わり，続く単語が a- で始まるならば，最上段の -aḥ と，右列の a- からの延長線の交点部分にある -o が，-aḥ に代わって現れてくる音である。ただし，この場合は，後に述べるように（注1），続く単語の語頭の a- は脱落して，'「アヴァグラハ」となる。具体的には，たとえば，aśvaḥ ayam → aśvo 'yam「これは馬です。」となる。

この表を見ればわかるように，網掛け部分はほぼ同じ形を示している。-aḥ → -o，-āḥ → -ā，-*V*ḥ → -r である。続く単語の語頭の音を見ると，すべて有声音であることがわかる。つまり，有声音の前では，たいていこの変化である。たとえば，devāḥ ūcuḥ → devā ūcuḥ「神々が言った。」となる。また，kaviḥ ＋ ayam → kavir ayam「これは詩人です。」となり，gauḥ gacchati → gaur gacchati「牛が行く。」となる。

同じことは，無声音が後続する場合にも言えて，たいていの無声音の前では，何のことはない，変化しないことがわかる。こうして見ると，それほど複雑でもない。特に，我々はサンスクリットの文を読むことを目的にして，文法を学んでいるのだから，出て来た単語の語尾に -o が来て，次に有声音が来れば，たいてい「主格・単数」だと思えばよいのである。上の表で特に注意すべきは，次の点である。

注1：-aḥ ＋ a- → -o 'となって，後続する単語の語頭 a が脱落する。例 aśvaḥ ayam → aśvo 'yam「これは馬です。」となる。

注２：-*V*ḥ に，r- が後続するとき，-ḥ は脱落する。ḥ の前の *V* が短母音の場合は，長母音化する。例 aśvaḥ ramate → aśvā ramate「馬が休んでいる。」となり，nadīḥ rakṣati → nadī rakṣati「彼は川を守っている。」となる。

注３：ś-，ṣ-，s- が後続する場合，これらの歯擦音は無声なので表の通り無変化であるが，-ḥ が同化されて -ś，-ṣ，-s となることも許されている。したがって，suptaḥ śivaḥ でも suptaś śivaḥ でもよく，また，suptaḥ siṃhaḥ でも suptas siṃhaḥ でもよい。

最後の最後に，２つほど重要な例外の話をしておこう。いずれもサンスクリットの文章中には頻繁に現れてくる。まず，３人称の代名詞 saḥ（主格・単数形「それは」「彼は」）と eṣaḥ（主格・単数形「これは」）である。（格変化の全体については後に学ぶ。）ともに絶対語末の形だから，文末に来たときには，この形で現れる。そして，a の前では，so，eṣo となって，次に続く a は脱落する。たとえば，saḥ asti → so 'sti「彼はいる。」となる。ここまでは規則通りである。しかし，それ以外のすべての場合は，つまり a 以外のすべての音の前で，sa，eṣa となる。sa kṛṣṇaḥ「彼はクリシュナです。」，eṣa śivaḥ「この方はシヴァです。」のように。

また，punar という語がある。「また，再び」という意味の接続詞である。絶対語末では，もちろん punaḥ である。では，続く単語が a- で始まる場合はどうなるだろうか。規則通りなら，たとえば，punaḥ atra → puno 'tra となるはずだ。しかしそうはならない。punar atra となるのである。これは，punaḥ の -aḥ がもともと -ar だったからである。-as も -ar も，絶対語末では -aḥ と同じ形になるが，punaḥ の場合は，もとは punar だったから，このようなことになるのである。したがって，後に有声音が続く場合は，すべて punar となる。ただし，後に r- が来る場合は，上に見た規則のように，punaḥ ramate → punā ramate「彼はまた喜んでいる。」となる。

以上で，サンスクリット文法における音韻に関わる説明を終わる。次課からは，いよいよ本物のサンスクリットの文章を参考にしながら，語と文に関するあれこれの規則を学ぶことにしよう。

※本文中に示したのと同様の表は，Roderick S. Bucknell (1994): *Sanskrit Manual. A quick-reference guide to the phonology and grammar of Classical Sanskrit*. Motilal Banarsidass Publishers, Delhi, p. 74. や，A. M. Ruppel (2017): *The Cambridge Introduction to Sanskrit*. Cambridge University Press, p. 128, *Visarga Sandhi*. にも示されている。それらを参考にした。

※※以下の課では，名詞の変化表を示すが，-s については絶対語末の -ḥ で示すことにする。すなわち，-s → -ḥ, -as → -aḥ, -os → -oḥ, -bhis → -bhiḥ, -bhyas → -bhyaḥ である。文法書によっては，前者で示すものもある。

第7課　私はブラフマンです。─1人称

それでは具体的な文章を例にとって，いろいろな文法事項を学んでいくことにしよう。まずは次の文である。

aham̩ brahmāsmi.　アハム　ブラフマースミ

外連声をはずして単語に分けて書くと，次のようになる。

aham + brahma + asmi.

正しく単語の形に戻したら，次にすべきは，とにかくそれぞれの単語が，どんな役割の語で，それがどんな意味を表すのかを知ることである。そこで，普通は辞書を引いて，その単語についてあれこれ調べることになる。この本には，辞書代わりに巻末に語彙索引が付けてあるので，それを使ってこの文の意味を調べることにしよう。

まずはaham。語彙索引では次のようになっている。

aham（代）1人称の人称代名詞の主格・単数形 → 表1

ahamが，「私は」という意味であることがわかる。通常は辞書（この語彙索引も）の見出し語には，名詞や動詞については，語幹や語根の形を載せるのだが，1人称と2人称の人称代名詞の場合は，単数，両数，複数の数の違いによって，それぞれのもとの形が異なっており，極端に不規則な変化を

するので，辞書の見出し語としては，代表形である mad- あるいは asmad- が使われる。しかし，本書の語彙索引では，aham も見出し語に挙げておいた。

aham の語形の変化を表で見ておこう。

表1　1人称の人称代名詞（mad-/asmad-）の変化表

	単数（私）	両数（我ら２人）	複数（我々）
主格	aham（私は）	āvām	vayam
対格	mām（私を）		asmān
具格	mayā（私によって）	āvābhyām	asmābhiḥ
与格	mahyam（私に）		asmabhyam
奪格	mat（私から）		asmat
属格	mama（私の）	āvayoḥ	asmākam
処格	mayi（私において）		asmāsu
呼格	なし	なし	なし

このように８つの格と３つの数の組み合わせで，合計24の変化形がある。今後出てくる名詞の変化表はすべてこの形になる。もっとも，格によっては同じ形をとる場合もあるから，24個の形を覚えなければならないわけではない。また，人称代名詞も含めて代名詞には，そもそも呼格はないから，aham には，上のように21個の変化形（一部は同形）があることになる。

英語を習い始めた頃，I my me，you your you……と代名詞の変化を覚えたと思うが，あれと同じである。違いは，サンスクリットの場合，少し格の種類が多く，数に両数があることである。変化が不規則だということは，それだけこの語が日常の表現の中でよく使われるということの証拠である。

さて，次の単語は，brahma である。語彙索引には，この形では見つからない。語幹の形ではないからである。しかし似た形の語は見つかる。brahman である。次のようになっている。ちなみに語彙索引においては，見出し語の名詞語幹は末尾のハイフンを省略している。

brahman（中）中性の最高原理ブラフマン，梵 → 表２
brahman（男）男性の人格神ブラフマー，梵天 → 表３

（中）は中性名詞，（男）は男性名詞を示している。サンスクリットは，名詞に性がある。（女）とあれば女性名詞である。どうやら，先の文の意味を理解するには，brahman- という語について，それを中性名詞ととるか男性名詞ととるかの２つの可能性を考える必要がありそうである。中性名詞の brahman- の語形の変化と男性名詞の brahman- の語形の変化の違いを，２つの表で見比べてみよう。

表２　brahman-（中）の変化表

<table>
<tr><th></th><th>単数</th><th>両数</th><th>複数</th></tr>
<tr><td>主格（は）</td><td rowspan="2">brahma</td><td rowspan="2">brahmaṇī</td><td rowspan="2">brahmāṇi</td></tr>
<tr><td>対格（を）</td></tr>
<tr><td>具格（によって）</td><td>brahmaṇā</td><td rowspan="3">brahmabhyām</td><td>brahmabhiḥ</td></tr>
<tr><td>与格（に）</td><td>brahmaṇe</td><td rowspan="2">brahmabhyaḥ</td></tr>
<tr><td>奪格（から）</td><td rowspan="2">brahmaṇaḥ</td></tr>
<tr><td>属格（の）</td><td rowspan="2">brahmaṇoḥ</td><td>brahmaṇām</td></tr>
<tr><td>処格（において）</td><td>brahmaṇi</td><td>brahmasu</td></tr>
<tr><td>呼格（よ）</td><td>brahma</td><td>brahmaṇī</td><td>brahmāṇi</td></tr>
</table>

表3　brahman-（男）の変化表

<table>
<tr><th></th><th>単数</th><th>両数</th><th>複数</th></tr>
<tr><td>主格（は）</td><td>brahmā</td><td rowspan="2">brahmāṇau</td><td>brahmāṇaḥ</td></tr>
<tr><td>対格（を）</td><td>brahmāṇam</td><td>brahmaṇaḥ</td></tr>
<tr><td>具格（によって）</td><td>brahmaṇā</td><td rowspan="3">brahmabhyām</td><td>brahmabhiḥ</td></tr>
<tr><td>与格（に）</td><td>brahmaṇe</td><td rowspan="2">brahmabhyaḥ</td></tr>
<tr><td>奪格（から）</td><td rowspan="2">brahmaṇaḥ</td></tr>
<tr><td>属格（の）</td><td rowspan="2">brahmaṇoḥ</td><td>brahmaṇām</td></tr>
<tr><td>処格（において）</td><td>brahmaṇi</td><td>brahmasu</td></tr>
<tr><td>呼格（よ）</td><td>brahman</td><td>brahmāṇau</td><td>brahmāṇaḥ</td></tr>
</table>

2つの表で網掛け部分が，中性形の場合と男性形の場合とで語形が異なる部分である。

-man に終わる名詞には，ほかに，ātman（男）「アートマン，自己，自我」や nāman（中）「名前」などいろいろあるが，ここに見る brahman- のように，-man の前に子音が先立っている場合は，brahman- と同じ語形の変化を示す。ブラフマンとともに，インド哲学を理解するうえで特に重要な語である男性名詞「アートマン」ātman- も，同様に -man の前に子音があるから，brahman-（男）と同じように変化する。brah の部分を，āt に置き換えればよい。

さて，先の文章に戻ろう。ahaṃ brahmāsmi　正しい区切り方はすでに示しているが，実際にはこの段階ではまだ brahmāsmi をどう区切ればよいかはわからないはずである。これが1語でないことは，このような単語が辞書には出てこないことから判断できるが，ではこれを単語に区切るとしたらどこで区切るか。（最初は，brahmās ＋ mi とか，brahmā ＋ smi と区切ったりして，mi とか smi が，何かわからなくて途方に暮れたりすることもある。）

そこで次に，brahman- という語にあたりをつけたのだが，上の表に見るように，brahman- という語の変化を見ると，中性名詞の場合でも，男性名詞の場合でも，ここで可能性がありそうな語形は，中性・主格・単数あるいは対格・単数の brahma か，男性・主格・単数の brahmā かのどちらかだけである。そこで母音の外連声の規則として，「-a / -ā ＋ a- / ā- → -ā-」という規則を思い出すことになる。

この規則に従えば，これを区切る可能性は，brahma ＋ asmi か，brahma ＋ āsmi か，brahmā ＋ asmi か，brahmā ＋ āsmi のいずれかということになる。brahma か brahmā かは，語形としてはどちらもあり得るのだから，先に，asmi か，āsmi かを決めてしまおう。

まだサンスクリットの文法を学び始めたばかりだから，asmi か āsmi かと言われても，これが名詞なのか，動詞なのかさえも今はわからないはずである。とにかく辞書を引いてみても，それらしい項目がないから，どうもこれは名詞ではないらしいと思うのがせいぜいである。これが文法の学習が進んで，動詞について学んでしまえば，-mi というのは，能動態の１人称・単数・現在の人称語尾として現れてくる場合が多いとわかってくる。

サンスクリットの文章では，動詞は，語幹＋人称語尾という形で出てくる。そして，語幹は，たいていの場合，語根と接辞からできている。ただし，語根に人称語尾が直接付く場合もある。そこで，asmi にせよ，āsmi にせよ，-mi は人称語尾だと判断する。したがって，as- や ās- が，語幹あるいは語根ということになる。そこで，とにかく辞書を引いてみることになる。ここでは本書の語彙索引を見てみよう。動詞の項目を見ると，それぞれ，次のように書いてある。

as- 2P ある，いる，である（英語のbe動詞にあたる）→ 表8

ās- 2Ā 坐(ざ)す，座る

語彙索引では，動詞については，１から10までの番号が付いていて，それが何類の動詞であるかを示している。これを見ると，動詞as- も動詞ās- もともに２とあるから，第２類の動詞である。そして，as- には，２の後にPと記され，ās- には，Āと記されている。これが重要である。普通の動詞の場合は，数字の後には何も示されることはない。しかし，PとかĀとかの記号が付いている場合は，Pは能動態を表し，Āは中動態（反射態）を表している。

態については，詳しくは後に説明する（183頁コラム８など参照）が，サンスクリットには，この２つの態があって，能動態は，サンスクリット文法の用語でParasmaipada，「為他言(えたげん)」，中動態は，Ātmanepada，「為自言(えじげん)」と呼ばれているので，それぞれをPとĀで示すのが慣例となっている。

多くの動詞は，能動態（P）と中動態（Ā）の両方の態で使われ，それぞれの態で異なる人称語尾をもっている。しかし，動詞の中には，どちらか一方の態だけでしか使われないものもある。詳しくは，後に動詞を扱うときに説明しよう。

語彙索引で，ās- が，Āとされているということは，この動詞は中動態でしか使われないということを示している。つまり中動態の人称語尾しかとらない。一方，-mi という人称語尾は，次に見るように，能動態の１人称・単数・現在を表す語尾である。中動態の人称語尾の変化形の中に，-mi が現れることはない。したがって，āsmi という語形が，サンスクリットの文章の中に現れることは，実際にはないと言うことができる。こうして，ここでは，asmi という語形であることが確定される。

動詞について，その語が動詞であることを確かめたら，普通ならその次には，その動詞の語尾変化（活用）の全体について変化表で確認するのがよいだろう。しかしここでは，この as- の能動態の1人称・現在の語尾変化だけを見ておくことにしよう。次のようになる。

表4　as-「ある，いる」能動態・現在・1人称の変化

	単数	両数	複数
1人称	asmi	svaḥ	smaḥ

これで，単語の区切りについては解決できた。

aham ＋ brahma ＋ asmi.
aham ＋ brahmā ＋ asmi.

このいずれかということになる。実は，純粋に文法の問題としてだけなら，この2つの文章はどちらも正しい。意味も，ともに，「私はブラフマンです。」である。違いは，「私は……」と言っている主体が，中性のブラフマンか，男性のブラフマンか，どちらなのかということである。

中性の非人格的なものが，「私は，……」と自分のことをあたかも人格をもつもののように言うのはおかしいから，男性のブラフマンが，自分のことを，「私は，ブラフマンです。」（aham ＋ brahmā ＋ asmi）と言っている。こう普通なら考えるだろう。ところが，最初に答えを書いてしまったように，正しい読みは，aham ＋ brahma ＋ asmi である。中

性のブラフマンが，「私はブラフマンです」と言っているのである。どうしてそんなことがわかるのか。それは，この文章が出てくる文脈の中にこの文章を置いたときに，はじめて理解できることである。

ウパニシャッドの大文章(1)

この文章（ahaṃ brahmāsmi）は，『ブリハッド・アーラニヤカ・ウパニシャッド』という本の中に出てくる。この本は，「ウパニシャッド」というジャンルに属するインドの宗教哲学文献の中でも，最古の層に属する聖典で，紀元前6世紀頃に作られたものである。次のように語られている。

世のはじまりにおいて，この世界は実にブラフマンであった。それは，それ自身（アートマン）を知った。「私はブラフマンである」と。その結果，それは世界のすべてとなった。神々においてそのことを悟った者は，必ずそれになった。聖仙たちにおいてもそうであった。人間たちにおいてもそうであった。（BĀU I 4, 10(K)）

この文章の中で，ブラフマンに対して，「それ」（tat）という中性の指示代名詞の主格・単数形が使われていることからも，このブラフマンが中性名詞で示されるブラフマンであることがわかる。この話は，太初において，唯一存在していたブラフマンが，自分がブラフマンであることを自覚したときに，「私はブラフマンである」と声を発し，そして，その自覚の結果として，ブラフマンが，存在の根本原理として，一切の世界となったということを言っている。

実は，この話は，「人間たちは，ブラフマンを知ることによって一切世界となるのであろうが，それなら，そのブラフマンは，いったい何を知って，その結果として，一切世界となったのか」という問いに対する答えとして示されたものである。この問いは，なかなかおもしろい問いである。「梵我（ぼんが）一如（いちにょ）」，つまり個体存在である我々一人一人の人間が，宇宙の最高原理と一体化することは，「梵」であるブラフマンという最高の「真理」を知ることによって実現すると言われているが，それなら，一切世界であるブラフマン自身は，いったい何を知って一切世界となったのか，という問いである。

世のはじまりにおいて，一切世界であったブラフマンは，そこにはブラフマン以外に誰もいなかったし，何もなかったのであるから，「知る」ということの対象がそこにはないはずである。いったい，何を知ったのかという問いである。それに対する答えとして，「自分自身を知ったのだ」と，答えられているのである。つまり，「私はブラフマンである」というのは，単なる自己紹介ではなくて，ブラフマンの自覚を表す言葉であった。

さらに，上の文章に続けて，次のように言われている。「今の世の中でもそれはそうであって，〈私はブラフマンである〉と，このように知った者，その者はこの一切世界となるのである」と。この文章では，その者は，男性の指示代名詞「彼（その者）」（sa）で示されている。つまり，この場合は，今この世に生きている人間が，〈私〉として，「私はブラフマンである」と自覚するのである。この場合でも，ブラフマンは中性・単数のままである。なぜなら，この人間の自覚の内容は，「私は，一切世界としてのブラフマンである」というものであるからである。これこそが，「梵我一如」という真理を人が悟った境地にほかならない。
「私はブラフマンです」という言葉は，実はこのような古代インド思想の根源にあるウパニシャッドの言葉であった。この言葉は，次の第８課，第９課で紹介する言葉とともに，インドでは古来「大文章」（マハー・ヴァーキャ）と呼ばれている。

コラム３　名詞の性と数と格

サンスクリットの名詞（そして形容詞）には，３つの性と３つの数と８つの格がある。名詞の性には，男性，女性，中性があるが，文法上の性であって，自然の性を表すものではない。３つの数は，単数，両数，複数である。両数は，２つのものや対になっているものを表す。
格には，主格，対格，具格，与格，奪格，属格，処格，呼格の８つがある。サンスクリットの文法では，主格から処格までを「１番」「２番」……「７番」とする。呼格は独立した格として扱われず主格と同じとみなされているが，本書では８番目の格として示している。それぞれの文法上の役割は以下の通りである。

⑴主格：「～は／～が／～である」。主語や述語になる。
⑵対格：「～を／～に」。他動詞の直接目的語になる。
⑶具格：「～によって／～とともに」。手段や原因，随伴を示す。
⑷与格：「～に／～のために」。間接目的語になる。目的や利害を示す。「為格」とも言われる。
⑸奪格：「～から／～より」。分離，理由を示す。「従

格」とも言われる。
⑹属格：「～の／～にとって」。所属，所有を示す。与格のように使われることもある。
⑺処格：「～において」。空間・時間における場所や位置を示す。「所格」「依格」とも言われる。
⑻呼格：「～よ！」。呼びかけ。多くの場合，主格と同じ形になる。

このうち⑺処格は，「処格絶対節」を作り，「～するとき」や「もし～すれば」を意味する副文を構成することがある（第17課）。

第8課　君はそれである。── 2人称

次の文はとても有名な文句なので，知っている人もいるだろう。

tattvamasi.　タットトヴァマシ

連声をはずして単語に分けるとこうなる。

tat tvam asi.　タット　トヴァム　アシ

まずそれぞれの語形と意味について見ることにしよう。最初の tat は後回しにして，まず tvam から見ていく。

tvam も aham と同じように，通常の辞書では，このままの形では出てこない。ただし，この本の語彙索引では次のように示している。

tvam （代）2人称の人称代名詞（tvad-/yuṣmad-）の主格・単数形 → 表5

つまり，「あなたは」，「君は」という意味である。格の変化は次の頁のようになる。

有名な詩人のバルトリハリ（5世紀）の恋愛詩のひとつにこんなのがある。「心を通わせているときは，yūyaṃ vayaṃ vayaṃ yūyam。それが今ではどうしたことか。yūyaṃ yūyaṃ vayaṃ vayam。」1人称と2人称の人称代名詞の複

数形が並んでいる。この複数形は敬意を表すためのもので，意味は単数である。つまり，「あなたは，わたし。わたしは，あなた。」だったのが，今は，「あなたは，あなた。わたしは，わたし。」だと。

表5　2人称の人称代名詞（tvad-/yuṣmad-）の変化表

<table>
<tr><th></th><th>単数</th><th>両数</th><th>複数</th></tr>
<tr><td>主格（は）</td><td>tvam</td><td rowspan="2">yuvām</td><td>yūyam</td></tr>
<tr><td>対格（を）</td><td>tvām</td><td>yuṣmān</td></tr>
<tr><td>具格（によって）</td><td>tvayā</td><td rowspan="3">yuvābhyām</td><td>yuṣmābhiḥ</td></tr>
<tr><td>与格（に）</td><td>tubhyam</td><td>yuṣmabhyam</td></tr>
<tr><td>奪格（から）</td><td>tvat</td><td>yuṣmat</td></tr>
<tr><td>属格（の）</td><td>tava</td><td rowspan="2">yuvayoḥ</td><td>yuṣmākam</td></tr>
<tr><td>処格（において）</td><td>tvayi</td><td>yuṣmāsu</td></tr>
<tr><td>呼格（よ）</td><td>なし</td><td>なし</td><td>なし</td></tr>
</table>

文章に戻ろう。次にasiである。前課で，私たちはasmiという動詞を見ているから，おおよそ見当はついているだろう。そう，これは，動詞as-の2人称・単数・現在形である。語尾の変化は次のようになる。

表6　as-「ある，いる」能動態・現在・2人称の変化

	単数	両数	複数
2人称	asi	sthaḥ	stha

さて，最後に，tat（＝tad）である。これは，「それ」と文中で既述のものを指して使われる指示代名詞である。サンスクリットの指示代名詞は，3人称の人称代名詞「彼（ら），彼女（ら）」としても使われ，英語で言えば，it / he / she /

theyにあたる。指示代名詞だから，それが指示する名詞の性・数と同じ性・数を表す語形をとることになる。つまり，「それ」が指示するものは，男性の場合と女性の場合と中性の場合があり，数も単数，両数，複数の3つの場合があるのである。まずは変化表を見ることにしよう。代表形は，tad-で示される。

表7　指示代名詞 tad- の変化表

<table>
<tr><th rowspan="2"></th><th colspan="3">単数</th><th colspan="3">両数</th><th colspan="3">複数</th></tr>
<tr><th>男</th><th>中</th><th>女</th><th>男</th><th>中</th><th>女</th><th>男</th><th>中</th><th>女</th></tr>
<tr><td>主格</td><td>saḥ</td><td rowspan="2">tat</td><td>sā</td><td rowspan="2">tau</td><td colspan="2" rowspan="2">te</td><td>te</td><td rowspan="2">tāni</td><td rowspan="2">tāḥ</td></tr>
<tr><td>対格</td><td>tam</td><td>tām</td><td>tān</td></tr>
<tr><td>具格</td><td colspan="2">tena</td><td>tayā</td><td colspan="3" rowspan="3">tābhyām</td><td>taiḥ</td><td colspan="2">tābhiḥ</td></tr>
<tr><td>与格</td><td colspan="2">tasmai</td><td>tasyai</td><td rowspan="2">tebhyaḥ</td><td colspan="2" rowspan="2">tābhyaḥ</td></tr>
<tr><td>奪格</td><td colspan="2">tasmāt</td><td rowspan="2">tasyāḥ</td></tr>
<tr><td>属格</td><td colspan="2">tasya</td><td colspan="3" rowspan="2">tayoḥ</td><td>teṣām</td><td colspan="2">tāsām</td></tr>
<tr><td>処格</td><td colspan="2">tasmin</td><td>tasyām</td><td>teṣu</td><td colspan="2">tāsu</td></tr>
<tr><td>呼格</td><td colspan="3">なし</td><td colspan="3">なし</td><td colspan="3">なし</td></tr>
</table>

英語の場合は，名詞に性はなく，その名詞が表す内容（対象）の性と数に応じて，it「それ」か，she「彼女」か，he「彼」か，they「彼女ら／彼ら」かの指示代名詞が使われることになるが，サンスクリットの場合は，フランス語やドイツ語と同じように名詞には性があるから，指示代名詞 tad-も，文中でそれが指示している名詞に対応して，その名詞と一致した性と数をとることになる。そして，文中ですでに一度述べられたものや，文脈上よく知られたものを指して，「それ（ら）」（男性なら「彼〔ら〕」，女性なら「彼女〔ら〕」）と言う場合に使われるのである。この tad- には，また，名詞

と一緒に並べられて定冠詞のような使われ方をする場合がある。

そこで，文に戻って，tat tvam asi であるが，この tat が，中性形の主格あるいは対格の単数形であることは，この表から確かめられる。そして，この文では tat は主格である。なぜなら，「A は B である」という構文をとる文章の中では，主語（A）と述語（B）の格は一致しなければならないからである。

こうして，tat tvam asi は，「君はそれである。」を意味する文章だとわかった。しかし，なぜ「それは君である。」とは訳せないのか。語順からすれば，前にある「それ」が主語になりそうだが，サンスクリットでは，主語は前後関係によっては決まらない。それにこの文で，「である」を意味する動詞 asi は，2人称・単数形である。つまり，この文章の主語になれるのは，2人称の主格の語である tvam しかないのである。

では，述語である「それ」は具体的に何を指しているのか。それは，この文章が出てくる文脈を見てみないとわからない。本課の最後にその出典のテキストを見ることにしよう。

ウパニシャッドの大文章(2)

前課で見た「私はブラフマンである。」と同様に，「君はそれである。」（tat tvam asi）もまたウパニシャッドにおいて「大文章」と呼ばれているものである。こちらの文章は，『チャーンドーギャ・ウパニシャッド』という本に出てくる。ウパニシャッドには有名な哲人が何人か登場するが，ウッダーラカ・アールニもそのひとりである。彼は，あるとき，息子のシュヴェータケートゥに究極の真理を教えるのだが，そのときに発せられたのがこの言葉である。

父は息子にいろいろと喩え（たとえ）を使いながら繰り返し真理を説く。そしてその話の最後に決まって出てくるのが，この「君はそれである」である。繰り返し現れる文章をそのまま引用してみよう。

> 「この微細なもの，――この世のすべてはそれを本質としている。それは真にあるもの。それはアートマン。シュヴェータケートゥよ，君はそれである。」（ChU VI 8, 7-16）
> （『世界の名著 1 バラモン教典・原始仏典』中央公論社，1969年，118頁所収の服部正明（はっとりまさあき）訳を参照。）

この文を読んでわかるように，繰り返し言われる「それ」は，文脈から見て，「この微細なもの」を指していると考えられる。そして，古代のインドを代表する神学哲学者であるシャンカラ（8世紀）の解釈に従って，この「微細なもの」とは，世界の根本であり最高実在（原理）であるブラフマンを指すと理解されている。つまり，「私は，ブラフマンである」という言明と同じように，この「君はそれである」という言明もまた，梵我一如を説く言葉（大文章）なのである。

さて以上で本課を終わってよいようなものであるが，実はそうは行かない問題がある。先ほど，「AはBである」という構文をとる文章では，主語（A）と述語（B）は格が一致しなければならないと言ったが，一致しなければならないのは，格だけではなくて，性も数も一致しなければならないのである。ところが，tat tvam asiを見てみると，「君」と言われるシュヴェータケートゥは，男である。しかし，tatは，中性の主格・単数形である。これでは性が一致しない。

「君はそれである」と，「君」（A）＝「それ」（B）という，主語と述語が一致した状態を言おうとするのであれば，sa tvam asi と，「それ」を男性の主格・単数形（saḥ）で言わなければならないのではないか。どうして，中性の tat と，内容的には男性を指している tvam とが，主語と述語となって，「A は B である」という文になっているのだろうか。（※なお，外連声の規則として，代名詞の saḥ は，文末に来た場合には saḥ であるが，文中では，a の前では so となり，a 以外の母音とすべての子音の前では sa となる。）

tat tvam asi「君はそれである。」は，「同一文章中の主語と述語は性・数・格が一致しなければならない」という規則に違反しているのではないか。実はこの問題は，時々，サンスクリットの研究者によって取り上げられる問題である。

サンスクリットの構文についての古典的な参考書であるシュパイエル（J. S. Speijer）の『サンスクリット統語法』（*Sanskrit Syntax*, 1886年刊）でも，すでにこの問題は取り上げられている。そこでのシュパイエルの答えは，「tat と tvam で性が異なっているのは，「それ」と「君」が完全に同一ではなく，「君」は「それ」が現象的に顕現したものであるということを言っているのだ」というものであった。この解釈は，先に触れたシャンカラの考えを多分に考慮した哲学的な解釈だと言えるだろう。

一方，これと正反対の答えもあって，フランス人でサンスクリット学の権威であったルヌー（L. Renou）は，『サンスクリット文法』において，「哲学では，性・数・格の不一致は，両者が同一であることを強調するものである。『ヴェーダーンタ・スートラ』では，しばしば，中性のブラフマンが男性の指示代名詞と一緒に現れる」（*Grammaire Sanscrite*, 1996, §369）と言っている。この説に従えば，「君」と「それ」が異なる性をとるのは，両者が異なる2つのものであるからこそ両者は同一でありうるということを言うためである，ということになる。

もっとも，シュパイエルもルヌーも，哲学的な解釈と文法の規則との齟齬（そご）を念頭に置いて，この問題を説明しようとしていることでは同じである。実際，この問題は，最近でも取り上げられることがあって，哲学的な解釈は文法規則の制約の中でどこまで認められるかといった議論になっている。筆者も，どちらかと言えば，哲学の立場に立つものであり，シャンカラの解釈で長い伝統がすでに成立しているのであるから，それに従えばよいのではないかと思っている。ただ，果たして本当にこの tat tvam asi は，「一致の規則」から逸脱しているのだろうか。これについては，次の課で考えることにしたい。

第9課　叡智はブラフマンである。──3人称

「AはBである」という文章においては，主語と述語は，性・数・格が一致しなければならない。これが前課で学んだ文法の規則である。では，tat tvam asi「君はそれである。」という文は，この規則を逸脱しているのか。これが，前課から持ち越した問題である。

前課でも触れたルヌーだが，その『サンスクリット文法』の同じ箇所で次のように言っていた。「一致は，一般に，代名詞と述語の名詞の間で起こる」と。これを，辻（つじ）文法で確かめると，「指示代名詞は性において述語と一致する」（辻直四郎（つじなおしろう）『サンスクリット文法』岩波全書，§112. 2a.(1)）と言われている。つまり，ルヌーの文法も，辻の文法も，性・数・格の一致の規則の説明として，指示代名詞が主語の場合を前提にしてこの一致の規則を言っているのである。

一方，tat tvam asiはと言えば，すでに触れたように，tvam「君は」が主語である。それは動詞が2人称のasiであることから間違いない。すると，「それ」は述語であることになる。つまり，指示代名詞「それ」は，主語ではないのである。したがって，指示代名詞が主語である場合の規則がここで適用されることはないと考えられる。それゆえに，tatとtvamの性が異なっていても，文法の規則に違反しているわけではないということになるだろう。

それでは，本題に入ろう。第7課では1人称の「である」，第8課では2人称の「である」を学んだ。本課で学ぶのは，3人称の「である」である。そして，それに関連して「名詞

文」と言われるものについて触れておきたい。

前課で引用した『チャーンドーギャ・ウパニシャッド』の文章には，「それは真にあるもの。」（tat satyam），とか「それはアートマン。」（sa ātmā）という文が見られる。この訳文を見てすでに気がついている人もいると思うが，サンスクリットの文には，「である」に対応する語がない。これは，サンスクリットの場合，「AはBである」という，AとBの同一性（AとBが同じ対象を指示していること）を言明する文においては，３人称現在の「である」にあたる動詞（ここでは，asti）は省略されるのが普通だからである。

「である」に該当する語は，文法用語では「繋辞」（コプラ）と言われる。主語と述語を結びつける語である。サンスクリットでは，asti のほかにも，主語と述語を結びつけるだけの同じような働きをする語として，bhavati とか vidyate, vartate などがあって，これらの語も，主語と述語を単に結びつける働きだけをする場合には，やはり省略されることがある。（ただし，一方で，これらの語は，「生まれる」，「存在する」，「働く」といった重要な意味をもっている。）

それではまず，as-「ある，いる」の能動態・現在の３人称の活用である。ここでは，これまでの復習もかねて，動詞 as- の能動態・現在の全人称の語尾変化の表を示しておく。

表8　as-「ある，いる」能動態・現在の変化表

	単数	両数	複数
1人称	asmi	svaḥ	smaḥ
2人称	asi	sthaḥ	stha
3人称	asti	staḥ	santi

動詞は，語幹＋人称語尾の形で使用されるが，この表で，下線の部分が人称語尾である。これが，能動態・現在の一般的な語尾の形である。（サンスクリット文法を学び始めた頃に，-mi〔ミ〕-si〔シ〕-ti〔ティ〕，-vaḥ〔ヴァハ〕-thaḥ〔タァハ〕-taḥ〔タハ〕，-maḥ〔マハ〕-tha〔タァ〕-anti〔アンティ〕と暗(あん)誦(しょう)した。）

サンスクリットでは，「AはBである」という同一性を言明する文においては，「である」（繫辞）が省略されるのが普通であるが，特にAとBがともに名詞の場合に，その傾向がはっきりと現れる。これを名詞文と言う。たとえば，次のような文章である。

prajñānaṃ brahma.　プラジュニャーナム　ブラフマ
（「プラギャーナムブラマ」と聞こえることもある。）

例によって単語の説明から入ろう。brahma が中性名詞 brahman- の主格・単数形であることは，すでに第7課で見ている。そこで，prajñānam を語彙索引で捜してみよう。この語はこのままの形で見つかる。次のようになっている。

prajñāna（中）知るもの／こと，叡智(えいち)，知識 → pra-jñā-

まず，prajñāna- は，中性名詞である。基本的な意味は，「知るもの／こと」である。「叡智，知識」という具体的な意味を挙げた後に，「→ pra-jñā-」と示してあるが，これは，この語が，pra- という接頭辞が付いた語根 jñā- から派生した名詞であることを示している。

サンスクリットでは，語根に付く接頭辞は20ほどある。

それらは，動詞が表す意味の強度を強めたり弱めたりする働きがあり，動作が向かう方向やその動作の目的に対する積極性あるいは消極性を表すことが多い。したがって，語根が本来もっている意味を変えることはない。pra-jñā- も，jñā- も，「知る」という意味を基本的に表すことにおいて違いはないが，pra- が付いたほうが，より対象に近づいて精確に知るというニュアンスが加わっている。

そして，語根 (pra-)jñā- に，接尾辞 -ana が付けられて，名詞 (pra-)jñāna- が作られる。-ana という接尾辞は，行為に関わる手段や状態を表す中性名詞を作る。

jñāna- も prajñāna- も，基本的な意味としては，「知ること」である。インド哲学の歴史を見るとき，jñāna-「知識」という語のもつ重要性は極めて高く，使用頻度も圧倒的に jñāna- のほうが高い。したがって，jñāna- より prajñāna- のほうがよりすぐれた知識を表すというようなことはない。

しかし，prajñāna- が，ここに見るようにブラフマンとの関係で特別なニュアンスを帯びて使われる名詞であることは間違いない。そのことは，-ana という接尾辞は付いていないが，同じように (pra-)jñā- という語根から派生した名詞である prajñā- という女性名詞（「叡智」）や prajña- あるいは prājña- という形容詞（「叡智からなる」，「知的な」）が，初期のウパニシャッドにおいてアートマンとの関連で使われたり，仏教でブッダの覚りの内容（漢訳で「般若（はんにゃ）」と音写）を意味したりすることからもうかがえる。

さて，ともかく prajñāna- の語の本体は，jñāna- であることがわかったから，以下に，-a で終わる語幹の中性名詞の格変化を，jñāna- を例に見ておくことにしよう。

表9　a-語幹の中性名詞 jñāna-「知識」の変化表

	単数	両数	複数
主格（は）	jñānam	jñāne	jñānāni
対格（を）			
具格（によって）	jñānena	jñānābhyām	jñānaiḥ
与格（に）	jñānāya		jñānebhyaḥ
奪格（から）	jñānāt		
属格（の）	jñānasya	jnānayoḥ	jñānānām
処格（において）	jñāne		jñāneṣu
呼格（よ）	jñāna	jñāne	jñānāni

以上で，とにかく，prajñāna- が，「知るもの／こと」，「叡智」を意味する語であることはわかった。もうひとつの語は，「ブラフマン」である。そして，名詞文として，「である」が省略されている。したがって，全体の意味は，「叡智はブラフマンである。」ということになる……か？　いや，「ブラフマンは叡智である。」か……？　主語はどっちだ。

辻文法は，次のように述べている。「名詞文において，主語と述語名詞の後先は自由で規定しがたい。—同格語（apposition）はしばしば後に置かれる。」（辻，前出 § 112, 3.c）名詞2つからなる文章で，主語と述語を語順によっては決めることができないとなると，いったい何によって決めたらよいのだろうか。実は，サンスクリットにおける，語順の問題，そして主語と述語の問題は，サンスクリット学の大家たちが昔から盛んに論じてきた問題である。そして，その結論が，これである。結局，一律には決まらないのである。

実際，目下の文についても，ある学者は，「叡智はブラフマンである」と訳し，別の学者は，「ブラフマンは叡智である」と訳している。ただし，これは，ドイツ語やフランス語に訳されたのを，私が，ここで日本語としてこのように訳したのであり，しかも，以下に見るように，日本語が抱える問題もあるから，話はかなり複雑になってくる。

そもそも「主語」とは何であるのか。『広辞苑』（第７版）では次のように言われている。「文の成分の一つ。述語を伴って文または節を作る。一般に名詞（句）がなり，主格をとる。」要するに，述語との関係で主語が決まるということである。そして，主語は主格をとるということである。だから，ある文において主格の語がひとつだけなら，すぐにその語が主語であることはわかるだろう。しかし，目下の例文 prajñānaṃ brahma では，すでに見たように２つの単語の両方ともが，主格をとっているのである。しかも，２語しかないから，一方が主語で他方が述語であることは確かでも，どちらが主語であるかを決定することは構文だけからでは判断できないのである。したがって，ここで主語を決めるのは，前後の文脈であるということになるだろう。その出典のテキストを見ることにしよう。

ウパニシャッドの大文章(3)

この文もまた，ウパニシャッドの大文章のひとつで，『アイタレーヤ・ウパニシャッド』という，やはり初期のウパニシャッドのひとつに出てくる。このウパニシャッドの第３章において，まず，「アートマン」とは何かという問いが出される。この問いへの答えとして，「見る」とか「聞く」とかの主体が「アートマン」であると言われ，ではそれは「心（臓）」なのか，あるいは「意識（マナス）」なのかと問われて，その働きとしての様々な心的な作用（たとえば，「意識すること」や「認識すること」,「想起すること」など）が挙げられる。そしてこれらの心的な作用のすべては，prajñāna「叡智」の様々な呼び名であると言った後，次のように言われるのである。

> 一切は「叡智」を眼としている。一切は「叡智」に依拠して確立している。世界は，「叡智」を眼としている。「叡智」は拠り所（よりどころ）である。「叡智」はブラフマンである。
>
> （AiU III, 3）

このウパニシャッドの本文では，「叡智」を意味する語（prajñā-, prajñāna-, prajña-）は繰り返し現れるのに，「ブラフマン」はここに一度だけしか現れない。したがって，主題が主語となるとするならば，ここでの主語は，「叡智」ということになり，「叡智はブラフマンである。」と考えるのが妥当だということになるだろう。

しかし，どうして突然ここでブラフマンが出てくるのだろうか。その謎解きをして，本課の締めくくりとしよう。「叡智からなるアートマン」という観念は，『アイタレーヤ・ウパニシャッド』に先立って，すでに『ブリハッド・アーラニヤカ・ウパニシャッド』において現れていた。「アートマンは，完全な叡智のかたまり（kṛtsnaḥ prajñāna-ghanaḥ）である」という有名な文句がそこには出てくる。そして，『カウシータキ・ウパニシャッド』においてもまた詳しく語られたものである。

『アイタレーヤ・ウパニシャッド』は，この『カウシータキ・ウパニシャッド』と同時期の成立であると考えられるから，「叡智からなるアートマン」という観念は，この頃にはよく知られたものとなっていたであろう。したがって，「叡智はブラフマンである。」という目下の大文章の背後にもこの観念はあったはずである。すなわち，アートマンが叡智からなり，叡智がブラフマンであるならば，「アートマンはブラフマンである」という観念がおのずから生まれてくるだろう。この文もまた「梵我一如」を言うものであった。

コラム4　語幹と語根

単語は語幹と語尾の組み合わせでできている。語幹には名詞語幹と動詞語幹がある。名詞語幹には，名詞の活用語尾が付き，動詞語幹には，動詞の活用語尾が付く。一方，語根は，語の意味をになう根本部分である。サンスクリットの文法では，もっぱら動詞に関して語根が言われるので，本書では，「語根」と言えば，動詞語根を指している。サンスクリットの辞書および本書の語彙索引では，見出し語として，名詞については名詞語幹が，動詞については語根が示されている。名詞語幹には様々な種類があるが，本書では，たとえば -a 音に終わる語幹を a-語幹，-i 音に終わる語幹を i-語幹，子音に終わる語幹を子音語幹と呼んで，それぞれ語幹の末尾の音によって語幹を分類し，それによって名詞を区別している。また，動詞語幹には，現在語幹，アオリスト語幹，完了語幹，未来語幹があり，それぞれの語幹から様々な動詞の活用形が作られる。

第10課　大馬さんが言った。──名詞と形容詞

ここからはサンスクリット文法の各論に入ることにしよう。まずは，名詞と形容詞である。これまでにも文法的なことに触れてきた。特に名詞については，前課で，-a に終わる中性名詞 jñāna- の格変化を学んだし，第７課では，男性名詞と中性名詞の brahman- の格変化について見ている。また，第３課では，go-「牛」という非常に複雑で不規則な格変化をする「二重母音語幹の名詞」について，単語内の音の変化を知るために見た。それぞれの課でそれらを見たのは，サンスクリットという言語のもつ一般的な特徴を知るためであった。ここからは，名詞と形容詞の格変化について具体的に学ぶことにしたい。

ここで，「名詞と形容詞」とひとまとめにして言っているのは，サンスクリットでは両者の間には形のうえでの区別はないからである。もちろん，事物を表すのが名詞で，その名詞を修飾するのが形容詞であるから，文中の語としての働きの区別はある。しかし，単語としての形の成り立ちは同じである。そこで以下では，名詞も形容詞もひっくるめて，「名詞」と言うことにする。

文を構成するのが単語である。単語は，「格語尾あるいは人称語尾に終わるもの」である。その中で，格語尾に終わるのが名詞である。格語尾は，名詞語幹に付いて，単語を作る。

本課では，この格語尾の変化形について全体的に学ぶのだが，ある語がどのような語尾変化をとるかは，その語の名詞語幹の末尾の音によって決定される。そこで，その末尾の音

によって名詞語幹を分類するとおおよそ次のようになる。

⑴ a-語幹　例 aśva-「馬」(男), jñāna-「知」(中)
⑵ ā-語幹［女性名詞に限られる］例 kanyā-「少女」
⑶ ī-語幹および ū-語幹［女性名詞に限られる］例［単音節語幹］dhī-「思慮」, bhū-「大地」,［多音節語幹］nadī-「川」, vadhū-「女」
⑷ i-語幹および u-語幹　例 agni-「火」(男), vāri-「水」(中), bhūmi-「地」(女); paśu-「家畜」(男), madhu-「蜜」(中), dhenu-「牝牛」(女)
⑸ 子音で終わる1語幹の名詞　例［歯音語幹］marut-「風」(男), sarit-「川」(女), jagat-「世界」(中),［口蓋音語幹］satya-vāc- 形容詞「真実を語る」
⑹ in-語幹 (-in, -min, -vin)　例 balin- 形容詞「力をもつ」, svāmin-「主人」(男)(女性形は, -inī- となる。例 balinī-「力をもつ女性」, svāminī-「女主人」)
⑺ as-, is-, us-語幹　例 candramas-「月」(男), apsaras-「天女」(女), manas-「心」(中), jyotis-「光」(中), dīrghāyus- 形容詞「長生きの」
⑻ 子音で終わる2語幹の名詞　例［mat-, vat-語幹］agnimat- 形容詞「火をもつ」, jñānavat- 形容詞「知をもつ」,［at-語幹］tudat- 現在分詞「打つ」, mahat- 形容詞「大きい」(女性形は, -tī- となる。例 agnimatī-, mahatī-)
⑼ 子音で終わる3語幹の名詞　例［an-語幹 (-an, -man, -van)］rājan-「王」(男), nāman-「名前」(中), ātman-「自己」(男), grāvan-「石」(男), sīman-「境」(男, 女, 中)
⑽ 二重母音語幹　例 go-「牛」(男, 女), nau-「舟」(女)

⑾特殊な多語幹名詞　例 pathin-「道」（男），puṃs-「男」（男）

⑿ṛ-語幹および ḷṛ-語幹　例［動作者名詞］kartṛ-「作者」（男），［親族名詞］pitṛ-「父」（男），mātṛ-「母」（女）

⒀yas-語幹　形容詞の比較級　例 garīyas-「より重い」（女性形は，-yasī- となる。例 garīyasī-）

⒁vas-語幹　能動態の完了分詞　例 vidvas-「知っている」（女性形は，弱語幹に ī を添えて作る。例 viduṣī-）

⒂ac-語幹　方位・方向を表す形容詞　例 prāc-「東方の，前方の」，pratyac-「西方の，後方の」（女性形は，弱語幹に ī を添えて作る。例 prācī-，pratīcī-）

名詞によって，すべての変化形において同じ語幹の形で現れてくる1語幹の名詞と，変化形に応じて，強語幹と弱語幹の形で現れてくる2語幹の名詞，さらに加えて中語幹の形をもつ3語幹の名詞がある。

そこで本課から第19課までで，これらの名詞語幹の区別に従って，名詞の格変化を学ぶとともに，格の用法についても順番に見ていくことにしよう。

まず，a-語幹の名詞である。サンスクリットの名詞の中で最も多いのが，この a-語幹の名詞である。a-語幹の名詞には，男性名詞と中性名詞がある。前課では，中性名詞の jñāna- の格変化を見たから，ここでは男性名詞の aśva- の格変化を学ぶことにしよう。

格の用法についてはこれから学ぶことになる。今は，次の表に示したように，「馬が」，「馬を」……，「2頭の馬が」，「2頭の馬を」……，「馬たちが」，「馬たちを」……のように，日本語の名詞に助詞を付けたものが，それぞれの意味を表すと思えばよい。そして，初級サンスクリットの教室では，まずはこの表を覚えることから始まる。太字はおおよその語尾の部分を示している。「おおよその」と言うのは，語幹と語尾が結びつくときに，両者の間でいろいろな音の変化（連声）が起こるから，一律の形を示すことが難しいからである。（基本形については次課で示す。）

表10　a-語幹の男性名詞 aśva-「馬」の変化表

	単数	両数	複数
主格（は）	aśva**ḥ**	aśv**au**	aśv**āḥ**
対格（を）	aśva**m**		aśv**ān**
具格（によって）	aśv**ena**	aśv**ābhyām**	aśv**aiḥ**
与格（に）	aśv**āya**		aśv**ebhyaḥ**
奪格（から）	aśv**āt**		
属格（の）	aśv**asya**	aśv**ayoḥ**	aśv**ānām**
処格（において）	aśv**e**		aśv**eṣu**
呼格（よ）	aśva	aśv**au**	aśv**āḥ**

とにかくこのa-語幹の男性名詞の格変化だけでも覚えてみよう。単数形の変化から，アシュヴァハ，アシュヴァム，アシュヴェーナ，アシュヴァーヤ，アシュヴァート，アシュヴァスヤ，アシュヴェー，アシュヴァ，と呪文のように唱(とな)えてみる。次に両数，それから複数と声に出して読み上げよう。ノートにこの表を書き写してみるというのもよいだろう。サンスクリット初級を学び始めた頃は，こんな風に名詞や動詞の変化を覚えるのにもっぱら時間を割くことになる。そして，変化表を一通り覚えてはじめて，文章が読めるようになるのである。しかし本書では文章を読む練習も同時にしていくことにしよう。

中級の学習に入ると，世界中の多くの教室で，ランマンの『サンスクリット・リーダー』（Charles R. Lanman, *A Sanskrit Reader: Text and Vocabulary and Notes*, Harvard University Press）という教科書が使われる。この本が最初に世に出たのは，1884年のことである。今から150年近く前に出た本をいまだに使っているのかと言われそうだが，この中級リーダーは大変よくできた本で，サンスクリットの古典である「ナラ王物語」（『マハーバーラタ』），『ヒトーパデーシャ』と『カターサリットサーガラ』，『マヌ法典』からとったまとまった韻文と散文の文章を，ランマンが付けた詳しい注記を参照し，これまた初版が1879年に出たホイットニーの『サンスクリット文法』（William D. Whitney, *A Sanskrit Grammar, Including Both the Classical Language, and the Older Dialects, of Veda and Brahmana*, Leipzig, Breitkopf and Härtel. ただし，1889年の第2版の再版本〔Harvard University Press〕が一般に使われている）で文法事項を確認しながら読み進め，それが済めばリグ・ヴェーダなどのヴェーダ文献へと読み進めることになっている。

このランマンのリーダーの第1課「ナラ王物語」の冒頭の文章が次である。

बृहदश्व उवाच ।　bṛhadaśva uvāca

この教科書の本文にはデーヴァナーガリー文字が使われている。この活字がなかなか癖のある形ですぐには読めない字もある。しかし最初の4頁分だけローマ字転写が付いているので，文字に慣れていない学生もそれを見て読むことができるようになっている。

「ブリハダシュヴァ　ウヴァーチャ」授業で当てられた学生が，こう読み上げておもむろに翻訳する。「大きな馬は言った」ほー。馬がしゃべる。そんなバカな。ミスター・エドじゃあるまいし。そこで教師は，毎年同じように，にやりとしながら，学生にランマンの注記を注意深く読むように指示し，これからサンスクリットのテキストを読んでいくにあたって注意すべきことが，そこには事細かに記されているなどと言いながら，自分も学生時代に同じことを言われたことを棚に上げて読み進めるのである。では，我々もここでランマンの注記を参考にしながら読むことにしよう。

ランマンの注記を見れば，bṛhadaśva は，複合語（複数の語が組み合わさった単語）であることがわかる。それを前の部分と後の部分に分けると，bṛhad-aśva となる。後分の aśva-「馬」の格変化表はいま見たばかりである。もう一度見てみよう。aśva という変化形は呼格・単数のところにある。ということは，「馬よ！」と呼びかけているのか。

ここで先に，uvāca について説明しておこう。これもランマンの注記に書いてある。これは vac- という動詞の３人称・単数の完了形である。「彼／彼女は言った」という意味である。動詞については後に学ぶので，ここではこの説明で納得しておいてほしい。そこで，この文章の意味は，（今，bṛhad- を横に置いておけば）「馬よ！　彼／彼女は言った。」となる……，かと言えば，そうはならない。なぜなら，第4課「母音の外連声の規則」で習ったように，次の規則があるからである。

-a / -ā ＋ u- / ū- → o，例 tatra「そこで」＋ uktam「言われた」→ tatroktam

つまり，もし bṛhadaśva ＋ uvāca という2つの単語が並んでいるのであれば，前の単語の末尾の a と，次の単語の先頭の u が連結して，bṛhadaśvovāca となるはずである。ところがここでは語末の母音と語頭の母音の間には「途切れ」（母音が2つ隣接した状態。ヒアートゥス〔hiatus〕と言う）があって連声が起こっていない。連結するはずのものがしていないのはどういうことか……。実はそれは，ここではすでに連声（音の変化）が一度起こっているからである。すなわち，「連声の規則は一度しか働かない」のである。この原則を破ると，「二重連声」（double sandhi）の誤謬を犯したと言われることになる。（しかし，実際のテキスト〔写本〕では，しばしばこの「誤謬」は見られる。）では，どんな音の変化がすでに起こっているのか。

これについては，第6課の最後で，「⑶ -ḥ（ヴィサルガ）の変化」として学んだところである。そこでの一覧表（43頁）にこの bṛhadaśva uvāca を当てはめてみる。まず「後に続く単語の語頭の音」は，uvāca の u- であるから，「a 以外の母音 -」の欄に当たる。その行の左を見れば，-a，-ā，-r が並んでいる。目下の文は，bṛhadaśva uvāca だから，-a が該当する。そこで変化する前の語末を確かめるために，-a の列を上に進めば -aḥ に当たることになる。つまり，この文を連声が起こる前の形に戻せば，bṛhadaśvaḥ uvāca となるのである。

そこで，この bṛhadaśvaḥ という形が何であるかを確かめるために先ほどの変化表を見てみれば，aśvaḥ という形が主格・単数の欄に見つかる。こうして，この文の意味は，「bṛhadaśva は言った。」であることが理解できた。

では，bṛhadaśva とはどんな意味か。先ほど言ったようにこれは bṛhad-aśva という複合語である。ここでもう一度ランマンを見れば，この複合語の前分 bṛhad- は，「大きい」という意味の形容詞で，語幹の形は bṛhat- であり，それが後続する aśva の語頭の母音（有声音）に同化されて t → d（子音の有声化）となったものである。（これは第 6 課で見た。）ランマンは言っている。bṛhad-aśva の語末の音節（つまり -va）にアクセントがあれば，これは「大きな馬」という意味であると（アクセントについては119頁コラム 6 参照）。なるほど，それで，「大きな馬は言った。」となるのか。やはり，インドでは馬がしゃべるのか。

しかし，ランマンはすぐに続けて注記している。アクセントが前分にあるならば，「大きな馬をもっている」という意味になると。これは本書ではずっと先の第44課で学ぶことになるのだが，複合語が修飾語になる場合があって，そのときにはそのような「所有」を表すことがあるのである。（「所有複合語」と呼ばれる。）さらにこの語は名詞となって，「大きな馬をもっている人」を表すこともある。つまり，この文は，「大きな馬をもっている人が言った。」という意味であった。

とはいえ，みなさんの中にはすでに気がついている人もいるだろう。これは固有名詞（名前）ではないかと。その通りである。つまり，「大馬さんが言った。」が正しい訳となる。もっとも外国人の名前，たとえば「カーペンター」さんを紹介するときに，わざわざ「大工」さんと訳して紹介したりしないから，ここは，「ブリハダシュヴァは言った。」ということになる。こうして，大長編叙事詩『マハーバーラタ』の中のほんの小さなエピソードである「ナラ王物語」が，ブリハダシュヴァという名の聖仙を語り手として始まるのである。

第11課　サラスヴァティーは聖なる川。
──女性名詞

女性名詞を見ることにしよう。ā-語幹，ī-語幹，ū-語幹の名詞は，すべて女性名詞である。まず変化表を示す。

表11　ā-語幹　女性名詞 kanyā-「少女」の変化表

	単数	両数	複数
主格	kanyā	kany**e**	kanyā**ḥ**
対格	kanyā**m**		
具格	kanyay**ā**	kanyā**bhyām**	kanyā**bhiḥ**
与格	kanyā**yai**		kanyā**bhyaḥ**
奪格	kanyā**yāḥ**		
属格		kanya**yoḥ**	kanyā**nām**
処格	kanyā**yām**		kanyā**su**
呼格	kany**e**	kany**e**	kanyā**ḥ**

表12　ī-語幹（単音節）　女性名詞 dhī-「思考」の変化表

	単数	両数	複数
主格	dhī**ḥ**	dhiy**au**	dhiya**ḥ**
対格	dhiy**am**		
具格	dhiy**ā**	dhī**bhyām**	dhī**bhiḥ**
与格	dhiy**e** / dhiyai		dhī**bhyaḥ**
奪格	dhiya**ḥ** / dhiyāḥ		
属格		dhiy**oḥ**	dhiy**ām** / dhīnām
処格	dhiy**i** / dhiyām		dhī**ṣu**
呼格	dhī**ḥ**	dhiy**au**	dhiya**ḥ**

表13　ū-語幹（単音節）　女性名詞 bhū-「大地」の変化表

	単数	両数	複数
主格	bhū**ḥ**	bhuv**au**	bhuv**aḥ**
対格	bhuv**am**		
具格	bhuv**ā**	bhū**bhyām**	bhū**bhiḥ**
与格	bhuv**e** / bhuvai		bhū**bhyaḥ**
奪格	bhuv**aḥ** / bhuvāḥ		
属格		bhuv**oḥ**	bhuv**ām** / bhūnām
処格	bhuv**i** / bhuvām		bhū**ṣu**
呼格	bhū**ḥ**	bhuv**au**	bhuv**aḥ**

ī-語幹とū-語幹の女性名詞には，上の表のように単音節のものと，下の表のように多音節のものがある。見比べてみると，語尾の形がところどころで違っている。

表14　ī-語幹（多音節）　女性名詞 nadī-「川」の変化表

	単数	両数	複数
主格	nadī	nady**au**	nady**aḥ**
対格	nadī**m**		nadī**ḥ**
具格	nady**ā**	nadī**bhyām**	nadī**bhiḥ**
与格	nady**ai**		nadī**bhyaḥ**
奪格	nady**āḥ**		
属格		nady**oḥ**	nadī**nām**
処格	nady**ām**		nadī**ṣu**
呼格	nadi	nady**au**	nady**aḥ**

表15　ū-語幹（多音節）　女性名詞 vadhū-「女」の変化表

<table>
<tr><th></th><th>単数</th><th>両数</th><th>複数</th></tr>
<tr><td>主格</td><td>vadhūḥ</td><td rowspan="2">vadhvau</td><td>vadhvaḥ</td></tr>
<tr><td>対格</td><td>vadhūm</td><td>vadhūḥ</td></tr>
<tr><td>具格</td><td>vadhvā</td><td rowspan="3">vadhūbhyām</td><td>vadhūbhiḥ</td></tr>
<tr><td>与格</td><td>vadhvai</td><td rowspan="2">vadhūbhyaḥ</td></tr>
<tr><td>奪格</td><td rowspan="2">vadhvāḥ</td></tr>
<tr><td>属格</td><td rowspan="2">vadhvoḥ</td><td>vadhūnām</td></tr>
<tr><td>処格</td><td>vadhvām</td><td>vadhūṣu</td></tr>
<tr><td>呼格</td><td>vadhu</td><td>vadhvau</td><td>vadhvaḥ</td></tr>
</table>

太字で示した語尾の部分を見比べると，主格や対格で特に違いが現れるが，他はだいたい同じ形をしているのがわかる。特に，ī-語幹とū-語幹の単音節のものは全く同じ形の語尾である。これが，格語尾全般の基本形である。

表16　格語尾の基本形一覧

<table>
<tr><th rowspan="2"></th><th colspan="3">男性名詞／女性名詞</th><th colspan="3">中性名詞</th></tr>
<tr><th>単数</th><th>両数</th><th>複数</th><th>単数</th><th>両数</th><th>複数</th></tr>
<tr><td>主格</td><td>-ḥ / - □</td><td rowspan="2">-au</td><td rowspan="2">-aḥ</td><td rowspan="2">-m / - □</td><td rowspan="2">-ī</td><td rowspan="2">-i</td></tr>
<tr><td>対格</td><td>-(a)m</td></tr>
<tr><td>具格</td><td>-ā</td><td rowspan="3">-bhyām</td><td>-bhiḥ</td><td>-ā</td><td rowspan="3">-bhyām</td><td>-bhiḥ</td></tr>
<tr><td>与格</td><td>-e</td><td rowspan="2">-bhyaḥ</td><td>-e</td><td rowspan="2">-bhyaḥ</td></tr>
<tr><td>奪格</td><td rowspan="2">-aḥ</td><td rowspan="2">-aḥ</td></tr>
<tr><td>属格</td><td rowspan="2">-oḥ</td><td>-ām</td><td rowspan="2">-oḥ</td><td>-ām</td></tr>
<tr><td>処格</td><td>-i</td><td>-su</td><td>-i</td><td>-su</td></tr>
<tr><td>呼格</td><td>- □</td><td>-au</td><td>-aḥ</td><td>-m / - □</td><td>-ī</td><td>-i</td></tr>
</table>

※□は語尾を欠くことを示している。

これらの形を格語尾の目印として覚えておくと，文章中の単語の格と数のおおよその見分けがつくことになる。

上に示した女性名詞の格語尾の表を見てわかることは，単音節語幹の末尾のī-とū-が，母音語尾（-am，-ā，-aḥ，-i，-āḥ，-ām）の前で，īはiyとなり，ūはuvとなるのに対して，多音節語幹の場合は，ī → y，ū → vとなっていることである。それから，単音節語幹の語尾には，2種類の形が示されているものがあるが，後のほうの形（単数の与格 -ai，単数の奪格・属格 -āḥ，単数の処格 -ām）は，ā-語幹の女性名詞や多音節語幹の女性名詞の語尾の形と同じであることがわかる。これらは，女性名詞に特有なので「女性語尾」と呼ばれている。これらの形は任意にとることができる。なお，複数の属格の -ām の形は，女性名詞に限らず男性名詞にも中性名詞にも現れてくる。また，両数形と複数形に現れてくる語尾 -bhyām，-bhiḥ，-bhyaḥ，-su は，基本形の中でも「パダ語尾」と呼ばれるものである。「パダ」つまり「単語」と同じように扱われるからこのように呼ばれているのだが，これらの語尾の前では語幹の末尾の子音は，絶対語末の形をとったうえで外連声の規則が適用されるから「単語」と同じというわけである。

少し味気ない文法の話が続いたので，ここでnadī-「川」という女性名詞が出てくる文を読むことにしよう。叙事詩『マハーバーラタ』の一節である。

eṣā sarasvatī puṇyā nadīnām uttamā nadī.
prathamā sarvasaritāṃ nadī sāgaragāminī.（13. 134. 15）

まずは声に出して読んでみよう。なんだか母音，それもaとiの音が多いなあというのが第一印象ではないだろうか。しかも単語の語末はすべて長母音（そのうち2つは鼻音を伴っているが）で終わっている。先に言ったように，語幹が長母音で終わる名詞はすべて女性名詞である。sarvasarit- だけが子音で終わる語幹の名詞であるが，実はこれも女性名詞である。

nadī が３度現れている。先ほどの表14で確かめてみると，nadī は，主格・単数形である。また，nadīnām は，属格・複数形である。それぞれそれしかないからこれで決まりである。意味は，「川は」と「数ある川の（中で）」である。同じように，sarasvatī が，-ī で終わっているから，これも主格・単数形である。「サラスヴァティー」は固有名詞で，『リグ・ヴェーダ』において女神として讃(たた)えられる聖なる川である。

eṣā は，指示代名詞 etad-「これ，この」の主格・単数・女性形である。ここでは，「このサラスヴァティーは，」となる。puṇyā，uttamā，prathamā という -ā で終わっている他の単語も，すべて主格・単数の女性形であるが，これらはすべて形容詞である。男性名詞を修飾するならば，語幹は puṇya-，uttama-，prathama- という a-語幹の形となるが，ここでは女性名詞を修飾するから女性形の ā-語幹の形をとる。それぞれ順に，「聖なる」，「最高の」，「第一の」という意味である。

残る単語は，sarvasaritāṃ と sāgaragāminī であるが，ちょっと長い単語だなあと思わないだろうか。その通りで，この２つは，２語から成る複合語である。前者は，sarva-saritām，後者は，sāgara-gāminī と分けることができる。sarva- は，「すべての」という意味である。代名詞と同じような格変化をする形容詞であるが，それについては後に学ぶことにしよう。後分の -saritāṃ は，sarit「川」という女性名詞の属格・複数形である。-ṃ は，語末の -m が，後に子音が来た場合に変化するもので，「語末の鼻音の変化」として第6課で習った。「すべての川の（中で）」という意味である。

また，sāgara- は，単独でならば，「海」を意味する男性名詞である。それが複合語の前分として使われている。後分の gāminī- は，この語形だけを見れば，ī-語幹の女性名詞であるが，「～に向かって行く」という意味を表す gāmin- という語形に，女性形を表す -ī- が付けられたものである。これもまた女性名詞を修飾する形容詞である。sāgara-gāminī で，「海に向かって行く（川）」という意味になる。

以上で，この文の全体の意味は理解できたと思う。訳してみよう。基本的に主格・単数の語が並んでいるから，「A は B である」という文である。主語は，「このサラスヴァティーは」と考えてよいだろう。

> このサラスヴァティーは聖なる［川で］，数ある川の中で最高の川である。すべての川の中の第一［の川］で，海に向かって行く川である。（13, 134. 15）

［　］内は，文意をわかりやすくするために補ったものであるが，かえってうるさく感じる人もいるだろう。ただ，この文は詩文である。「シュローカ」という詩形で作られている。サンスクリットの古典作品は，叙事詩のような文学作品だけでなく，哲学や法律の作品でもこの「シュローカ」という詩形の韻文で作られることが非常に多い。「シュローカ」という詩節は，上に見たように2行で1連となり，全体で32音節からなっている。（母音の数を数えれば32あることがわかる。）これを，8音節からなる4つの部分に順番に分けて，それぞれの切れ目で息継ぎをする（句読点を入れる）ことが多い。

そして，それぞれの部分で意味のまとまりを考えると，全体の意味も比較的わかりやすくなる。上の訳文は，そんなことを踏まえて意味を補って訳してみたものである。もちろん，必ずそうしなければならないというわけではないし，こんな風にいつもうまく行くわけでもない。何連も続く詩節を前に，それぞれの単語の組み合わせをジグソーパズルのようにあれこれ試みながら，意味を考えるということもしばしばある。

ここで，サラスヴァティー川について説明しておこう。sarasvatī- という語形は，sarasvat- という vat-語幹の名詞に，女性形を表す -ī- が付けられたものである。さらに sarasvat- は，saras という中性名詞に，所有を表す形容詞を作る -vat- という接尾辞が付いたものである。saras は，「池，湖沼」の意味だから，sarasvat- で「（多くの）池をもつ」，「湖沼が（多く）ある」という意味になる。したがって，sarasvatī という女性形の形容詞も，「（多くの）湖沼をもつ（川）」という意味になる。「流域に多くの湖沼がある川」というわけだから，これは普通名詞であってもおかしくない。しかし，先に触れたように，サラスヴァティー川は，『リグ・ヴェーダ』で特別に讃えられる聖なる川であり，その神格に対して3篇の讃歌（VI 61，VII 95および96）が残されているぐらいだから，『リグ・ヴェーダ』の詩人たちにとっては特別な川であったに違いない。

サラスヴァティー川は，現在は枯渇して，タール砂漠（インダス川の東側，パキスタンからインドのラージャスターン州に広がる）の中にその痕跡だけをとどめていると言われているが，実在したかどうかも定かではない。ヴェーダ聖典を保持し，後にサンスクリットの文化を発展させたインド・アーリヤ人は，インド亜大陸の北西部，現在のアフガニスタンからインダス川上流の地域を経て東へと移動する中で，先住民との争いを繰り返しながら，定住していったと考えられている。『リグ・ヴェーダ』に語られているのは，そのような歴史の記憶である。そこに描かれるサラスヴァティー川は，実在する川というよりは，遠い祖先の時代にその流域が理想の故地であった聖なる川であっただろう。

サラスヴァティーは，後になれば「言葉の女神」ヴァーチュと同一視され，学問・技芸の女神となる。それが仏教を通じて日本に入り，「弁才天」，「弁天様」となった。本来の姿としては水神である。それが，日本では，ときに「弁財天」とされて財運をもたらす神となっている。しかし，インドでは，財運・金運の女神はラクシュミーであり，学問は財運とは無縁であることから，サラスヴァティー女神（左）とラクシュミー女神（右）はお互いに仲が悪いと言われている。

サラスヴァティー女神（左）とラクシュミー女神

第12課 彼らは，香りのよい種々の蜂蜜酒を飲んだ。
── i-語幹とu-語幹の名詞

i-語幹とu-語幹の名詞には，男性も女性も中性もある。男性名詞から見ることにしよう。agni-「火」とpaśu-「家畜」の格変化を挙げる。

表17 i-語幹／u-語幹の男性名詞 agni-「火」／paśu-「家畜」の変化表

<table>
<tr><th></th><th colspan="2">単数</th><th colspan="2">両数</th><th colspan="2">複数</th></tr>
<tr><td>主</td><td>agniḥ</td><td>paśuḥ</td><td rowspan="2">agnī</td><td rowspan="2">paśū</td><td>agnayaḥ</td><td>paśavaḥ</td></tr>
<tr><td>対</td><td>agnim</td><td>paśum</td><td>agnīn</td><td>paśūn</td></tr>
<tr><td>具</td><td>agninā</td><td>paśunā</td><td rowspan="3">agnibhyām</td><td rowspan="3">paśubhyām</td><td>agnibhiḥ</td><td>paśubhiḥ</td></tr>
<tr><td>与</td><td>agnaye</td><td>paśave</td><td rowspan="2">agnibhyaḥ</td><td rowspan="2">paśubhyaḥ</td></tr>
<tr><td>奪</td><td rowspan="2">agneḥ</td><td rowspan="2">paśoḥ</td></tr>
<tr><td>属</td><td rowspan="2">agnyoḥ</td><td rowspan="2">paśvoḥ</td><td>agnīnām</td><td>paśūnām</td></tr>
<tr><td>処</td><td>agnau</td><td>paśau</td><td>agniṣu</td><td>paśuṣu</td></tr>
<tr><td>呼</td><td>agne</td><td>paśo</td><td>agnī</td><td>paśū</td><td>agnayaḥ</td><td>paśavaḥ</td></tr>
</table>

両語の格語尾の変化はだいたい規則的である。このように，語尾の形は，その語がどの格を表しているかの目印となる。ちょうど日本語で言えば，名詞や代名詞に付く「～が」とか「～を」といった格助詞が目印になるのと同じである。その目印を探すつもりで，次の文を見てみよう。

indhanasyopayogānte sa cāgnir nopalabhyate.
naśyatīty eva jānāmi śāntam agnim anindhanam.
（12. 180. 3cd-4ab.）

これもまた『マハーバーラタ』の一節である。やはり「シュローカ」という形の詩節である。先にも言ったように，8音節で一区切りが原則であるから，まずその点に注意してみるのがよいだろう。そして，母音を中心に注目して連結していると思える単語を切り離してみよう。子音も絶対語末に戻すと，次のように切り離すことができる。（母音の連声をはずして単語を分けた箇所は＋で示している。）

indhanasya + upayogānte, saḥ ca agniḥ na + upalabhyate.
naśyati + iti + eva jānāmi, śāntam agnim anindhanam.

これまで見てきたものより各単語の語尾の形が複雑であることに気がつくだろう。つまり，文として複雑になっているということである。まず，agni- という語が2度現れている。agniḥ と agnim である。さっそく，先の表17と照合してみる。これぐらいなら覚えている人がいるかもしれない。-ḥ は主格・単数の目印である。-iḥ は，有声音の前では -ir となるから，agnir となる。-m は対格・単数の目印である。

ほかにわかる目印をもっているものとしては indhanasya がある。indhana-「薪（たきぎ）」の属格・単数である。upayogānte も，a-語幹の名詞の処格・単数だと判断してよいだろう。少し長いのは，upayoga- と anta- の複合語だからである。anta- は,「終わり」という意味である。-ante というように複合語の後分に処格で付くと,「〜の終わりに」という意味になる。upayoga- は upa-yuj-「使う」という動詞の派生名詞である。日本語の「使う」という動詞が,「用にあてる」「働かせる」「活（い）かす」「費やす」といった意味で使われるのと同じように，upa-yuj- も使われる。したがって，upayoga-

という名詞も，「利用」「適用」「享受」「消費」という意味になる。indhanasyopayogānte の８音節で，「薪の使用の終わりに」，つまりは「薪を燃やし尽くしたときに」という意味である。

次に，saḥ であるが，指示代名詞「それ，その」の男性・単数・主格形である。ca は接続詞で「そして」，あるいは「〜と〜と」のような意味で使われる。na は，否定を表す。そして，upalabhyate は動詞である。語根 upa-labh-「知覚する，知る」の３人称・単数の受動形である。「知覚される」という意味になる。こうして，sa cāgnir nopalabhyate の８音節は，「そしてその火は知覚されない」という意味であることがわかる。

次の８音節は，naśyatīty eva jānāmi であるが，ここには２つの動詞が並んでいる。ともに直説法現在である。naśyati は，naś-「消える，消滅する，なくなる」の３人称・単数形である。また，jānāmi は，jñā-「知る，理解する」の１人称・単数形である。サンスクリットの文でも，単文中に人称の異なる２つの動詞が並ぶことはないので，これは主節と従属節からなる複文である。つまり主節が「私は知っている」で，その知の内容である「それが消えている」が，従属節として iti「〜と」（引用標識としてのはたらきをする）によって導かれている。eva は，限定詞と言われるもので，「まさしく」「必ず」のような意味である。

śāntam agnim anindhanam が，最後の８音節であるが，３つとも -m で終わっているから，対格・単数形だとわかるだろう。agnim「火を」が名詞である。śānta- は，動詞 śam-「静まる」の過去分詞形で「静められた」「静かな」「鎮まった」「停止した」という意味の形容詞である。anindhana- は，最初に見た indhana-「薪」という名詞の前に an- という否定辞が付いた語で，「薪のない」「薪をもたない」という意味の形容詞である。「薪がなくなって鎮まった火を」という意味になる。なぜ対格かと言えば，これが「知る」の目的語となっているからである。これは，「A を B と私は知る」と言う場合に，A と B はともに対格の形をとるのと同じ用法である。こうして，文全体の意味が次のように理解される。

> 薪を燃やし尽くしたときに，そしてその火が知覚されない［ならば］，薪がなくて消えてしまった火を，「それはなくなっている」と私はまさに知る。

叙事詩『マハーバーラタ』には，対話体の哲学談義のようなものが多く含まれているが，この文もそれらのうちのひとつで，「ブリグとバラドヴァージャの対話」の一節である。こうした哲学的な対話は，英雄ビーシュマが，『マハーバーラタ』の主人公である五王子の長兄ユディシュティラの問いに答える際に，持ち出してくる昔話として語られる。「ブリグとバラドヴァージャの対話」も，ユディシュティラが世界の創造についてビーシュマに問うたことから語られ始める。

ブリグとバラドヴァージャはともに太古の聖賢である。バラドヴァージャが問う。「そもそも魂などというものは存在しないのではないか。死んで身体が無くなっても，魂は存在し続けるなどと言われるが，そんなものは存在しないのではないか」。ブリグが，「火」を喩えにして答える。「身体が消滅しても，魂は存続する。それはちょうど薪が燃え尽きても，火が存在し続けるように」と。

ブリグの考えでは，「火」は，「虚空」の中に入って見えなくなっただけであり，それと同様に，人が死んで身体が消滅したら，魂は見えなくなるだけでどこかに存在していると言うのである。これに対する，バラドヴァージャの反論が，上に引用した文である。つまり，バラドヴァージャは，「知覚されないものは，存在しない」と端的に言ったのである。

次にi-語幹とu-語幹の女性名詞の格変化を，bhūmi-「地」とdhenu-「牝牛」を例にしてみておこう。

また同じi-語幹とu-語幹の中性名詞の格変化も，vāri-「水」とmadhu-「蜂蜜（酒）」を例にして見ておこう。表を見てわかるように，中性名詞の語尾の変化は規則的である。中性名詞に特徴的なのは，単数，両数，複数ともに，主格と対格と呼格が同じ形をしていることである。そして，主格と対格の複数形の語尾に，-iが現れてくることである。これはa-語幹の中性名詞（第9課，表9）でも同じである。

i-語幹の中性名詞で少々変わった変化形を示すのは，akṣi-「目」で，主格・対格・呼格の単数と両数と複数，具格・与格・奪格の両数と複数，処格の複数は，語幹がakṣi-で，表に示すvāri-「水」と同じように変化するが，他の場所では具格・単数形akṣṇā，与格・単数形akṣṇe，奪格・属格の単数形akṣṇaḥ，処格・単数形akṣṇi，属格・処格の両数形akṣṇoḥ，属格の複数形akṣṇāmのように，akṣṇ-が語幹となる。これは，an-語幹の中性名詞であるakṣan-「感覚器官，目」から弱語幹を借りたものである。同じ変化形を示すi-語幹の中性名詞には，dadhi-「ヨーグルト，酪」やasthi-「骨」がある。これらは，このような変化を示すことから，an-語幹の名詞，akṣan-，dadhan-，asthan-として扱われることもある。

表18　i-語幹の女性名詞 bhūmi-「地」の変化表

<table>
<tr><th></th><th>単数</th><th>両数</th><th>複数</th></tr>
<tr><td>主格</td><td>bhūmiḥ</td><td rowspan="2">bhūmī</td><td>bhūmayaḥ</td></tr>
<tr><td>対格</td><td>bhūmim</td><td>bhūmīḥ</td></tr>
<tr><td>具格</td><td>bhūmyā</td><td rowspan="3">bhūmibhyām</td><td>bhūmibhiḥ</td></tr>
<tr><td>与格</td><td>bhūmaye / bhūmyai</td><td rowspan="2">bhūmibhyaḥ</td></tr>
<tr><td>奪格</td><td rowspan="2">bhūmeḥ / bhūmyāḥ</td></tr>
<tr><td>属格</td><td rowspan="2">bhūmyoḥ</td><td>bhūmīnām</td></tr>
<tr><td>処格</td><td>bhūmau / bhūmyām</td><td>bhūmiṣu</td></tr>
<tr><td>呼格</td><td>bhūme</td><td>bhūmī</td><td>bhūmayaḥ</td></tr>
</table>

表19　u-語幹の女性名詞 dhenu-「牝牛」の変化表

<table>
<tr><th></th><th>単数</th><th>両数</th><th>複数</th></tr>
<tr><td>主格</td><td>dhenuḥ</td><td rowspan="2">dhenū</td><td>dhenavaḥ</td></tr>
<tr><td>対格</td><td>dhenum</td><td>dhenūḥ</td></tr>
<tr><td>具格</td><td>dhenvā</td><td rowspan="3">dhenubhyām</td><td>dhenubhiḥ</td></tr>
<tr><td>与格</td><td>dhenave / dhenvai</td><td rowspan="2">dhenubhyaḥ</td></tr>
<tr><td>奪格</td><td rowspan="2">dhenoḥ / dhenvāḥ</td></tr>
<tr><td>属格</td><td rowspan="2">dhenvoḥ</td><td>dhenūnām</td></tr>
<tr><td>処格</td><td>dhenau / dhenvām</td><td>dhenuṣu</td></tr>
<tr><td>呼格</td><td>dheno</td><td>dhenū</td><td>dhenavaḥ</td></tr>
</table>

表20　i-語幹の中性名詞 vāri-「水」の変化表

<table>
<tr><th></th><th>単数</th><th>両数</th><th>複数</th></tr>
<tr><td>主格</td><td rowspan="2">vāri</td><td rowspan="2">vāriṇī</td><td rowspan="2">vārīṇi</td></tr>
<tr><td>対格</td></tr>
<tr><td>具格</td><td>vāriṇā</td><td rowspan="3">vāribhyām</td><td>vāribhiḥ</td></tr>
<tr><td>与格</td><td>vāriṇe</td><td rowspan="2">vāribhyaḥ</td></tr>
<tr><td>奪格</td><td rowspan="2">vāriṇaḥ</td></tr>
<tr><td>属格</td><td rowspan="2">vāriṇoḥ</td><td>vārīṇām</td></tr>
<tr><td>処格</td><td>vāriṇi</td><td>vāriṣu</td></tr>
<tr><td>呼格</td><td>vāri / vāre</td><td>vāriṇī</td><td>vārīṇi</td></tr>
</table>

表21　u-語幹の中性名詞 madhu-「蜂蜜（酒）」の変化表

<table>
<tr><th></th><th>単数</th><th>両数</th><th>複数</th></tr>
<tr><td>主格</td><td rowspan="2">madhu</td><td rowspan="2">madhunī</td><td rowspan="2">madhūni</td></tr>
<tr><td>対格</td></tr>
<tr><td>具格</td><td>madhunā</td><td rowspan="3">madhubhyām</td><td>madhubhiḥ</td></tr>
<tr><td>与格</td><td>madhune</td><td rowspan="2">madhubhyaḥ</td></tr>
<tr><td>奪格</td><td rowspan="2">madhunaḥ</td></tr>
<tr><td>属格</td><td rowspan="2">madhunoḥ</td><td>madhūnām</td></tr>
<tr><td>処格</td><td>madhuni</td><td>madhuṣu</td></tr>
<tr><td>呼格</td><td>madhu / madho</td><td>madhunī</td><td>madhūni</td></tr>
</table>

それでは文章を見てみよう。『マハーバーラタ』と並ぶ叙事詩『ラーマーヤナ』の一節である。

papuś caiva sugandhīni madhūni vividhāni ca.
māṃsāni ca sumṛṣṭāni phalāny āsvādayanti ca.（7. 38. 14）

すぐに気がつくのが，-ni という語尾が目立って多いことである。それはつまり，中性の主格あるいは対格の複数形の語が並んでいるということである。詩形は，これも「シュローカ」で，8音節ずつで切れ目がある。連声については，もうだいたいわかるであろうから，このままで見ていこう。語尾が -ni ではない語がいくつかある。まず，並列を示す接続詞の ca である。caiva も，ca ＋ eva という2語の連結である。そのほかには，papus と āsvādayanti であるが，ともに動詞である。前者は，pā-「飲む」の完了の3人称・複数形である。「彼らは飲んだ」という意味。また，後者は，ā-svad- という動詞の使役形の直説法現在の3人称・複数形である。この動詞は，svad- という語根だけでも，「味わう」

「賞味する」のような意味を表すが，ā- という接頭辞が付いた āsvad- の使役形も，やはり「賞味する」という意味になる。現在形が使われているが，「飲んだ」と合わせて過去のこととして語られている。

後は，すべて -ni で終わっている。1行目にも，2行目にも，動詞があるのであるから，それぞれの語は，すべてこの動詞の目的語，つまり対格であることがわかる。もちろん，どれかが名詞で，どれかが形容詞である。

そこで，1行目は，madhu- が「蜂蜜（酒）」を意味する名詞であるから，sugandhi と vividha が，それを修飾する形容詞であろうと予測がつく。それぞれの語形は，madhu- が中性名詞であるから，形容詞として同じ中性の対格・複数の形をとっている。「香りのよい」と「種々の」という意味である。したがって，「そして，その者たちは，香りのよい種々の蜂蜜（酒）を飲んだ。」という意味になる。

2行目は，māṃsa-「肉」と phala-「果物」が名詞である。sumṛṣṭa- は，mṛj-「磨く」という動詞の過去分詞から作られた形容詞で「よく磨かれた」という意味になるが，ここでは「香辛料のきいた」という意味で使われている。したがって，「その者たちは，香辛料のきいた［多くの］肉と，［種々の］果物を賞味する。」となる。そこで全体の訳は次のようになる。

そして，その者たちは，香りのよい種々の蜂蜜（酒）を飲んだ。その者たちは，香辛料のきいた［多くの］肉と，［種々の］果物を賞味した。

最後に等位接続詞の ca に触れておこう。ca は，文をつなぐ場合も単語をつなぐ場合も使われる。「AとBと」と言うときには，caの位置は，“A B ca”，あるいは“A ca B”で，“A ca B ca”ということもある。詩節の2行目の2つのcaは，これで，「肉と果物とを」と並べている。また，1行目の最初のcaは，文をつなぐ接続詞「そして」である。

1行目の末尾にあるcaだけが何か変である。何を並べているのか。「香りがよくて種々の」と並ぶのは，何かおかしくはないか。そのように考えると，このcaは，単に音節の数を合わせるためだけに置かれているとも思えてくる。叙事詩では，vividhāni caという言い回しが，行の末尾でよく出てくる。詩人が人々を前にして叙事詩を歌いあげるときに，韻律を合わせるために常套句として使うものである。つまり，vividhāni caで，「あれやこれやいろいろ」と，種類を強調する気分がcaにはある。

さて，この一文を読んで，古代のインド人たちが楽しそうに酒を飲み，肉を食べている情景を思い浮かべたとしたら，それは間違いである。ここで宴会をしているのは，猿たちである。『ラーマーヤナ』という叙事詩は，ラーマという王子が，ラーヴァナという悪魔を，猿の軍隊を率いる軍師ハヌマーンや猿族の王スグリーヴァとともに討ち果たす物語である。めでたくラーヴァナを討ち果たしたラーマは，猿王スグリーヴァをはじめとする猿たち，そして熊や羅刹(らせつ)たちを，宴会を開いてもてなす。そのときの情景がこの一文である。古代インドの一般道徳では，食肉は禁忌であり飲酒は悪徳であった。だから宴会風景が描かれることは普通はなく，ましてや酒池肉林の情景などは全く見られない。

コラム5　サンスクリットにおける人称

通常の文法では，話し手に関することを「1人称」，聞き手に関することを「2人称」，話し手と聞き手とは別の参加者に関することを「3人称」と呼ぶ。本書では，サンスクリットの動詞の活用形は，この人称の順番に従っている。ただし，本書の中（第22課）でも述べるように，インドの文法家たちは，我々の「3人称」を「1番」，つまり1人称とし，我々の「1人称」を「最後」，つまり3人称としている。ちなみに，我々の「2人称」は「中間」と呼ばれる。

第13課　彼は真実を語る苦行者たちによって元気づけられた。――子音語幹の名詞（1）

本課では，語幹が子音で終わる名詞を見ることにしよう。1語幹のものと多語幹のものがある。1語幹のものは，すべての格変化が同じひとつの語幹で起こるが，多語幹の名詞は，主格・対格・呼格において強語幹という他の格とは異なる語幹の形が現れる。

まず，-t という子音で終わる1語幹の名詞の格変化を，男性名詞の marut-「風」と，女性名詞の sarit-「川」を例に見てみよう。変化表を見ればわかるように，両者は全く同じ変化を行う。しかも先に見た語尾の基本形（表16）に完全に一致している。ここで注意しなければならないのは，奪格・属格の単数形の語尾と主格・対格・呼格の複数形の語尾が同じであるということである。文章を読む際には注意する必要がある。

表22　子音で終わる1語幹の男性名詞 marut-「風」の変化表

<table>
<tr><th></th><th>単数</th><th>両数</th><th>複数</th></tr>
<tr><td>主格</td><td>marut</td><td rowspan="2">marutau</td><td rowspan="2">marutaḥ</td></tr>
<tr><td>対格</td><td>marutam</td></tr>
<tr><td>具格</td><td>marutā</td><td rowspan="3">marudbhyām</td><td>marudbhiḥ</td></tr>
<tr><td>与格</td><td>marute</td><td rowspan="2">marudbhyaḥ</td></tr>
<tr><td>奪格</td><td rowspan="2">marutaḥ</td></tr>
<tr><td>属格</td><td rowspan="2">marutoḥ</td><td>marutām</td></tr>
<tr><td>処格</td><td>maruti</td><td>marutsu</td></tr>
<tr><td>呼格</td><td>marut</td><td>marutau</td><td>marutaḥ</td></tr>
</table>

表23　子音で終わる1語幹の女性名詞 sarit-「川」の変化表

<table>
<tr><th></th><th>単数</th><th>両数</th><th>複数</th></tr>
<tr><td>主格</td><td>sarit</td><td rowspan="2">saritau</td><td rowspan="2">saritaḥ</td></tr>
<tr><td>対格</td><td>saritam</td></tr>
<tr><td>具格</td><td>saritā</td><td rowspan="3">saridbhyām</td><td>saridbhiḥ</td></tr>
<tr><td>与格</td><td>sarite</td><td rowspan="2">saridbhyaḥ</td></tr>
<tr><td>奪格</td><td rowspan="2">saritaḥ</td></tr>
<tr><td>属格</td><td rowspan="2">saritoḥ</td><td>saritām</td></tr>
<tr><td>処格</td><td>sariti</td><td>saritsu</td></tr>
<tr><td>呼格</td><td>sarit</td><td>saritau</td><td>saritaḥ</td></tr>
</table>

次に子音で終わる１語幹の中性名詞の場合を見てみよう。

表24　子音で終わる1語幹の中性名詞 jagat-「世界」の変化表

<table>
<tr><th></th><th>単数</th><th>両数</th><th>複数</th></tr>
<tr><td>主格</td><td rowspan="2">jagat</td><td rowspan="2">jagatī</td><td rowspan="2">jaganti</td></tr>
<tr><td>対格</td></tr>
<tr><td>具格</td><td>jagatā</td><td rowspan="3">jagadbhyām</td><td>jagadbhiḥ</td></tr>
<tr><td>与格</td><td>jagate</td><td rowspan="2">jagadbhyaḥ</td></tr>
<tr><td>奪格</td><td rowspan="2">jagataḥ</td></tr>
<tr><td>属格</td><td rowspan="2">jagatoḥ</td><td>jagatām</td></tr>
<tr><td>処格</td><td>jagati</td><td>jagatsu</td></tr>
<tr><td>呼格</td><td>jagat</td><td>jagatī</td><td>jaganti</td></tr>
</table>

こちらも，語尾は基本形に完全に一致している。注意すべきは，主格・対格・呼格の複数形において語幹が，jagant-となっていることである。これは，語幹末の子音が -t- のような破裂音の場合には，それに対応する鼻音が前に挿（はさ）まれるからであるが，１語幹の名詞と言いながら，形のうえでは多語幹になっている。

子音で終わる1語幹の名詞の例をもうひとつ見てみよう。

口蓋音 -c で終わる名詞である。その代表は，vāc-「言葉」であるが，これは女性名詞である。上に見た sarit- の代わりに vāc- を置けば，それで変化形は完成する。ただし語尾が付く際には連声の規則が適用されるから，たとえば，主格・単数形は，vāk となり，また，パダ語尾と呼ばれる -bhyām や -bhiḥ などの前では vāg- という形をとることになる。

表25　子音で終わる1語幹の女性名詞 vāc-「言葉」の変化表

<table>
<tr><th></th><th>単数</th><th>両数</th><th>複数</th></tr>
<tr><td>主格</td><td>vāk</td><td rowspan="2">vācau</td><td rowspan="2">vācaḥ</td></tr>
<tr><td>対格</td><td>vācam</td></tr>
<tr><td>具格</td><td>vācā</td><td rowspan="3">vāgbhyām</td><td>vāgbhiḥ</td></tr>
<tr><td>与格</td><td>vāce</td><td rowspan="2">vāgbhyaḥ</td></tr>
<tr><td>奪格</td><td rowspan="2">vācaḥ</td></tr>
<tr><td>属格</td><td rowspan="2">vācoḥ</td><td>vācām</td></tr>
<tr><td>処格</td><td>vāci</td><td>vākṣu</td></tr>
<tr><td>呼格</td><td>vāk</td><td>vācau</td><td>vācaḥ</td></tr>
</table>

それでは例文を見てみよう。次のような文はどうだろうか。『マハーバーラタ』の詩節の一部である。

evam āśvāsitas tais tu satyavāgbhis tapasvibhiḥ
（3. 282. 20ab）

evam「このように」。āśvāsita-「元気づけられた」（ā-śvas-「息を吹き返す」という動詞の使役形の過去分詞形「息を吹き返らされた」→「元気づけられた」）形容詞。tais「それら・彼ら・彼女らによって」（指示代名詞 tad- の具格・複数形）。tu

「しかし，一方」(接続詞)。

さて，satyavāgbhiḥ である。tapasvibhiḥ とともに，意味はわからなくても，-bhiḥ という語尾の形から，具格・複数形だとわかるだろう。satyavāc- は，上に見た女性名詞 vāc- を後分とする複合語で，「真実を語る」という意味の形容詞である。そして，この形容詞によって修飾される語は，同じ語尾をとっているはずだから，tapasvibhiḥ がその被修飾語の名詞だと理解できるだろう。その意味は，「苦行者たちによって」である。この tapasvin- という名詞の格変化については，次に見ることにして，今は，上の文を訳しておこう。

一方，［彼は，］真実を語る苦行者たちによって，このように元気づけられた。

苦行者は，インドの古代の文献を読んでいると必ず出てくる宗教者の姿である。仏教の開祖であるゴータマ・ブッダもまた苦行者のひとりであったが，彼ら／彼女らは，人並みはずれた苦行を実践することによって，熱力（タパス）を体内に貯(た)め，超人的な力を身につけた者たちであると信じられていた。tapasvin-「タパスヴィン」とは，そのような「タパス」を帯びた者としての「苦行者」（男性）を指す語である。tapas という名詞に，所有を表す -vin という接尾辞を加えて作られている。

tapasvin- は，「苦行者」を意味する名詞としては，男性名詞であるが，形容詞として，「苦しめられた，哀れな」の意味で使われることがあり，それが中性の名詞を修飾する場合には，中性形の語尾をとることになる。

次に示すのは tapasvin- 男性形の変化表である。注意すべきは，男性の主格・単数は -ī（呼格・単数は -in）であるのに対して，中性の主格・対格・呼格の単数は -i（呼格・単数は任意に，男性と同じ -in をとることもある）であることである。またパダ語尾の前では，語幹が i で終わることに注意しよう。

表26　子音で終わる１語幹の名詞 in-, min-, vin-語幹 tapasvin-（男性）の変化表

	単数	両数	複数
主格	tapasvī	tapasvinau	tapasvinaḥ
対格	tapasvinam		
具格	tapasvinā	tapasvibhyām	tapasvibhiḥ
与格	tapasvine		tapasvibhyaḥ
奪格	tapasvinaḥ		
属格		tapasvinoḥ	tapasvinām
処格	tapasvini		tapasviṣu
呼格	tapasvin	tapasvinau	tapasvinaḥ

※中性形の場合は，単数の主格と対格が tapasvi，呼格が tapasvi / tapasvin，両数の主格と対格と呼格が tapasvinī，複数の主格と対格と呼格が tapasvīni の形をとり，その他は男性形と同じである。

また，「女苦行者」を意味する場合は，tapasvinī- という女性形をとる。

tapasvin-「苦行者」と同じような意味を表す語として yogin-「ヨーガ行者」がある。これは，yoga「ヨーガ」に -in という接尾辞を加えた語であるが，これも tapasvin- と同様に，子音で終わる１語幹の名詞である。これらは，in-, min-, vin-語幹の名詞としてひとつのグループにまとめることができ，tapasvin- と同じ変化をする。

このグループには，ほかに，balin-「力をもつ」(bala-

「力」に所有を表す接尾辞 -in が付いた形容詞）や，svāmin-「主人」といった語があり，それぞれの女性形は，balinī, svāminī である。

子音で終わる１語幹の名詞のグループとして，最後に as-, is-, us-語幹のものを見ておこう。名詞として代表的なのは，manas-「心」，jyotis-「光」，āyus-「寿命」であるが，いずれも中性名詞である。manas- を例に変化表を見ておこう。

表27　子音で終わる１語幹の名詞 manas-「心」（中）の変化表

<table>
<tr><th></th><th>単数</th><th>両数</th><th>複数</th></tr>
<tr><td>主格</td><td rowspan="2">manaḥ</td><td rowspan="2">manasī</td><td rowspan="2">manāṃsi</td></tr>
<tr><td>対格</td></tr>
<tr><td>具格</td><td>manasā</td><td rowspan="3">manobhyām</td><td>manobhiḥ</td></tr>
<tr><td>与格</td><td>manase</td><td rowspan="2">manobhyaḥ</td></tr>
<tr><td>奪格</td><td rowspan="2">manasaḥ</td></tr>
<tr><td>属格</td><td rowspan="2">manasoḥ</td><td>manasām</td></tr>
<tr><td>処格</td><td>manasi</td><td>manaḥsu / manassu</td></tr>
<tr><td>呼格</td><td>manaḥ</td><td>manasī</td><td>manāṃsi</td></tr>
</table>

中性名詞の場合，主格・対格・呼格の複数形で，語尾が -āṃsi となることが特徴的である。同じ変化は，is-, us- の語幹でも起こり，-īṃsi, -ūṃsi となる。また，パダ語尾の bh の前で，-as が -o となる。同様に，-is は -ir となり，-us は -ur となる。また，処格・複数形の -aḥsu は -assu と任意になりうる。これも，-is は -iḥṣu / -iṣṣu, -us は -uḥṣu / -uṣṣu となる。たとえば，jyotis-「光」は，その主格・対格・呼格の複数形は jyotīṃsi であり，具格の複数形は jyotirbhiḥ, 与格・奪格の複数形は jyotirbhyaḥ である。また，āyus「寿命」は，それぞれ，āyūṃṣi, āyurbhiḥ, āyurbhyaḥ となる。

一方，男性名詞ではcandramas-「月」，女性名詞ではapsaras-「天女（アプサラス）」などがある。男性名詞と女性名詞は，同じ語尾変化なので，以下の表では女性名詞のapsaras-を代表例にしている。

表28　子音で終わる1語幹の名詞 apsaras-「天女」（女）の変化表

<table>
<tr><th></th><th>単数</th><th>両数</th><th>複数</th></tr>
<tr><td>主格</td><td>apsarāḥ</td><td rowspan="2">apsarasau</td><td rowspan="2">apsarasaḥ</td></tr>
<tr><td>対格</td><td>apsarasam</td></tr>
<tr><td>具格</td><td>apsarasā</td><td rowspan="3">apsarobhyām</td><td>apsarobhiḥ</td></tr>
<tr><td>与格</td><td>apsarase</td><td rowspan="2">apsarobhyaḥ</td></tr>
<tr><td>奪格</td><td rowspan="2">apsarasaḥ</td></tr>
<tr><td>属格</td><td rowspan="2">apsarasoḥ</td><td>apsarasām</td></tr>
<tr><td>処格</td><td>apsarasi</td><td>apsaraḥsu</td></tr>
<tr><td>呼格</td><td>apsaraḥ</td><td>apsarasau</td><td>apsarasaḥ</td></tr>
</table>

また，複合語の後分となって形容詞を作る例としては，dīrghāyus-「長生きの」（dīrgha「長い」＋ āyus「寿命」）のような語がある。

ここまで来れば，語尾の形を見れば，その格と数とがだいたいわかるようになったであろう。我々の目的はサンスクリットの文を読むことである。読むときには，そこに示されている単語の語尾にまず注目して，それがどの格のどんな数を表しているのかを考えればよいのである。

第14課　あの山は火をもっている。煙をもっていることから。――子音語幹の名詞 (2)

本課では，子音に終わる名詞で強語幹と弱語幹の２語幹をもつ名詞について見ることにしよう。まず，mat- / vat-語幹の語である。この mat- / vat- は，名詞の後に付いて，その所有を表す接尾辞で，たとえば agnimat- / agnivat- は，「火（agni）をもつ」という意味になる。前課で見た，-in，-min，-vin と同様に，男性と中性の名詞を修飾する形容詞となる。女性形の場合は，agnimatī- / agnivatī- となって ī-語幹の女性名詞と同じ変化をする。

表29　子音で終わる２語幹の名詞 mat- / vat-語幹
agnimat-「火をもつ」（男性）の変化表

<table>
<tr><th></th><th>単数</th><th>両数</th><th>複数</th></tr>
<tr><td>主格</td><td>agnimān</td><td rowspan="2">agnimantau</td><td>agnimantaḥ</td></tr>
<tr><td>対格</td><td>agnimantam</td><td>agnimataḥ</td></tr>
<tr><td>具格</td><td>agnimatā</td><td rowspan="3">agnimadbhyām</td><td>agnimadbhiḥ</td></tr>
<tr><td>与格</td><td>agnimate</td><td rowspan="2">agnimadbhyaḥ</td></tr>
<tr><td>奪格</td><td rowspan="2">agnimataḥ</td></tr>
<tr><td>属格</td><td rowspan="2">agnimatoḥ</td><td>agnimatām</td></tr>
<tr><td>処格</td><td>agnimati</td><td>agnimatsu</td></tr>
<tr><td>呼格</td><td>agniman</td><td>agnimantau</td><td>agnimantaḥ</td></tr>
</table>

※中性形の場合は，単数の主格と対格と呼格が agnimat，両数の主格と対格と呼格が agnimatī，複数の主格と対格と呼格が agnimanti の形をとり，その他は男性形と同じである。

この表を見てわかるように，主格と対格と呼格の単数形，同じく主格と対格と呼格の両数形，そして主格と呼格の複数形においてagnimant-という形が現れている。これが強語幹の形である。その他の変化形に現れるagnimat-が弱語幹の形である。mat- / vat-の語幹の名詞はこのように強語幹mant- / vant-と弱語幹mat- / vat-の２つの語幹の形をもつのが特徴である。男性の主格・単数形のagnimānと，呼格・単数形のagnimanは強語幹とは形が違うように見えるが，サンスクリットでは語尾に来る子音はひとつに限られるという規則があるので，agnimant-に，男性の主格・単数形の基本形である-sが付いて，agnimantsとなったうえで，-ntsのうちのtsが脱落し，その代わりにその前の母音が長音化してagnimānとなり，また，呼格・単数形はそのままagnimant-の-tが脱落してagnimanとなるのである。

例文を見ることにしよう。

agnimān ayaṃ parvataḥ, dhūmavattvāt

この（ayam）山（parvata）は，火をもっている。煙をもっている（dhūmavat）こと（-tva）から。

この文章は，９世紀後半にインドのカシミールで活躍したジャヤンタという哲学者が残した『ニヤーヤ・マンジャリー』（『論理の花房』）の一節である。インドには論理学を専門にしたニヤーヤ学派という学派が１世紀頃に成立して，論理学，特に論証学を発展させた。その論証式の代表例がこれである。

「論証」とは，相手に向かって言葉を使ってある事柄を証明することである。どのような形式をとれば，そしてどんな条件を満たせば，自分の主張が正しいことを相手に証明できるか。インドの論理学はそんなことを中心に考えて発展してきた。もちろん論理的な必然性や普遍的妥当性についての抽象的な議論もなされたが，ニヤーヤ学派は，経験的な事実に基づく論理学を確立しようとした。

遠くの山に煙がもくもくと立ちのぼっているのが見える。山火事だ！　火が見えないのに，どうして山火事だと言えるのか。煙が見えるからだ。そこで，隣にいる友人に言う。「あそこには火がある（agnir atra）」「どうして？（katham）」「煙ゆえに（dhūmāt）」。論理学の始まりはきっとこんな風であったはずである。

インドの論理学は，このように，何か目印（リンガ）になるものを見つけて，その目印を根拠にして，その目印と密接に関係するものがそこではたとえ見えなくても存在することを論証するという構造をもっている。煙は火が存在することの目印である。だからもともとはこのように，「煙ゆえに」と，単純に「煙（dhūma）」の奪格形でその事実が表現されていたのである。この奪格形は，理由・原因（～から）を表している。「煙」がそこにあるということを理由として示しているのである。そしてこのように言う背後には，「煙があれば必ず火がある」という経験的な事実がある。

このことを，ニヤーヤ学派の五段論法（五支作法）で示せば，次のようになる。

（主張命題：）ayaṃ parvato agnimān
この山は火をもっている。
（理由命題：）dhūmavattvād
煙をもっていることから。

（普遍命題：）yo yo dhūmavān sa so ’gnimān yathā mahānasaḥ
すべて煙をもつものは火をもつ。コンロのように。
（適用命題：）tathā cāyam dhūmavān
この（山）はそのように煙をもっている。
（結論命題：）tasmād agnimān
ゆえに火をもっている。

ギリシアの三段論法を知っている人もいるだろう。

（大前提：）すべて人間は死すべきものである。
（小前提：）ソクラテスは人間である。
（結　論：）ゆえにソクラテスは死すべきものである。

この三段論法と，ニヤーヤ学派の上の五段論法を見比べてみるとどうだろうか。いろいろと違いが見えるだろう。まず命題の数が５つと３つで違う。もっともインドでも，最初の「主張」と最後の「結論」は同じだし，次の「理由」と「適用」も内容は同じだから，それらは繰り返しであり，３つの命題だけでよいという考えもあった。特に仏教の論理学者はそのように考えて，ニヤーヤ学派を批判した。しかし，ニヤーヤ学派は最後までこの五支作法を捨てていない。その理由は，普遍命題を見ればわかる。それだけ抜き出してみる。

yo yo dhūmavān sa so ‘gnimān. yathā mahānasaḥ

すべて煙をもつものは火をもつ。コンロのように。

yo yo … sa so …は，関係構文である。yaḥ + yaḥ … saḥ + saḥ …と，関係代名詞 yaḥ と指示代名詞 saḥ を繰り返しているのは強調のためである。つまりサンスクリットでは，この構文によって，論理学で全称肯定命題と呼ばれる「すべて……であるものは……である」という文を作るのである。これは普遍的な事実を言うもの，つまり誰もが経験する事実を言うものである。そして，その経験の具体的な事例として，「コンロ」を持ち出すのである。「ほら，君の知っているあのサンマを焼くときのコンロのようにね」というわけである。yathā は，「たとえば……のように」と具体例を示すときに使う副詞である。

このように必ず具体例を持ち出して，経験的事実に訴えようとするのが，ニヤーヤ学派の論証法である。つまり，経験的事実から導き出された一般的事実に対して，現にいま経験されている事実（煙が見える）を適用して，そこから結論（火がある）を導き出すという実証的なプロセスが，五段論法のうちの後の三段なのである。そして，この３つを示すことによって，主張とその理由という先の２つの言明に根拠を与えるのである。したがって，この５つの支分があってはじめてひとつの論証が全体として成り立つのである。

ところで，私の学生時代には，mahānasa- を，「かまど」と訳していた。しかし今の若い人は「かまど」と聞いてもピンとこないだろうから，「コンロ」とした。もちろん「魚焼き器」でも「グリル」でもよい。こう言うと，うちのは「煙の出ない魚焼き器」だから当てはまらないと，反例を挙げた気になる人もいるかもしれないが，これは反例ではない。ここでの反例は，「煙をもつのに火をもたないもの」である。そんなものがあれば見せてほしい。「水蒸気爆発した火山」

とかはどうか。それは「水蒸気」であって「煙」ではない。「煙」とは，「物が燃えるときに出る気体」(『広辞苑』) を第一義的に意味するから，定義からしても，火のない煙は存在しないのである。

「火のないところに煙は立たぬ」と言われるが，これは，上の全称肯定命題の対偶にあたる命題である。ニヤーヤ学派ではこれが普遍命題として示される場合がある。たとえば次のように示される。

yo yo ’gnimān na bhavati sa sa dhūmavān na bhavati, yathā mahāhradaḥ,

すべて火をもつものでないものは煙をもつものでない。池のように。

こちらは全称否定命題である。「煙をもつもの」と「火をもつもの」の主語述語関係が入れ替わっており，それぞれが na bhavati「……でない」という否定を伴っていることに注意してほしい。そして，「池」という具体例がここでは挙げられている。「ほら，あの池を見てよ。火がないでしょ。だから煙もないのよ」というわけである。

このように，経験した事実に基づいて，2つの物事の間の必然的な関係を認めたうえで，理由となる事実から結論となる事実を導き出すのが，インドの論理学の基本的な考え方である。こういう考え方は，アリストテレスの三段論法に見られるような名辞間の形式的な関係によって成り立つ論理学とは，その発想において随分と違っていると言えるだろう。

もうひとつ注意しておきたいのは，dhūmavattvāt という理由命題である。目印に基づいて事実を立証するのがインドの論理学であると先に言った。ここでは，煙が目印である。現に見えている煙を目印にして，その煙を理由にするならば，dhūmāt「煙ゆえに」でよいはずである。しかし，ここでは，dhūmavattvāt と言われている。これはどういうことだろうか。語としては，dhūmavat-「煙をもつ」に，-tva- という一般的事実を表すための接尾辞が付いたものである。dhūmāt と dhūmavattvāt の違いはなんだろうか。

それは，簡単に言えば，モノとコトの違いである。dhūmāt が，煙という目に見えるモノに基づいて火というモノの存在に言及するのに対して，dhūmavattvāt は，「煙をもつ」（つまり「煙がある」）というコト（事実）に基づいて「火をもつ」（つまり「火がある」）というコト（事実）を立証するのである。つまり，dhūmavattvāt は，一般化され抽象化された命題を示しているのである。ニヤーヤの論理学がいくら経験的な事実に基づくものであっても，遠くの山にもくもくと立ちのぼっている白い煙そのものから，その下で燃えている具体的な火の存在を論証することは不可能である。個別の経験的な事実はいったん抽象化されて一般的な事実として表現されなければ普遍的に妥当する事実にはならない。dhūmāt から，dhūmavattvāt へと理由を示す表現が変化したのは，ニヤーヤの論理学の発展を示すものにほかならない。

インド論理学の話はこのぐらいにして，サンスクリット文法に戻ろう。mat- / vat-語幹の語と同じく，at-語幹の名詞がある。ひとつは，動詞の能動態の現在分詞形で，たとえば動詞語根 tud-「打つ」から作られる tudat- である。形容詞として使われることが多い。もうひとつは，mahat-「大きい」のような形容詞である。

表30　子音で終わる２語幹の名詞 at-語幹
現在分詞 tudat-「打つ」の変化表

<table>
<tr><th rowspan="2"></th><th colspan="2">単数</th><th colspan="2">両数</th><th colspan="2">複数</th></tr>
<tr><th>男性</th><th>中性</th><th>男性</th><th>中性</th><th>男性</th><th>中性</th></tr>
<tr><td>主</td><td>tudan</td><td rowspan="2">tudat</td><td rowspan="2">tudantau</td><td rowspan="2">tudantī / tudatī</td><td>tudantaḥ</td><td rowspan="2">tudanti</td></tr>
<tr><td>対</td><td>tudantam</td><td>tudataḥ</td></tr>
<tr><td>具</td><td colspan="2">tudatā</td><td colspan="2" rowspan="3">tudadbhyām</td><td colspan="2">tudadbhiḥ</td></tr>
<tr><td>与</td><td colspan="2">tudate</td><td colspan="2" rowspan="2">tudadbhyaḥ</td></tr>
<tr><td>奪</td><td colspan="2" rowspan="2">tudataḥ</td></tr>
<tr><td>属</td><td colspan="2" rowspan="2">tudatoḥ</td><td colspan="2">tudatām</td></tr>
<tr><td>処</td><td colspan="2">tudati</td><td colspan="2">tudatsu</td></tr>
<tr><td>呼</td><td>tudan</td><td>tudat</td><td>tudantau</td><td>tudantī / tudatī</td><td>tudantaḥ</td><td>tudanti</td></tr>
</table>

強語幹 tudant-，弱語幹 tudat- である。注意すべきは，男性の主格・単数形である。mat- / vat-語幹の語と異なり，末尾の n の前の a が長母音化しない。また，中性の主格・対格・呼格の両数形に，この at-語幹の現在分詞形の特徴が現れてくる。この tudat- の場合は，tudantī / tudatī の両方があり得るが，動詞によってはいずれか一方だけのものもある。またこれは，女性形の語幹と同形でもある。まあ，こういったことは実際の文章を読む際に，臨機応変に対応して考えればよいだろう。

もうひとつの at-語幹の mahat-「大きい」については，強語幹が mahānt-（男性の主格・単数形は mahān，対格・単数形は mahāntam など）であることに注意すれば，後の語尾変化は，at-語幹や mat- / vat-語幹の語と同じである。女性形は，mahatī- である。

第15課　魂の不滅性と身体の本来的可滅性は憂いの原因ではない。——an-語幹の名詞

本課では，an-語幹の名詞を見ることにしよう。これには，-an で終わるもの，-man で終わるもの，-van で終わるものの 3 つがある。このうち，まず，-man で終わるもので，しかも -man の直前に子音があるものについて見てみよう。その代表格は，すでに第 7 課でその格変化を学んだ brahman- である。そこでは男性名詞の場合と中性名詞の場合の両方を見た。本課では，復習を兼ねて，brahman- と並んでインドの哲学を理解するために重要な ātman-「魂，自己，自我」という男性名詞の格変化を見ることにしよう。

表31　an-語幹の名詞（2語幹）
ātman-「魂，自己，自我」（男）の変化表

<table>
<tr><th></th><th>単数</th><th>両数</th><th>複数</th></tr>
<tr><td>主格</td><td>ātmā</td><td rowspan="2">ātmānau</td><td>ātmānaḥ</td></tr>
<tr><td>対格</td><td>ātmānam</td><td>ātmanaḥ</td></tr>
<tr><td>具格</td><td>ātmanā</td><td rowspan="3">ātmabhyām</td><td>ātmabhiḥ</td></tr>
<tr><td>与格</td><td>ātmane</td><td rowspan="2">ātmabhyaḥ</td></tr>
<tr><td>奪格</td><td rowspan="2">ātmanaḥ</td></tr>
<tr><td>属格</td><td rowspan="2">ātmanoḥ</td><td>ātmanām</td></tr>
<tr><td>処格</td><td>ātmani</td><td>ātmasu</td></tr>
<tr><td>呼格</td><td>ātman</td><td>ātmānau</td><td>ātmānaḥ</td></tr>
</table>

表を見てわかるように，強語幹 ātmān- と，弱語幹 ātman- の 2 語幹から成っている。brahman- も同様に，brahmān- と brahman の 2 語幹であった。このように，-man に子音が先

立っている場合は2語幹である。これに対して，-man に母音が先立っている場合は中語幹を加えて3語幹となる。sīman-「境界」という例を見てみよう。sīman- は，男性，女性，中性のいずれの名詞としても使われるので，違いがよくわかるだろう。

表32　an-語幹の名詞（3語幹）
sīman-「境界」（男）（女）（中）の変化表

<table>
<tr><th rowspan="2"></th><th colspan="2">単数</th><th colspan="2">両数</th><th colspan="2">複数</th></tr>
<tr><th>男性／女性</th><th>中性</th><th>男性／女性</th><th>中性</th><th>男性／女性</th><th>中性</th></tr>
<tr><td>主格</td><td>sīmā</td><td rowspan="2">sīma</td><td rowspan="2">sīmānau</td><td rowspan="2">sīmnī / sīmanī</td><td>sīmānaḥ</td><td rowspan="2">sīmāni</td></tr>
<tr><td>対格</td><td>sīmānam</td><td>sīmnaḥ</td></tr>
<tr><td>具格</td><td colspan="2">sīmnā</td><td colspan="2" rowspan="3">sīmabhyām</td><td colspan="2">sīmabhiḥ</td></tr>
<tr><td>与格</td><td colspan="2">sīmne</td><td colspan="2" rowspan="2">sīmabhyaḥ</td></tr>
<tr><td>奪格</td><td colspan="2" rowspan="2">sīmnaḥ</td></tr>
<tr><td>属格</td><td colspan="2" rowspan="2">sīmnoḥ</td><td colspan="2">sīmnām</td></tr>
<tr><td>処格</td><td colspan="2">sīmni / sīmani</td><td colspan="2">sīmasu</td></tr>
<tr><td>呼格</td><td>sīman</td><td>sīma / sīman</td><td>sīmānau</td><td>sīmnī / sīmanī</td><td>sīmānaḥ</td><td>sīmāni</td></tr>
</table>

強語幹が sīmān-，中語幹が sīma-，弱語幹が sīmn- である。-van に終わる語幹の名詞も同じで，たとえば grāvan-「石」（男）があるが，強語幹は grāvān-，中語幹は grāva-，弱語幹は grāvn- であって，上の表の sīm- の部分を grāv- に入れ替えればよいだけである。また，rājan-「王」（男）のような語幹が -an に終わる名詞も同様で，強語幹は rājan-，中語幹は rāja-，弱語幹は rājñ-（内連声の規則で，-j + n- → -jñ-）であるから，上の表の sīm- の部分を rāj- に入れ替えればよい。ただし，弱語幹をとるところでは，rājñā，rājñaḥ，rājñi のようになる。

それでは，いつものように文章を読むことにしよう。ātman-「アートマン」は，「ブラフマン」と同じように，インドの哲学を理解するうえで最も重要な概念である。「ブラフマン」が，中性名詞としては宇宙の最高原理を表すことは以前に言ったが，それに対して，この「アートマン」は，「自己」あるいは「自我」と訳されることが多く，個々の存在の自己同一性の原理である。そして，この「ブラフマン」と「アートマン」の一体性を真理として説くのが，ウパニシャッドの「梵我一如」という思想であったということは，先にウパニシャッドの「大文章」を説明したときに言った通りである。ただ，この「アートマン」は，我々が「魂」という概念によって理解しているものと近い意味ももっている。そのことを示す文章を次に見ることにしよう。

ヒンドゥー教の聖典の中でも特に重要である『バガヴァッド・ギーター』に対しては，古代から現代に至るまで多くの思想家や宗教家によって注釈が作られてきた。その中に，ラーマーヌジャという11世紀半ばから12世紀にかけて活躍した宗教家がいる。その彼が，次のような注釈を残している。

ātmanāṃ nityatvaṃ, dehānāṃ svābhāvikaṃ nāśitvaṃ ca, śokānimittam

先に訳を示すと次のようになる。

魂たちの不滅性と，身体たちの本来的可滅性とは，憂いの原因ではない。

なにかぎこちない訳になっているが，格関係と字義の通りにまず訳してみるとこのような意味になる。

ātmanām と dehānām の -nām が，属格・複数形の語尾であることはすぐにわかるだろう。そして，ca「～と，そして」以外，後はすべて -am で終わっている。語尾の形だけから見れば，中性名詞の主格か対格の単数形か，男性名詞の対格・単数形の可能性があるが，対格は，動詞の目的語となるはずで，この文には動詞はないから，対格ではあり得ない。つまり，中性名詞の主格・単数形であることが，これで決定される。文中のどの語が中性名詞かと言えば，nityatvam, nāśitvam, śokānimittam である。

-tva は，中性の抽象名詞を作る接尾辞で，名詞・形容詞にこれが付くことによって，性質や本質，関係概念を表す。nityatvam は，nitya-「永遠な，不滅の」という形容詞に -tva が付いたもので，「永遠であること，不滅であること」を表し，「永遠性」と訳されることが多い。nāśitvam も同様で，nāśin-「消滅すべき，可滅の」という形容詞に -tva が付いたもので，「消滅すべきものであること」を意味し，「可滅性」と訳すことができる。このような抽象名詞は，この例のように，属格の語と一緒に使われることが多く，「～の……性」，つまり「～の所有する（～にある）……性」を意味している。ここでは，「アートマンたちの不滅性」と「身体たちの可滅性」が言われているのである。そしてそれが，svābhāvikam と言われている。「生まれつきの」「本来的な」という意味である。つまりこれをわかりやすく言えば，「アートマンたちは本来的に不滅のものであり，身体たちは本来的に消滅するものである」ということになる。ここでは，「アートマン」と「身体」は対比的に使われているから，「魂が不滅であることも，身体が可滅であることも，本来的に決まっている」と言っているのである。

最後の語であるśokānimittamは，śoka-とanimitta-の複合語である。śoka-は，単独では男性名詞で「苦悩，憂愁，憂い」を意味する。animitta-は，nimitta-「原因，きっかけ」に，否定の接頭辞a-が付いたものである。ここでは，単純に「原因ではない」という意味で理解すればよいだろう。全体を今度は意訳すれば，次のようになる。

魂が不滅であることも，身体が可滅であることも，本来的に決まっている。憂うことはない。

ラーマーヌジャは，『バガヴァッド・ギーター』の1詩節（2. 16）を注釈して，こんなことを言ったのである。もちろんそれは，『バガヴァッド・ギーター』の文脈を踏まえたうえでのことである。

『ギーター』の主役アルジュナは，居並ぶ敵軍を前にしてその中に一族縁者を認め，「私は彼らを殺したくない」とへたり込んでしまう。これが第1章である。そこで，クリシュナがアルジュナに教えを説き始める。その始まりが第2章で，そこではこんな風なことが言われている。魂は永遠であり，身体は有限である。身体は殺されても，魂は殺されない。生まれた者が死ぬのは決まったこと。決まったことを嘆くな。だから戦え。

私は，こういう運命論は嫌いである。アルジュナもまた，そう簡単には「はい，そうですか」とクリシュナの言葉を受け入れることはしなかった。クリシュナが，一生懸命に道理や義務を説いても，アルジュナは一向に立ち上がらない。その立ち上がらないアルジュナを前にして，クリシュナが手を替え品を替え説いた教えを述べたのが，『バガヴァッド・ギーター』全18章の内容である。長大な叙事詩『マハーバーラタ』の中のほんの短いエピソードを語るものであるから，アルジュナの迷いもほんのいっときのものと言えば言える。最後にアルジュナは立ち上がるのであった。

コラム6　アクセント

古典サンスクリットのアクセントについては明確なことは知られていない。一般的には，単語の語末から数えて２番目から４番目までのいずれかの音節に，音の強弱によるアクセント（強勢アクセント）があるとされる。また，複合語の場合は，各構成要素がこれを保持するとされている。

ともあれ，古典サンスクリットの場合は，テキストにアクセントの位置が示されることはなく，文の意味を理解するのにアクセントはあまり重要ではない。しかしこれがヴェーダ語になるとそうはいかない。ヴェーダのテキストは，発音もアクセントも決して間違えることなく，師資相承の口伝えで伝承されてきたものである。そして複合語の意味を理解するためには，アクセントの位置は決定的に重要である。その位置の違いによって，「王の息子」と「王が息子」ぐらいの意味の違いが出てくる。アクセントがつく・つかない，位置が変わるなどには厳密なルールがあるとされる。というわけで，ヴェーダのテキストを引用する場合には，本当はアクセント記号を付けないといけないのだが，本書では省略している。

第16課　牛車や舟では，先生と同席してもよい。
——特殊な語幹の名詞

名詞の格変化の主要なものについては，前課まででほぼ見終わった。本課では，特殊な語幹の名詞について見ることにしよう。まずは，二重母音の語幹をもつ名詞の例として，go-「牛」(男，女) と，nau-「舟」(女) を見てみよう。特殊な語幹の名詞の代表格 go-「牛」については，第３課で触れたところであるが，ここでは変化表を示しておく。

表33　二重母音語幹の名詞go-「牛」(男) (女) の変化表

<table>
<tr><th></th><th>単数</th><th>両数</th><th>複数</th></tr>
<tr><td>主格</td><td>gauḥ</td><td rowspan="2">gāvau</td><td>gāvaḥ</td></tr>
<tr><td>対格</td><td>gām</td><td>gāḥ</td></tr>
<tr><td>具格</td><td>gavā</td><td rowspan="3">gobhyām</td><td>gobhiḥ</td></tr>
<tr><td>与格</td><td>gave</td><td rowspan="2">gobhyaḥ</td></tr>
<tr><td>奪格</td><td rowspan="2">goḥ</td></tr>
<tr><td>属格</td><td rowspan="2">gavoḥ</td><td>gavām</td></tr>
<tr><td>処格</td><td>gavi</td><td>goṣu</td></tr>
<tr><td>呼格</td><td>gauḥ</td><td>gāvau</td><td>gāvaḥ</td></tr>
</table>

表34　二重母音語幹の名詞nau-「舟」(女) の変化表

<table>
<tr><th>単数</th><th>両数</th><th>複数</th></tr>
<tr><td>nauḥ</td><td rowspan="2">nāvau</td><td>nāvaḥ</td></tr>
<tr><td>nāvam</td><td></td></tr>
<tr><td>nāvā</td><td rowspan="3">naubhyām</td><td>naubhiḥ</td></tr>
<tr><td>nāve</td><td rowspan="2">naubhyaḥ</td></tr>
<tr><td rowspan="2">nāvaḥ</td></tr>
<tr><td rowspan="2">nāvoḥ</td><td>nāvām</td></tr>
<tr><td>nāvi</td><td>nauṣu</td></tr>
<tr><td>nauḥ</td><td>nāvau</td><td>nāvaḥ</td></tr>
</table>

不規則な変化をする「特殊な」名詞は，実は人々がよく口にする語である。不規則な変化をするものであってもしょっちゅう使われるものだから，その変化形を誰もが覚えている。しかし，我々にとっては，「特殊な」変化形は，一般的な原則から離れているということであるから，覚えるのが難しい。そこでサンスクリット勉強中の身としては，これらをむりや

り覚えるということはせず，変わった格語尾の名詞もいろいろあると覚えておくことにしよう。

もっとも表に現れる語尾形だけに注目してみれば，これまでの名詞と基本的に変わらない。語幹の部分があれこれ変わっているだけである。したがって実際に文章を読むときには，語尾形を見れば，格と数についてだいたいわかるはずである。

次の文は，『マヌ法典』の一節である。『マヌ法典』は，古代インド人の社会生活全般にわたる義務と決まりごとを集めたもので，２世紀頃には完成していたと思われる。

go 'śvoṣṭrayānaprāsādaprastareṣu kaṭeṣu ca
āsīta guruṇā sārdhaṃ śilāphalakanauṣu ca.（2. 204）

よく見てみると，始めと終わりに go- と nau- が入っている。これもシュローカの詩節であるが，１行目の語はやけに長くて，８音節での切れ目も見えない。こういう長い語は複合語であることは間違いないから，まずはこれを語幹ごとに分解する必要がある。長い単語の話は第４課でもしたから覚えているだろう。こういうときに連声の規則についての知識が役に立つことになる。連声をはずし，複合語を構成する語はハイフンでつないで示すと次のようになる。

go-aśva-uṣṭra-yana-prāsāda-prastareṣu kaṭeṣu ca
āsīta guruṇā sārdhaṃ śilā-phalaka-nauṣu ca.

-ṣu（← -su）という処格・複数形の語尾が３回あって，ca が各行の末尾にある。ca は，「〜と〜と」と並列を表す。ここでは，文中に並ぶ名詞をつなぐものである。また，複合語の中で並ぶのは名詞の語幹部分だから，語彙索引でそのままの形を捜せば意味はわかる。go-「牛」aśva-「馬」uṣṭra-「ラクダ」yāna-「乗り物」prāsāda-「テラス」prastara-「ムシロ」，そして処格・複数の語尾である。次にkaṭa-「敷物」の処格・複数形。2行目の後半は，śilā-「岩」phalaka-「縁台」nau-「舟」，そして処格・複数の語尾である。いずれも「～において」という場所を表している。

2行目の前半を見よう。āsīta は，動詞である。語根 ās-「坐す，座る」に，中動態の願望法の3人称・単数の語尾が付いた形である。動詞 ās- については，第7課で少しだけ触れた。そこでも言ったように，ās- は，中動態でしか使われない動詞である。サンスクリットの中動態は，反射態とも言われ，サンスクリット文法の術語では「為自言」(Ātmanepada) と言われている。動詞が表す行為が「行為主体（自分）のために」(ātmane) 行われることを言うものであるからこのように呼ばれている。これと対立するのが，能動態で，「為他言」(Parasmaipada)（「他者のため」）と呼ばれるものである。

願望法については後に説明する。願望や可能，義務，仮定を表す表現法だとここでは理解しておいてほしい。よく「～すべきである」「～してよい」と訳される。中動態の願望法がいったいどんな意味を表すのか気になるだろうが，今は深入りしないでおこう。

ともかく，āsīta は，「座るがよい」というような意味になる。guruṇā は，guru-「先生，グル」の具格・単数形である。sārdham は，中性名詞の対格・単数形の語尾をとって，ここでは副詞として使われており，具格の語とともに，「～と一緒に」という意味を表す。つまり，この3語で，「（その者は，）先生と一緒に座るがよい」という意味になる。

『マヌ法典』のこの箇所のあたりは，先生（グル）の下に入門した学生（ブラフマチャーリン）の振る舞いを規定する条文が並んでいる。だから，主語は「学生は」である。以上のことを踏まえれば，次のような訳になるだろう。

［学生は，］牛・馬・ラクダ・乗り物・テラス・ムシロにおいては，そして敷物においては，それから岩・縁台・舟においては，先生と一緒に座るがよい。

普通，学生は，先生と同席することは許されない。必ず先生よりも一段低いところに座ることになっている（『マヌ法典』2. 198）。しかし，場所によってはそんなことが言ってられないから，その場合は同席してよいというのが上の規定である。

さて，上の訳でひとつだけ間違っているところがある。どこだかわかるだろうか。これは注釈を読むと，なるほどと合点することになるのだが，「牛・馬・ラクダ・乗り物・テラス・ムシロ」という複合語の解釈である。複合語の解釈については，ずっと先の第43課以降で学ぶことになっているが，この例のような「牛と馬とラクダと乗り物とテラスとムシロ」のように，ものを並べる複合語を「並列複合語」と言う。ただしこの例は，並列複合語でも，実は少し複雑になっている。「並列」と言うのだから，並んでいるものは同じレベルにないといけないのだが，どうだろうか。「牛・馬・ラクダ」は確かに同列だが，「乗り物」はどうだろう。日本語で，もし「牛馬車に乗る」と言ったら，どのように理解するだろうか。おそらく「牛車」と「馬車」，つまり「牛にひかせた車」と「馬にひかせた車」と理解するだろう。上の例でも同様である。というわけで，「牛や馬やラクダにひかせた乗り物，そしてテラスやムシロにおいては」というのが正しい解釈となる。

注釈では，「牛や馬やラクダの背中にそのまま２人が同席することは難しいから」と，単純な並列複合語にとれない理由が説明されている。ついでに言えば，日本語で「牛車」や「馬車」という独立した語があるように，サンスクリットでも，goyāna- や aśvayāna- という語があり，それぞれ「牛車」や「馬車」を意味して単独でも使われているから，この点でもこの解釈が妥当と言える。

次に３語幹の名詞で特殊な格変化をするものとして，pathin-「道」（男）と，puṃs-「男」（男）を見ておこう。

表35　３語幹の名詞 pathin-「道」（男）の変化表

<table>
<tr><th></th><th>単数</th><th>両数</th><th>複数</th></tr>
<tr><td>主格</td><td>panthāḥ</td><td rowspan="2">panthānau</td><td>panthānaḥ</td></tr>
<tr><td>対格</td><td>panthānam</td><td>pathaḥ</td></tr>
<tr><td>具格</td><td>pathā</td><td rowspan="3">pathibhyām</td><td>pathibhiḥ</td></tr>
<tr><td>与格</td><td>pathe</td><td rowspan="2">pathibhyaḥ</td></tr>
<tr><td>奪格</td><td rowspan="2">pathaḥ</td></tr>
<tr><td>属格</td><td rowspan="2">pathoḥ</td><td>pathām</td></tr>
<tr><td>処格</td><td>pathi</td><td>pathiṣu</td></tr>
<tr><td>呼格</td><td>panthāḥ</td><td>panthānau</td><td>panthānaḥ</td></tr>
</table>

表36　3語幹の名詞 puṃs-「男」（男）の変化表

<table>
<tr><th></th><th>単数</th><th>両数</th><th>複数</th></tr>
<tr><td>主格</td><td>pumān</td><td rowspan="2">pumāṃsau</td><td>pumāṃsaḥ</td></tr>
<tr><td>対格</td><td>pumāṃsam</td><td>puṃsaḥ</td></tr>
<tr><td>具格</td><td>puṃsā</td><td rowspan="3">pumbhyām</td><td>pumbhiḥ</td></tr>
<tr><td>与格</td><td>puṃse</td><td rowspan="2">pumbhyaḥ</td></tr>
<tr><td>奪格</td><td rowspan="2">puṃsaḥ</td></tr>
<tr><td>属格</td><td rowspan="2">puṃsoḥ</td><td>puṃsām</td></tr>
<tr><td>処格</td><td>puṃsi</td><td>puṃsu</td></tr>
<tr><td>呼格</td><td>puman</td><td>pumāṃsau</td><td>pumāṃsaḥ</td></tr>
</table>

上の２つの表を見てわかるように，pathin- は，強語幹 panthān-，中語幹 pathi-，弱語幹 path- の３つからなり，puṃs- は，強語幹 pumāṃs-，中語幹 pum-，弱語幹 puṃs- の３つからなっている。それでは文章を読んでみよう。

atha devāḥ pathi nalaṃ dadṛśur bhūtale sthitam.
sākṣād iva sthitaṃ mūrtyā manmathaṃ rūpasaṃpadā.
（3. 51. 26）

先ほどの『マヌ法典』の文章とは異なり，複合語は最後の１語だけで，連声も特に難しくはないだろう。いま変化表で見た語として，pathi が出ている。これは，処格・単数形であるから，「道において」「途上で」である。それぞれの単語の語尾を見てみると，４回の -am が目立っている。

atha は，「さて」「そこで」を意味する不変化詞である。devāḥ は，deva-「神」の主格・複数形で，主語だろう。nalam は，固有名詞「ナラ（王）」で，これは男性名詞であるから，対格・単数形で，動詞の目的語となる。dadṛśuḥ は，通常の辞書の見出しにはこのままの形では出ていない。語根dṛś-「見る」の完了形の３人称・複数形である。以上で,「さてそのとき，神々は，途上で，ナラ王を見た。」と訳せる。

bhūtale は，bhūtala-「地面」「大地」の処格・単数形である。sthitam は，動詞語根 sthā-「立つ」「とどまる」の過去受動分詞形であるが，形容詞として「立っている」という意味を表す。（「立たれた」ではない。）形容詞ということは，別に被修飾語があるはずで，それが nalam である。修飾語である形容詞の性と数は，被修飾語と一致しなければならないから，sthitam は，男性の対格・単数形である。こうして１行目の訳は次のようになる。

さて，神々は，道で，地面に立っているナラ（王）を見た。

「ナラ（王）が地面に立っているのを見た」と訳すこともちろんできる。これは，英語で，知覚動詞と呼ばれる see や hear が，目的語の後に～ ing 形を続けて，「～が～しているのを（見る，聞く）」という意味を表すのと同じである。

次に２行目である。すぐに気がつくのは sthitam が再び使われていることである。なぜ同じ語が使われているのかは考えなければならない。そして，sthitam と同じく -am という語尾をもつ manmatham という語が，その後にあることである。manmatha- を語彙索引で見ると，「（男）愛の神カーマ」とある。ローマ神話のキューピッドにあたるが，その神話については後に説明するとして，ここで重要なのはこれが男性名詞であるということである。ということは，manmatham は，対格・単数形であり，目的語になっている。そして sthitam は，１行目と同様に，形容詞として男性の対格・単数形をとって manmatham を修飾していることになる。つまり,「立っている愛神カーマを」, あるいは「愛神カーマが立っているのを」となる。

sākṣāt は,「目前に」「現に」という意味の副詞。iva は, 比喩を表す副詞で,「あたかも〜のように」という意味を表す。mūrtyā は, mūrti-「形, 形体, 身体」(女) の具格・単数形。rūpa-saṃpadā は, rūpa-「姿形」+ saṃpad-「完成した美しさ」(女) の複合語の具格・単数形である。

こうして見ると, 2行目には動詞がない。しかし, 目的語があるのだから, 文として完成するためには, 何らかの動詞が必要である。とすると, この2行目の目的語のための動詞として要請されるのは, 1行目の dadṛśuḥ ということになるだろう。つまり,「立っている愛神カーマを見た」あるいは,「愛神カーマが立っているのを見た」が, 2行目の主たる意味である。

このように考えれば, なぜ1行目と2行目に同じ sthitam という語が使われ, 2行目に, 比喩を示す iva「あたかも〜のように」という語があるのかがわかるであろう。1行目と2行目は対になっており,「神々は, ナラ (王) が立っているのを, あたかも愛神カーマが立っているかのように見た」ということである。ではなぜそのように見えたのか。その理由が, rūpasaṃpadā と具格で示されている。「(ナラ王の) 姿の完全な美しさによって」である。ナラ王の立ち姿が, 愛の神とみまごうばかりに美しかったのである。

さて最後に, mūrtyā という具格・単数形の意味であるが,「身体を伴って」である。これには説明が必要であろう。実は, 愛神カーマは, 身体をもたない神である。つまり目には見えない神なのである。愛神カーマはその容姿において最高の美神であったが，苦行中のシヴァ神にちょっかいを出し，その怒りに触れて身体をすべて焼かれてしまったのであった。したがって，ナラ王の姿かたちの美しさを，単純に愛神カーマに喩えたのでは，「愛神カーマには身体がないのに，どうしてそんなことが言えるのか」と突っ込まれかねない。それで，「身体を伴って」という限定を加えているのである。かくして全体の訳は次のようになるだろう。

> さて，神々は，道で，ナラ（王）が，地面に立っているのを見た。その姿の完璧な美しさによって，あたかも愛神カーマが身体を得て現に立っているかのようであった。

これが，先に第10課で見た，「ブリハダシュヴァは言った。」で始まる『ナラ王物語』の始まりの部分である。ヴィダルバ国の王女ダマヤンティーの「婿選び」（スヴァヤンヴァラ）の競技会が近々開催されるという噂（うわさ）を聞いて，インド全土から王たちが集まってくる。道を急ぐ者の中には，ダマヤンティーが密（ひそ）かに思いを寄せるニシャダ国のナラ王がいたが，インドラをはじめとする神々もまた「我らも行こう」とヴィダルバ国へと向かっていた。これは，その道中での情景である。続きは次の第17課をお楽しみに。

なお，『ナラ王物語』は，叙事詩『マハーバーラタ』の中で語られるエピソードのひとつである。詩節番号は『マハーバーラタ』（プーナ版）のものを示し，以下で引用する本文もそれに基づいており，ランマンのものとは語句が若干異なっている。

第17課 彼がそのようにして行ったとき，太陽が2つあると我々は思った。—処格絶対節

本課では処格の用法について説明しておこう。これまで格の用法については特に説明しないままできた。処格も，前課でも出てきたように，「～において」という場所や領域を表すのが一般的である。ただ，処格の語がいくつか並ぶと，それが主節に対する副詞節を作って，「～する（した）とき」「～する（した）場合」「～する（した）ならば」「～する（した）ので」のような意味を表すことがある。処格のこのような用法を，処格絶対節とか絶対処格と言う。古典ギリシア語の場合には属格が使われ，ラテン語の場合には奪格が使われて，「絶対（的）属格」とか「絶対（的）奪格」と呼ばれる構文があるのと同じである。その代表例を見てみよう。前課に続けて，『ナラ王物語』から引用する。

いよいよ「婿選び」の競技会の開催が，ダマヤンティーの父であるヴィダルバ国王ビーマから告げられる。

atha kāle śubhe prāpte tithau puṇye kṣaṇe tathā.
ājuhāva mahīpālān bhīmo rājā svayaṃvare.（3. 54. 1）

この詩節も連声は問題ないだろう。-e に終わる単語が多い。いま処格の例文を見ているのだからそれは当然である。これらはすべて処格の単語である。ほかにもうひとつ処格に終わっている単語がある。わかるだろうか。

1行目は，最初の atha「さて」と，最後の tathā（ca と同じ。「そして」「また」）以外は，すべて処格・単数形が並んで

いる。つまり，tithau が，tithi- の処格・単数形である。そして，この1行目が処格絶対節の構文である。副詞節の文だから，ここでは処格としての意味は考えずに，どれが主語でどれが述語かを考えて読めばよい。

kāla-「時」。śubha-「吉祥な，幸運な」。prāpta-「到達した，来た」(pra-āp- の過去受動分詞)。tithi-「日」。puṇya-「吉兆の，幸運な」。kṣaṇa-「瞬間，刹那」。3つの名詞はすべて男性名詞である。他の3つは，形容詞であるが，prāpta- は，動詞の過去分詞形で他の2つとは異なっていることは，その意味を見てもわかるだろう。これが述語である。実際，kāle prāpte，あるいは prāpte kāle という用例は，サンスクリットのテキストの中に山ほど出てくる慣用句で，「時到(いた)って」「時が来て」を意味する。日本語の「その時が来た」が表す「時」と同様に，サンスクリットの kāla も，様々な「時機」を表すが，人の命を無情に奪っていくのも「時」であるから，インドでは kāla は「死」「死神」を意味することもある。その場合は，prāpte kāle は，「死期が迫って」となる。しかし，ここでは，「吉祥な，幸運な」という形容詞が示すように，吉日のほうである。

2行目は，svayaṃvare が処格・単数形である。主格の語は，bhīmaḥ rājā である。rājā は，rājan- の主格・単数形であるが，わかっただろうか。an-語幹の名詞の格変化を思い出してほしい。「ビーマ王は」となる。mahī-pāla- は，「大地の守護者」で，つまりは「王」のこと，対格・複数形で，「諸国の王を」である。ājuhāva は，動詞語根 ā-hū-「呼びかける，招集する」の完了形の3人称・単数形である。訳は次のようになる。

さて，吉祥な時機，吉兆の日，そして吉兆の瞬間が来たとき，ビーマ王は，諸王を，スヴァヤンヴァラに，招集した。

prāpteの位置にgate（gam-「行く」の過去分詞形の処格・単数形）が置かれて，kāle gateあるいはgate kāleとなれば，「時が過ぎて」という意味になる。また，tasmin gate，gate tasminというよく使われる表現もある。これは，「それ（彼）が行ったとき」という意味である。

処格絶対節を使った文を，もうひとつ見ておこう。これは『マハーバーラタ』の一節で，軍師であるドローナの臨終の場面。戦場で死を覚悟したドローナは，武器を置き，ヨーガによって平静不動の境地に入り，光となって天に昇った。そして次の文章が続く。

dvau sūryāv iti no buddhir āsīt tasmiṃs tathā gate.
ekāgram iva cāsīd dhi jyotirbhiḥ pūritaṃ nabhaḥ.
samapadyata cārkābhe bhāradvājaniśākare.（7. 165. 40）

1行目の後半にあるtasmiṃs tathā gateが処格絶対節であることは，すぐに気づくだろう。連声をはずせば，tasmin tathā gateである。tasmin gateは先ほど見たばかりである。tathāは副詞で，「そのように」であるから，「彼（ドローナ）がそのようにして［天へと］行ったとき」となる。

dvau sūryāv iti no buddhir āsītこれが主節にあたる。この中で，語彙索引を捜して，そのままの形で出てくる語は，sūrya-「（男）太陽」と，buddhi-「（女）理性，精神，意思，思い」，それにこれまでにも何度が出てきたiti「……と（いう）」ぐらいである。āsītが「……であった」という意味で，英語の be 動詞にあたる as-「……である」の過去形の３人称・単数形である。

では，sūryau は，sūrya- のどんな形か。これはおそらくわかる人が多いだろう。主格か対格か，あるいは呼格の両数形である。「２つの太陽が」か「２つの太陽を」か「２つの太陽よ！」かである。まあ，呼格の可能性はないであろう。では主格か対格か。これは文脈によって決まる。

dvau はどんな語だろう。語尾を見ると，これも -au で終わっているから両数形のように思える。どんな語の両数形か？　実は，dvi-「２」という数詞の両数形である。sūryau が両数形なのだから，さらに「２つの」と言う必要はないように思うが，わざわざ言われているのは，おそらく，ひとつしかないはずの太陽が２つあると驚いているのだろう。

この dvi-「２」には，当然のことながら両数形しかない。表にすれば，次（表37）のようになる。

表37　dvi-「２」の変化表

	両数	
	男性	女性／中性
主格	dvau	dve
対格	dvau	dve
具格	dvābhyām	
与格	dvābhyām	
奪格	dvābhyām	
属格	dvayoḥ	
処格	dvayoḥ	
呼格	dvau	dve

もうひとつちょっと変わった働きをする語が no である。これは次に有声音 b- が来ているからこのような形になっているが，連声をはずせば，naḥ である。人称代名詞の「付帯形」と呼ばれるもので，文頭で使われることはなく，別の語に続いて（付帯して）使われる。１人称と２人称の人称代名詞の短い形である。mā「私を」，me「私に／の」，nau「私たち２人を／に／の」，naḥ「私たちを／に／の」，

tvā「君を」，te「君に／の」，vām「君たち２人を／に／の」，vaḥ「君たち を／に／の」がある。

そこで，１行目は次のような意味になる。

彼（ドローナ）がそのようにして［天へと］行ったとき，「太陽が２つある」と我々は思った。

２行目は，後半のjyotirbhiḥ pūritaṃ nabhaḥから見ていくことにしよう。jyotirbhiḥは，第13課でも見たように，jyotis-「光」（中）の具格・複数形である。pūritamは，-tamという語尾を見て，過去受動分詞かなと思った人もいるだろう。その通りで，語根pṝ-「満たす」の使役形pūrayatiから作られた過去受動分詞の語幹pūrita-「満たされた」である。

次に続くnabhaḥは，実はこれも第13課で学んだmanas-と同じas-語幹の中性名詞nabhas-「空，天空，大気」の変化形である。a-語幹の男性名詞nabha-の主格・単数形ではない。なぜかと言えば，それは構文からとしか言えない。pūritamという過去受動分詞，つまり形容詞（修飾語）との関係から，これもこれまでに何度か見てきたように，両者の性・数・格は一致しなければならないからである。pūritamという語形は，pūrita-の男性形の対格・単数か，中性形の主格あるいは対格の単数しかない。一方，nabhaḥが，仮に男性名詞だとすれば，それは主格・単数の語形である。そうだとすれば，その修飾語も男性の主格・単数形，つまりpūritaḥという形をとらなければならないからである。

こうして，nabhaḥは，nabhas-の主格か対格の単数形であることが決定する。いま仮に主格か対格かの決定ができなくても，同格の語として両者は，修飾語（形容詞）と被修飾語（名詞）の関係にあるから，「天空」が「光たちによって満たされた」状態にあることが言われていることは理解できる。

それでは前半の ekāgram iva cāsīd dhi はどう読めるだろうか。連声をはずせば，eka-agram iva ca āsīt hi である。第 6 課の子音の外連声の規則のところで言い忘れたが，語頭における子音の変化として，「語頭の h は，直前の語の末尾の k，ṭ，t，p と結合して，それぞれ -g gh-; -ḍ ḍh-; -d dh-; -b bh- となる」という規則がある。hi という語は，不変化詞で，「なぜなら……だから」というように理由を説明する場合と，「実に」「実際」と強調を言う場合に使われる語で，サンスクリットの文章で頻繁に出てくる。たとえば，taddhi のようにして現れる。最初のうちはこれがなんだかわからなくて戸惑うことになる。辞書を引いても taddhita- という語はあっても，taddhi はないから，途方に暮れることになる。ところが，何のことはない，tat hi という 2 語が連声したものであることがわかって，「な～んだ」ということになる。この規則には注意しておくとよいだろう。そうすると，iva も ca も hi も不変化詞で，āsīt は先ほども見たように「あった」であるから，残るは ekāgram だけである。この語はなかなか厄介である。

eka-「ひとつの」＋ agra-「（中）先端，頂点」の複合語である。そのまま読めば「ひとつの先端」という意味の語になる。しかしこれまでにも見たように，こうした複合語は，「ひとつの先端」という限定複合語の名詞として使われるよりも，「ひとつの先端をもつ」という所有複合語として使われることのほうが多い。それは文中では形容詞（修飾語）として働く。そして「一点を目指している」「一点に集中している」ということから，このekāgra-という語は，精神統一の技法であるヨーガに関連して，「心をひとつに集中している」という特別な意味をもつことになる語でもある。では，目下の文脈での意味はどのようなものだろうか。

まず，ekāgramという語形の性・格・数は何かを考えよう。もとのagra-は，中性名詞であった。したがって，ekāgramが単に「ひとつの先端」を意味する限定複合語の名詞であれば，これも中性であり，主格か対格の単数形であることになる。他方，所有複合語としての形容詞であるならば，それが修飾する名詞の性・格・数と一致することになる。では，この文の主語は何か。それは，nabhaḥ以外にはない。そして，この文にある動詞āsītが，「……であった」を意味することは，先ほども見たばかりである。つまりこの文は，「AはBであった。」という構文である。時制は過去であるが，A＝Bという関係を表す文であることは明確である。

では，A＝Bだとして，「天空」＝「ひとつの先端」なのか，それとも「天空」＝「ひとつの先端をもつもの」なのかと考えてみよう。広大な天空とひとつの先端を並べてみて，両者をそのまま等しいとするか，それとも「天空」が「先端をもつもの」であると読むか。ここから先は，この文からどのようなイメージを読み取るか，この文をどのように解釈するかによることになるのだが，ここは，次の3行目との文脈上の関係も考慮して，「ひとつの先端をもつもの」と所有複合語で読むことにする。そうすると，ekāgramは形容詞（修飾語）として，nabhaḥと性・格・数が一致するはずであるから，中性の主格・単数形であることになる。（これは，「ひとつの先端」と読んだ場合の中性・主格・単数形と形のうえでは変わらない。）そこで，2行目を訳すと次のようになるだろう。

そして，実に，光たちによって満たされた天空は，あたかもひとつの先端をもつものであるかのようであった。

ドローナの魂が光となって天空を駆け上ったとき，光に満ちあふれた天空が，ドローナの光へと渦を巻くようにして吸い寄せられている，そんなイメージである。このイメージは次の３行目によって確認される。３行目も連声をはずし，複合語を分けると次のようになる。

samapadyata ca arka-ābhe bhāradvāja-niśākare.

samapadyata は，語根 sam-pad-「〜となる，完成する」の過去形の３人称・単数形である。目的語に処格をとって，「〜に入り込む，〜に達する」という意味を表す。arkābhe は，arka-「(男) 太陽」と ābhā-「(女) 光」の合成語で，これもここでは「太陽の光をもつ」という所有複合語として使われている。そのことは，arkābhe と，男性の処格・単数形の語尾をとっていることからわかる。ではなぜ男性形の語尾に変わったのか。それは次の語が，bhāradvāja-niśākare だからである。bhāradvāja- は，「Bharadvāja の子孫」を意味し，ドローナを指している。そして，niśākara- は，男性名詞で，「月」を意味している。この語自体が，さらに複合語で，niśā-「(女) 夜」+ kara-「(男) 作るもの」を意味している。ちなみに，「太陽」は，divākara-，つまり，divā-「(女) 日，昼」+ kara- と言われている。

そこで，arkābhe bhāradvājaniśākare は，ともに男性の処格・単数形で，「太陽の光をもつドローナの月に」という意味になる。ただし，-ābha- を後分とする複合語は，「～に似た，～のような」という意味を表すことが多く，ここでも「太陽のような」でよいだろう。光となって天に昇ったドローナを月に喩え，さらにその輝きを太陽に喩えて，天空に2つの太陽があるかのように見て，その光のかたまりであるドローナの月へと，光に満ちた天空全体が渦を巻いて吸い込まれていく。そんな情景であろうか。以上から，この3行目も含めた全体の訳は，少し意訳すれば，次のようになる。

彼（ドローナ）がそのようにして［天へと］昇ったとき，「太陽が2つある」と我々は思った。そして，実に，光たちによって満たされた天空は，あたかも一点を目指すものであるかのようであった。そして，［その天空は，］太陽のようなドローナの月の内へと吸い込まれた。

第18課　作者の知られざるがゆえに人為ならずとは言えない。──tṛ-語幹の親族名詞と動作者名詞

英語には，father や mother などの -ther（あるいは -ter）で終わる親族名詞があるが，それと同じように，サンスクリットには，pitṛ-「父」や mātṛ-「母」といった親族名詞があって，-tṛ（あるいは -ṛ）に終わる。また，teacher や actor のように，英語では，動詞に -er や -or といった接尾辞を付けて「～する人」を表すのと同じように，たとえば語根 kṛ-「作る，～する」や gam-「行く」に -tṛ を付けて，kartṛ-「作者」（語根の形はグナ化する kṛ- → kar-），gantṛ-「行く人」といった動作者名詞が作られる。変化形とその用例を見てみよう。まず親族名詞からである。

表38　pitṛ-「父」（男）/ mātṛ-「母」（女）の変化表

<table>
<tr><th></th><th>単数</th><th>両数</th><th>複数</th></tr>
<tr><td>主格</td><td>pitā / mātā</td><td rowspan="2">pitarau / mātarau</td><td>pitaraḥ / mātaraḥ</td></tr>
<tr><td>対格</td><td>pitaram / mātaram</td><td>pitṝn / mātṝḥ</td></tr>
<tr><td>具格</td><td>pitrā / mātrā</td><td rowspan="3">pitṛbhyām / mātṛbhyām</td><td>pitṛbhiḥ / mātṛbhiḥ</td></tr>
<tr><td>与格</td><td>pitre / mātre</td><td rowspan="2">pitṛbhyaḥ / mātṛbhyaḥ</td></tr>
<tr><td>奪格</td><td rowspan="2">pituḥ / mātuḥ</td></tr>
<tr><td>属格</td><td rowspan="2">pitroḥ / mātroḥ</td><td>pitṝṇām / mātṝṇām</td></tr>
<tr><td>処格</td><td>pitari / mātari</td><td>pitṛṣu / mātṛṣu</td></tr>
<tr><td>呼格</td><td>pitaḥ / mātaḥ</td><td>pitarau / mātarau</td><td>pitaraḥ / mātaraḥ</td></tr>
</table>

男性と女性で，対格・複数形だけが異なる語尾を示すが，他は同一である。叙事詩では稀に女性の対格・複数形が主格・複数形と混同して使われることがある。

次のような文章はどうだろうか。これも『マハーバーラタ』の一節であるが，「死の女神と造物主シヴァの対話」からの引用である。シヴァから，「死の女神（ムリトュ）よ，生きとし生けるものすべてを殺せ」と命じられた女神が，「そんなことできません。どうかお慈悲を」と，シヴァに嘆願している。「ムリトュ」（mṛtyu-）は，「死」を意味する男性名詞であるが，ここでは女神（デーヴィー）の名前になっている。

bālān vṛddhān vayaḥsthāṃś ca na hareyam anāgasaḥ.
prāṇinaḥ prāṇinām īśa namas te 'bhiprasīda me.
priyān putrān vayasyāṃś ca bhrātṝn mātṝḥ pitṝn api.
apadhyāsyanti yad deva mṛtāṃs teṣāṃ bibhemy aham.
（12. 250. 4〜5）

後半の２行が tṛ-語幹の名詞に関連しているのだが，前半がないと文脈が見えないので，少し長い引用になっている。連声は問題ないだろう。名詞についてはこれまででだいたい学んで来たので語彙索引を見ればわかるはずである。詳しい説明はぬきにしよう。

問題は動詞である。まず hareyam である。動詞語根 hṛ-「運ぶ」の能動態の願望法の１人称・単数形である。ここでは，死神が人を「運ぶ」「連れ去る」ことを言っている。１人称の願望法に na という否定が付いているから，「私は連れ去ることができません」つまり「殺せません」と死神が言っているのである。

この詩節の１行目の最後の anāgasaḥ と２行目の最初の prāṇinaḥ は，ともに対格・複数形で，anāgas-「無辜の，何の罪もない」，prāṇin-「いのちをもつもの」を意味し，両者は修飾語と被修飾語の関係になっている。そして，１行目の他の対格・複数形の語，bālān，vṛddhān，vayaḥsthān とともに，動詞 hareyam の目的語となっている。ここまでを訳せば次のようになる。

子供たちを，老人たちを，成人たちを，何の罪もない人々を，私は連れ去ることができません。

次に，２行目の２番目に，同じ prāṇin- が繰り返されているが，こちらは属格・複数形で，īśa-「主，支配者」にかかっている。īśa は呼格・単数形だから，「生き物たちの主よ！」，「造物主よ！」である。namas te は，「ナマス・テー」である。今でもインド人の挨拶は，合掌しお辞儀をして，「ナマス・テー」である。ちなみにこの te は，前課で習った２人称の「付帯形」である。

abhiprasīda me。この me も「付帯形」で，１人称である。abhiprasīda は，abhi-pra-sad-「好意を示す，恵みを垂れる」という動詞の命令形の２人称・単数形である。

造物主よ。我に恵みを垂れたまえ。（どうかお慈悲を！）

後半の１行目も，名詞が並んでいる。bhrātṛ-，mātṛ-，pitṛ- という語の対格・複数形の語形に注目してほしい。ここは１行目の動詞 hareyam を補って訳す。

愛（いと）しき者たちを，息子たちを，友人たちを，そして，兄弟たちを，母たちを，父たちをもまた，［私は連れ去ることができません。(私は殺せません。)]

apadhyāsyanti は，apa-dhyai-「呪う」の未来形の3人称・複数形である。「その者たちは呪うでしょう」。bibhemi は，bhī-「恐れる」の能動態の1人称・単数形である。恐れる対象は，奪格で示されることが多いが，叙事詩では属格や対格で示されることもある。ここでは，対象が，teṣām という指示代名詞の属格・複数形で示されていると考えることにする。「その者たちを私は恐れています」というのである。では，yad は何か。関係代名詞の中性の主格・単数形であるが，ここでは，単独で使われて，理由を表すと理解したい。そこで，次のような訳になるだろう。(テキストの読みに少し問題があるが，今は問わないことにする。)

死んだ者たちは呪うでしょうから，その者たちを私は恐れるのです。神よ。

ヒンドゥー教では，カーリー女神が死神である。黒い体に真っ赤な舌を出して，剣を振りかざしている。人はこの死神からは逃れられないと思っていたのだが，何のことはない，死神も悩んでいたのである。そんな死神の苦悩も知らぬげに，後ろで死神を操っている黒幕は，造物主のシヴァであった。シヴァ神とカー

カーリー女神

リー女神は夫婦である。カーリー女神を描いた図では，夫のシヴァ神はカーリー女神に踏みつけられているように見えるのがある。これを見るとこんなパートナーをもった神様も大変だろうと思う。

さて，次に動作者名詞である。ここではkartṛ-「作者」を例にしてその格変化を見ることにする。通常は男性名詞であるが，「作る者」が中性のこともあるので，中性名詞の場合の格変化も見ておこう。なお女性の場合は，kartrī- と ī-語幹の女性名詞となる。

表39 kartṛ-「作者」（男）（中）の変化表

<table>
<tr><th rowspan="2"></th><th colspan="2">単数</th><th colspan="2">両数</th><th colspan="2">複数</th></tr>
<tr><th>男性</th><th>中性</th><th>男性</th><th>中性</th><th>男性</th><th>中性</th></tr>
<tr><td>主格</td><td>kartā</td><td rowspan="2">kartṛ</td><td rowspan="2">kartārau</td><td rowspan="2">kartṛṇī</td><td>kartāraḥ</td><td rowspan="2">kartṝṇi</td></tr>
<tr><td>対格</td><td>kartāram</td><td>kartṝn</td></tr>
<tr><td>具格</td><td>kartrā</td><td>kartṛṇā</td><td colspan="2" rowspan="3">kartṛbhyām</td><td colspan="2">kartṛbhiḥ</td></tr>
<tr><td>与格</td><td>kartre</td><td>kartṛne</td><td colspan="2" rowspan="2">kartṛbhyaḥ</td></tr>
<tr><td>奪格</td><td rowspan="2">kartuḥ</td><td rowspan="2">kartṛṇaḥ</td></tr>
<tr><td>属格</td><td rowspan="2">kartroḥ</td><td rowspan="2">kartṛṇoḥ</td><td colspan="2">kartṝṇām</td></tr>
<tr><td>処格</td><td>kartari</td><td>kartṛṇi</td><td colspan="2">kartṛsu</td></tr>
<tr><td>呼格</td><td>kartaḥ</td><td>kartṛ</td><td>kartārau</td><td>kartṛṇī</td><td>kartāraḥ</td><td>kartṝṇi</td></tr>
</table>

中性形において，母音で始まる語尾の前でnが挿まれることに注意してほしい。なお，中性形の具格・与格・奪格・属格・処格の単数形と属格・処格の両数形は，男性形と同じ形が用いられることがある。では，文章を見てみよう。

apauruṣeyatāpīṣṭā kartṝṇām asmṛteḥ kila.
santy asyāpy anuvaktāra iti dhig vyāpakaṃ tamaḥ.
（PV. Svārtha. 239）

これは内容がかなり難しい。なぜ難しいかと言えば，抽象的な単語が並んでいるからである。しかも，これまで見てきたのとは違って，単語の語尾に注目して同じ形のものを見つけて，それで単語間の格関係を予想しようと思っても，この文章は語尾の形がバラバラである。一応，これまでもよく見てきたシュローカ体の詩節であるから，8音節ごとに区切りがあって，意味のまとまりはあるようだが，語彙索引に頼っても，すぐには意味はとれないだろう。まずは連声をはずすことにしよう。

apauruṣeyatā + api + iṣṭā kartṝṇām asmṛteḥ kila.
santi + asya + api + anuvaktāraḥ + iti dhik + vyāpakam + tamaḥ.

これで単語に分けることはできた。この文章の中には，tṛ-語幹の動作者名詞が2つある。ひとつはもちろん見たらすぐわかる，表で見たkartṝṇāmである。kartṛ-の属格・複数形である。では，もうひとつはどれか。こうした場合は，語尾の形を見て，まずは可能なものをすべて挙げる必要がある。そうすると，apauruṣeyatāとanuvaktāraḥが，その候補になりそうである。そこで動作者名詞の語幹の形に戻して，apauruṣeyatṛ-とanuvaktṛ-という語があり得るかどうか考えて見る。動作者名詞というのは，先に言ったように，語根に-tṛという接尾辞が付いたものであるから，語根を確かめる必要がある。

そこで，apauruṣeya-という語根があるかどうか確かめるために，語彙索引を見ると，「(形) 人間に由来するものではない，非人為の」となっており，この語は形容詞であって，動詞ではないことが確かめられる。他方，anuvak- を語彙索引で探すと，このままでは出て来ないが anu-vac- があって，「復唱する」とある。語根で間違いない。そして，anu-vac- が anu-vak- に連声で変化することは予想がつくだろうから，anuvaktṛ- が動作者名詞であることが，これでわかった。「復唱する者たちが」という主格・複数形である。それでは全体の意味を考えてみよう。

api「も」，santi「～である，～がいる」，asya「これの」，iti「……と」「以上のように」は特に問題はないだろう。apauruṣeya- が，形容詞であることは先ほど確かめたが，apauruṣeyatā は，それに -tā という接尾辞が付いた形である。この接尾辞は，-tva と同じ働きをするもので，性質（～性）や一般的事実（～であること）を表す抽象名詞を作る。つまり，apauruṣeyatā は，「人間に由来するものではないこと」「非人為性」という概念を表す語である。

iṣṭā は，iṣṭa- の女性形の主格・単数形である。iṣṭa- は，語根 iṣ-「求める，認める」の過去受動分詞形である。asmṛteḥ は，asmṛti- の奪格か属格の単数形である。a-smṛti- は，smṛti-「(女) 記憶，伝承」に否定の接頭辞 a- が付いたもので，「記憶がないこと。伝承されていないこと」である。

kila は，それが伝聞的事実であることを示す不変化詞で「……と言われている」を意味する。その事実を肯定する場合にも使われるが，否定的に，それが根拠のないものであることを言う場合にも使われる。

そこで1行目の訳を考えることになるのだが，その前に確定しなければならない重要なことがある。asmṛteḥ は，奪格なのか属格なのか。a-語幹の名詞以外は，単数形の奪格と属格，複数形の与格と奪格は，どんな名詞でも同じ語形である。したがって文脈によってしかどちらの格であるかを決定することはできない。属格とするならば，その語は他の語と何らかの関係をもつから，あれこれ結びつけて考えてみることが必要だろう。奪格とするならば，「〜から」という訳をあててみて，理由，原因，起点などの意味をもつかどうかを考えてみるのがよいだろう。そんな風にあれこれ検討するわけだが，最初にすべきは，やはり8音節での意味のかたまりを見ることである。

kartṝṇām asmṛteḥ kila。kila は，伝聞を示すから今は除くとしたら，kartṝṇām asmṛteḥ である。この両語の関係はどうだろうか。前者は，属格・複数形である。では，後者はどうか。後者も属格だと両語はつながるだろうか。まあ，こんなことをあれこれ考えて，結局のところ，ここは属格・複数形と奪格・単数形からなる構文だろうと判断する。意味をつなげてみると，「作者たちについての記憶がないことから」，つまり「作者たちが知られていないことから」と，理由を表す文となる。はっきりとした意味をすぐにはとれなくても，単語のつながり具合としてはよさそうである。

前半の8音節 apauruṣeyatāpīṣṭā は，「人為でないことも認められた」である。

2行目はどうだろうか。santy asyāpy anuvaktāraḥ で8音節である。「これについても（asyāpi），復唱する者たちがいる。」

次の8音節は，iti dhig vyāpakaṃ tamaḥ だが，iti は，ここでは，接続詞のように使われて，「以上のように」「このようなわけで」のような意味をもつ。dhik は，間投詞で，相手に対する叱責や嘲笑の念を表している。「ああ，嘆かわしい！」vyāpaka- は形容詞で，「遍(あまね)く行きわたっている」という意味。tamas- は，「(中) 暗闇，無知，迷妄」である。以上で各語の意味は理解できた。訳は次のようになる。

「作者たちが知られていないことから，［ヴェーダの言葉が］人為でないことも認められた」と言われているらしい。これについても，くり返し唱える者たちがいる。こういうわけだから，ああ，嘆かわしい。暗闇が覆い尽くしている。

これは，7世紀に活躍した仏教徒でインドにおける認識論・論理学の大成者であるダルマキールティの言葉である。『プラマーナ・ヴァールッティカ』(『知識論評釈』) という本の中に残されている。これだけでは何が言いたいのかわからないだろう。正確に理解するためには，もとの本を読まなければならない。この本は，私が学生時代に最も熱心に読んだ本の一冊である。全体は4章から構成されているが，特にダルマキールティが若いときに書いたと言われている「自己のための推理」の章は，詩節からなる本文に，散文体の彼自身による注釈が付いている。上の詩節はこの章の一節であるが，彼はこの章で自らの言語哲学を詳しく展開した。その中で，上の詩節によって，ヴェーダの言葉が永遠のものであることを主張するミーマーンサー学派の考えを仏教の立場から批判している。

ミーマーンサー学派は，ヴェーダ聖典が永遠であることを，それには作者がいないということを根拠に主張するのである。apauruṣeyatā「人為でないこと」「人間によって作られたものではないということ」は，ミーマーンサー学派の主張のキーワードである。インド論理学の有名な命題のひとつに，

「作られたものは永遠でない」というのがある。つまり，それを言い換えれば，「永遠なものは作られたものではない」のである。そして，ヴェーダの権威を絶対のものとする正統バラモン主義者であるミーマーンサー学派にとっては，ヴェーダの言葉の永遠性は決して疑えないものである。したがって，ヴェーダ聖典は「人によって作られたもの」では決してあり得ないのである。すなわち，「ヴェーダ聖典は人為ではない」のである。

ダルマキールティは，このミーマーンサー学派の考えを痛烈に批判している。ミーマーンサー学派の連中は，ヴェーダ聖典の作者が知られていないということを根拠に，それが人為ではないと言っている。こんなことを声高にくり返し主張する連中がいるなんて，今の世の中，右も左も真っ暗闇じゃござんせんか，と嘆いている。

コラム7　サンスクリットの語順

サンスクリットでは語順は自由で，語順によって意味の違いが現れることはない。多くの作品が韻文で作られており，文脈的な意味ではなく韻律によって語順が決められる。文中における単語と単語の関係は，語順ではなく語そのものの格語尾や人称語尾の変化によって示される。

第19課　知覚より重要な認識手段はない。
——形容詞の比較級と最上級

形容詞の比較級と最上級の話に入ろう。少し変わった変化形を示すのは，形容詞の比較級のほうで，語幹が -yas で終わる。たとえば，garīyān parvatāt「山（parvata-）よりも重い（garīyas-）」のように，比較の対象は奪格で示される。このgarīyas- は，guru-「重い」という形容詞に，-īyas という比較級を表す接尾辞を付けた形である。変化表を見てみよう。

表40　yas-語幹　形容詞の比較級 garīyas-「より重い」（男）の変化表

<table>
<tr><th></th><th>単数</th><th>両数</th><th>複数</th></tr>
<tr><td>主格</td><td>garīyān</td><td rowspan="2">garīyāṃsau</td><td>garīyāṃsaḥ</td></tr>
<tr><td>対格</td><td>garīyāṃsam</td><td>garīyasaḥ</td></tr>
<tr><td>具格</td><td>garīyasā</td><td rowspan="3">garīyobhyām</td><td>garīyobhiḥ</td></tr>
<tr><td>与格</td><td>garīyase</td><td rowspan="2">garīyobhyaḥ</td></tr>
<tr><td>奪格</td><td rowspan="2">garīyasaḥ</td></tr>
<tr><td>属格</td><td rowspan="2">garīyasoḥ</td><td>garīyasām</td></tr>
<tr><td>処格</td><td>garīyasi</td><td>garīyaḥsu</td></tr>
<tr><td>呼格</td><td>garīyan</td><td>garīyāṃsau</td><td>garīyāṃsaḥ</td></tr>
</table>

※中性形の場合は，単数の主格と対格と呼格が garīyaḥ，両数の主格と対格と呼格が garīyasī，複数の主格と対格と呼格が garīyāṃsi の形をとり，その他は男性形と同じである。

強語幹 garīyāṃs-，弱語幹 garīyas- の 2 語幹でできている。だいたいは以前に見た as-語幹の名詞の格変化と同じであるが，男性形の主格・単数形には注意しておきたい。また女性形は，garīyasī- である。女性の主格・単数形が，garīyasī となって，中性の主格・対格・呼格の両数形と同じ形になるから注意が必要だが，両数形はめったに現れない。

この形容詞の比較級を作る -īyas と対になって，最上級を作る接尾辞に -iṣṭha がある。たとえば，guru- に付けて，gariṣṭha-「最も重い」となる。

インドで4～5世紀頃に活躍した仏教の思想家である世親（せしん）（ヴァスバンドゥ）が書いた『倶舎論（くしゃろん）』に次のような文章がある。

na ca dṛṣṭād gariṣṭhaṃ pramāṇam asti.（第4章「業品」）

そして，見られたことよりも重大な認識手段（プラマーナ）は存在しない。

pramāṇa-「認識手段」は，中性名詞であるから，gariṣṭham も，中性の主格・単数形である。この文章を読んで，よく考えれば少し変だなと思った人もいるだろう。gariṣṭha- は，「重い」の最上級だと言いながら，訳では「より重い」となっているではないかと。確かにそうで，サンスクリットの比較級と最上級の意味と用法には曖昧なところがあって，ともに「非常に……」という使われ方をする場合もある。また，比較級が最上級の意味で使われたり，上のように，最上級が比較級の意味で使われたりしているように思える場合もある。しかしこれは比較を表現する言葉の用法が反映したものだと言える。たとえば，上の文であれば，「見られたこと」が最も重大な認識手段であることが言われており，「見られたこと」より「ほかには最も重大な」認識手段はないと言われているのである。同じことを，比較級を使って言っている次のような例もある。

nānyat pratyakṣato garīyaḥ pramāṇam.
（ナーガールジュナ〔龍樹〕作『大乗稲竿経頌釈』の一節）

ここでは，dṛṣṭāt に代えて，anyat pratyakṣataḥ「直接知覚よりほかに」と，pratyakṣa-「直接知覚」という術語を使って，比較の対象がより明確に言われている。pratiyakṣa- に付いた -taḥ は，奪格の代わりに使われる接尾辞である。そしてここでは，garīyaḥ という比較級の語が，中性の主格・単数形で使われている。このように見ると，どうやら，このような文脈では，最上級を使っても比較級を使ってもどちらでもよいらしいことがわかるであろう。

さて，上の世親の『倶舎論』には，ヤショーミトラ（6世紀後半）が付けた注釈がある。先の文章に対しては，次のような言い換えによる注釈が付いている。

na pratyakṣād gurutamaṃ pramāṇam asti.

見比べてみると，pratyakṣāt が，dṛṣṭāt の言い換えであることがわかるだろう。注釈というのは，こんな風に単語を同義語に言い換えて説明することが多い。

次に気づくのは，gariṣṭham の代わりに，gurutamam という語が来ていることである。gurutamam もまた，形容詞 guru-「重い」の最上級である。これは，guru- に，最上級を表す接尾辞である -tama を付けた語である。そして，この -tama と対になって，比較級を表すのが，-tara という接尾辞である。この -tara と -tama という接尾辞に関して注意すべきことは，形容詞以外の語にも付くということである。たとえば，名詞のyogin-に，-tamaと付けて，yogitama-とすれば，「最高のヨーガ行者」という意味になる。

形容詞の比較級・最上級についての説明は以上で終えて，特殊な語幹の名詞をあとひとつ見ておくことにしよう。上のyas-語幹とよく似た語幹の語にvas-語幹の語がある。

-vasという接尾辞は，能動態の完了分詞を作って，「～した（者）」という意味を表す形容詞や名詞として文中に現れてくる。たとえば，śuśruvas-は，śru-「聞く」という動詞語根から作られているが，次のように使われる。『マハーバーラタ』の一節である。

idaṃ vacaḥ śāṃtanavasya śuśruvān.（12, 71. 14a）

［彼は］シャンタヌの息子（ビーシュマ）のこの声を聞いた。

後に動詞のところで見るように，サンスクリットの場合，過去を表す動詞の形には，過去形とアオリスト形と完了形があるが，それらはいずれも特に区別がなく一般的な過去時制として用いられる。しかし，能動態の完了分詞が使われる場合は，動作がその時点で明確に完了したことを示す。

このśuśruvas-の変化表を示すと次のようになる。強語幹がśuśruvāṃs-，中語幹がśuśruvat-，弱語幹がśuśruvuṣ-の３つの語幹から成り立っている。女性形は，śuśruvuṣī-である。先に出たgarīyas-と同様に，女性の主格・単数形が，中性の主格と対格と呼格の両数形と同じ形になる。

表41　vas-語幹　能動態の完了分詞 śuśruvas-「聞いた」（男）の変化表

<table>
<tr><th></th><th>単数</th><th>両数</th><th>複数</th></tr>
<tr><td>主格</td><td>śuśruvān</td><td rowspan="2">śuśruvāṃsau</td><td>śuśruvāṃsaḥ</td></tr>
<tr><td>対格</td><td>śuśruvāṃsam</td><td>śuśruvuṣaḥ</td></tr>
<tr><td>具格</td><td>śuśruvuṣā</td><td rowspan="3">śuśruvadbhyām</td><td>śuśruvadbhiḥ</td></tr>
<tr><td>与格</td><td>śuśruvuṣe</td><td rowspan="2">śuśruvadbhyaḥ</td></tr>
<tr><td>奪格</td><td rowspan="2">śuśruvuṣaḥ</td></tr>
<tr><td>属格</td><td rowspan="2">śuśruvuṣoḥ</td><td>śuśruvuṣām</td></tr>
<tr><td>処格</td><td>śuśruvuṣi</td><td>śuśruvatsu</td></tr>
<tr><td>呼格</td><td>śuśruvan</td><td>śuśruvāṃsau</td><td>śuśruvāṃsaḥ</td></tr>
</table>

※中性形の場合は，単数の主格と対格と呼格が śuśruvat，両数の主格と対格と呼格が śuśruvuṣī，複数の主格と対格と呼格が śuśruvāṃsi の形をとり，その他は男性形と同じである。

変化表を見ると，かなりややこしく見えるが，実際に使われているのを見たことがあるのは，男性の主格および対格の単数形と，属格の複数形ぐらいである。

あるいは，sthā-「立つ」の能動態の完了分詞形として，tasthivas- がある。強語幹 tasthivāṃs-，中語幹 tasthivat-，弱語幹 tasthuṣ- である。語尾変化については，śuśruvas- と同じである。叙事詩『ラーマーヤナ』に，次のような用例がある。

pañcavarṣasahasrāṇi pādenaikena tasthivān.（7. 10. 6cd）

［彼は］5000年間片足（pādena ＋ ekena）で立ち続けた。

pañcavarṣasahasrāṇi は，pañca「５」＋ varṣa「年」＋

sahasra-「1000」で，sahasrāṇi は中性の対格・複数形である。この対格の用法は「継続的期間を表す対格」と言われるもので，「5000年の間」という意味である。
『ラーマーヤナ』のこの一節は，ラーマ王の敵となる悪魔のラーヴァナ兄弟が様々な苦行を行ったことを語るものである。片足で立ち続ける苦行は，今のインドでも，ガンジス川の岸辺などで「サードゥ」と呼ばれる苦行者たちが実際に行っている姿が見られる。

vas-語幹の語の中でも，vid-「知る」の能動態の完了分詞形である vidvas- は，「賢者」を意味する名詞としてよく使われる。

表42　vas-語幹　能動態の完了分詞 vidvas-「知った」「賢者」（男）の変化表

<table>
<tr><th></th><th>単数</th><th>両数</th><th>複数</th></tr>
<tr><td>主格</td><td>vidvān</td><td rowspan="2">vidvāṃsau</td><td>vidvāṃsaḥ</td></tr>
<tr><td>対格</td><td>vidvāṃsam</td><td>viduṣaḥ</td></tr>
<tr><td>具格</td><td>viduṣā</td><td rowspan="3">vidvadbhyām</td><td>vidvadbhiḥ</td></tr>
<tr><td>与格</td><td>viduṣe</td><td rowspan="2">vidvadbhyaḥ</td></tr>
<tr><td>奪格</td><td rowspan="2">viduṣaḥ</td></tr>
<tr><td>属格</td><td rowspan="2">viduṣoḥ</td><td>viduṣām</td></tr>
<tr><td>処格</td><td>viduṣi</td><td>vidvatsu</td></tr>
<tr><td>呼格</td><td>vidvan</td><td>vidvāṃsau</td><td>vidvāṃsaḥ</td></tr>
</table>

※中性形：単数の主格・対格・呼格 vidvat，両数の主格・対格・呼格 viduṣī，複数の主格・対格・呼格 vidvāṃsi。他は男性形と同じ。女性形の語幹は，viduṣī-。

『ヨーガ・スートラ』には，次のような一句がある。

svarasavāhī viduṣo ’pi tathārūḍho ‘bhiniveśaḥ. (2. 9)

生存欲（abhiniveśa-）は，それ自身の潜勢力によって常に自身を運ぶものであり，賢者にも同様に根付いている。

インドでは古代から精神集中の技法として「ヨーガ」が重んじられた。その中心的な教理をまとめたものが，根本教典としての『ヨーガ・スートラ』である。その第2章「実修編」では，日常的なヨーガが，精神集中（三昧）を実現することと煩悩を弱めることの2つを目的とすることを説いたうえで，煩悩（人を苦しめる原因）には，無知，自己意識，貪欲，憎悪，そして生存欲の5つがあると言っている。そして，生存欲を説明したのが上の一句である。ここで，「生存欲」と言われているものは，「生物が前世において経験した死の恐怖」とも説明されている。つまり，生き物はすべて死を前世で経験しており，死を恐れるがゆえに現世において常に生きたいと思っているのだと言う。それは愚者であろうと賢者であろうと区別はない。

svarasavāhī は，sva-「自身の」＋ rasa-「精髄，潜勢力」＋ vāhin-「運ぶもの，流すもの」という複合語で，「それ自身の潜勢力によって運ぶもの」という意味である。生き物はすべて生まれ変わり死に変わりして，前世から今世，今世から来世へと生存を続けていくが，そこで経験した死の恐怖が潜在的な印象となって遺伝的に継承され，それが生存への欲求となって，生き物すべてのうちに育っているというのである。

第20課　あなたは誰ですか。それは何ですか。
――疑問詞

第16課で，ヴィダルバ国の王女ダマヤンティーの「婿選び」（スヴァヤンヴァラ）の競技会に向かうナラ王の姿を，その道中で，インドラをはじめとする神々が認めたという文章を見たが，次の文章はその続きである。神々は，ナラ王に，「我々に協力せよ，我々の使者となれ」と命じる。「いたしましょう」と答えたナラ王は，次のように尋ねる。

ke vai bhavantaḥ kaś cāsau yasyāhaṃ dūta īpsitaḥ.
kiṃ ca tad vo mayā kāryaṃ kathayadhvaṃ yathātatham.
（3. 52. 2）

あなたたちはいったい誰ですか。私がその方の使者として望まれているその方は誰ですか。私によってあなたたちのためになされるべきことは何ですか。あるがままにお話し下さい。

下線で示したのは疑問代名詞であるが，この文には，そのほかに指示代名詞や人称代名詞，関係代名詞も使われている。本課では主に疑問代名詞について学び，次課でその他の代名詞について見ることにしたい。

それでは，上の文を語順に従って見ていくことにしよう。1文ずつ区切っていこう。（この詩節はシュローカだが，8音節ずつでは区切れない。）まず，ke vai bhavantaḥ「あなた方はいったい誰ですか」である。

vai は，前の語を強調する働きをするが，意味はないから，ke bhavantaḥ と言うのと同じである。ke は疑問代名詞 kim-「誰」「何」の男性，主格・複数形である。さっそく変化表を見てみよう。

表43　疑問代名詞 kim-「誰，何」（男）（中）（女）の変化表

<table>
<tr><th rowspan="2"></th><th colspan="3">単数</th><th colspan="2">両数</th><th colspan="3">複数</th></tr>
<tr><th>男</th><th>中</th><th>女</th><th>男</th><th>中・女</th><th>男</th><th>中</th><th>女</th></tr>
<tr><td>主格</td><td>kaḥ</td><td rowspan="2">kim</td><td>kā</td><td rowspan="2">kau</td><td rowspan="2">ke</td><td>ke</td><td rowspan="2">kāni</td><td rowspan="2">kāḥ</td></tr>
<tr><td>対格</td><td>kam</td><td>kām</td><td>kān</td></tr>
<tr><td>具格</td><td colspan="2">kena</td><td>kayā</td><td colspan="2" rowspan="3">kābhyām</td><td colspan="2">kaiḥ</td><td>kābhiḥ</td></tr>
<tr><td>与格</td><td colspan="2">kasmai</td><td>kasyai</td><td colspan="2" rowspan="2">kebhyaḥ</td><td rowspan="2">kābhyaḥ</td></tr>
<tr><td>奪格</td><td colspan="2">kasmāt</td><td rowspan="2">kasyāḥ</td></tr>
<tr><td>属格</td><td colspan="2">kasya</td><td colspan="2" rowspan="2">kayoḥ</td><td colspan="2">keṣām</td><td>kāsām</td></tr>
<tr><td>処格</td><td colspan="2">kasmin</td><td>kasyām</td><td colspan="2">keṣu</td><td>kāsu</td></tr>
</table>

ここで気がつくのは，代名詞には呼格がないということである。呼格は，呼びかけのための独立した語であって，文を構成する要素としての働きをもたないからである。

それからもうひとつ注意したいのは，これまで名詞の場合であれば，語幹の形を見出しにして格の変化を見てきたが，目下の疑問代名詞やその他の指示代名詞，関係代名詞の場合は，中性の主格・対格の単数形（つまり，tad-，etad-，idam-，adas-，yad-，kim-）を，「代表形」（一般に辞書や文法書の見出しとなる語形）にすることである。これらは，複合語を作る場合には前分となる。したがってここでも，ke を説明するのに，その代表形である kim- を示している。

疑問代名詞の使い方としては，私たちは英語で，Who are you? とか Who is she? あるいは，What is this? とか，Whose house is that? というのを，中学1年生のときに習っている。サンスクリットでも同じである。先に見た，ke bhavantaḥ は，Who are you?（you は複数）である。ちなみにサンスクリットには疑問符にあたるものはない。だから，「これは～ですか」のような疑問文の場合は，形だけからでは平叙文と区別がつかない。そんな場合は，文脈から判断することになる。あるいは，kim や api が疑問辞として使われることもある。また，サンスクリットの文では，対話体を用いることがよくあり，nanu「～ではないか」という小辞を文頭において問いを示すことも多い。疑問代名詞は，次のように使われる。

tat kim.「それは何ですか。」（「それが何よ」というニュアンス。）

sā kā.「彼女は誰ですか。」「それは何ですか。」（指示対象が女性名詞の場合。）

tat kasya gṛham.「それは誰の家ですか。」

tat kasya hetoḥ.「それはなぜですか。」

最後の文は仏教の経典の中に頻繁に出てくる表現で，「所以者何（ゆえんのものはなんぞ）」，あるいは「何以故（なにをもってのゆえに）」と漢訳されているが，「それは何の原因・理由からか」と尋ねる言葉で，「なぜ」と尋ねているのに等しい表現である。次のような用例がある。

kasmin janapade rogāḥ ke bhavanty adhikāḥ.

どこの地方で（janapade 処格・単数形），どのような病気たちが（rogāḥ 主格・複数形）優勢である（adhikāḥ 主格・複数形）か（流行っているか）。

kasmin も ke も，疑問代名詞で先の表にある。これは，『ベーラ・サンヒター』というインドの古典医学書の一節（1. 13. 1）である。今も昔も病気の流行は気がかりである。

次に，ke bhavantaḥ の，bhavantaḥ であるが，これは２人称の敬称代名詞 bhavat-「あなた」の主格・複数形である。その変化表を見てみよう。

表44　２人称の敬称代名詞 bhavat-「あなた」（男）の変化表

<table>
<tr><th></th><th>単数</th><th>両数</th><th>複数</th></tr>
<tr><td>主格</td><td>bhavān</td><td>bhavantau</td><td>bhavantaḥ</td></tr>
<tr><td>対格</td><td>bhavantam</td><td>bhavantu</td><td>bhavataḥ</td></tr>
<tr><td>具格</td><td>bhavatā</td><td rowspan="3">bhavadbhyām</td><td>bhavadbhiḥ</td></tr>
<tr><td>与格</td><td>bhavate</td><td rowspan="2">bhavadbhyaḥ</td></tr>
<tr><td>奪格</td><td rowspan="2">bhavataḥ</td></tr>
<tr><td>属格</td><td rowspan="2">bhavatoḥ</td><td>bhavatām</td></tr>
<tr><td>処格</td><td>bhavati</td><td>bhavatsu</td></tr>
<tr><td>呼格</td><td>bhavan / bhoḥ</td><td>bhavantau</td><td>bhavantaḥ</td></tr>
</table>

bhavantaḥ は，主格・複数形であるから，「あなたたちは」であり，これが，主格・複数形の ke「誰か」と呼応して，「あなたたちは，誰ですか」となる。では，「あなた（単数）は誰ですか」は，どう言えばよいだろうか。

そう，kaḥ bhavān であると言いたいが，-aḥ は，次に有声子音が来ると -o になるから，ko bhavān が正解である。

このように，bhavat- は，２人称の尊敬を表す代名詞として使われるのであるが，動詞は３人称が用いられるということに，注意しないといけない。たとえば，次の文章はいずれも，「あなたたちはどこへ行くのか。」という意味である。

⑴ bhavantaḥ kva gamiṣyanti.
⑵ yūyaṃ kva gamiṣyatha.

kvaは，疑問副詞で，「どこに，どこで」の意味である。疑問副詞には，ほかに，kutaḥ「どこから」，kadā「いつ」，katham「どのようにして」がある。先ほど見た疑問代名詞と場所や時間を表す語を使って，kasmin deśe「どこに，どこで」とかkasmin kāle「いつ」，あるいはkasmād deśāt「どこから」，kasmāt kālāt「いつから」と言うこともできる。

⑴の文にあるgamiṣyantiは，動詞語根gam-「行く」の未来形の３人称・複数形である。一方，⑵のgamiṣyathaは，２人称の複数形である。また，⑵のyūyamは，第８課で２人称の人称代名詞を見たときに，すでにその変化表（表５）の中で見たし，例文も見ているが，主格・複数形「あなたたちは」である。

こうして⑴と⑵を見比べれば，同じ２人称の人称代名詞でも，その違いははっきりしている。⑴のbhavat-の用例では，動詞は３人称が用いられ，⑵のtvad-の用例では，動詞は２人称が用いられている。

実は，両者にはもうひとつ大きな違いがある。bhavat-は，男性形で使われ，つまりは男性に対してのみ使われるのに対して，tvad-には，１人称の人称代名詞mad-「私」と同様に，性の区別はなく，女性に対しても男性に対しても「あなた」，「汝（なんじ）」，「お前」として使われることである。したがって，bhavat-を女性に対して使う場合は，bhavatī-として，ī-語幹の女性名詞の格変化に従って使わなければならない。

2人称の人称代名詞 tvad- については第8課の表5にその格変化を示したので，それを見直してほしいが，もうひとつ注意しておきたいのは，この tvad- の複数形は，「尊敬を表すための複数形」として用いられることがあるということである。つまり，yūyam が tvam と同じ意味で，ひとりの人物に対して使われることがあるのである。内容的には次の文と同じになる。

tvaṃ kva gamiṣyasi.

これは bhavat- についても同じで，bhavantaḥ がひとりの人を指して，「あなたは」を意味することもある。

それでは，次の文に移ることにしよう。連声をはずした形で示すことにする。

kaḥ ca asau yasya ahaṃ dūtaḥ īpsitaḥ.

疑問代名詞と指示代名詞と関係代名詞と人称代名詞が一緒になった構文で，少し複雑である。先に，これらの代名詞以外の語を見ておこう。

ca は，前の文とつなぐ接続詞「そして」である。dūta-「使者」，男性名詞。īpsita-「〜してほしいと望まれた」という意味である。多くの辞書でもこの語は出ていて，形容詞としての意味が与えられているが，語形については若干説明が必要である。-ita という語尾から，この語が過去受動分詞ではないかと気づいた人もいると思うが，では īps- という語根があるかと言えば，それはない。この語は，āp-「得る」という語根から作られる意欲活用形，つまり，「得たいと望む」という意味を表す活用形で，その語幹が īpsa- である。たとえば，artham īpsati「（その人は）目的のもの（artha）を得たいと思っている」のように使われる。

そこで，ahaṃ dūtaḥ īpsitaḥ という文について見てみよう。aham は，1人称の人称代名詞で，この本では「表1」として，最初にその変化表を見た語である。「私は」である。ここで3つの語は，すべて主格・単数形で並んでいるが，īpsitaḥ が過去受動分詞であるから，先の例文のように能動態では対格で示された目的語は，ここでは受動における主格で示される。そこでこの文章は，「私が使者として望まれた」という意味になる。

次に，kaḥ ca asau である。kaḥ は，本課の最初に見た，kim- の男性，主格・単数形である。asau については，次課の第21課の指示代名詞の adas-「あれ，あの」の説明で見ることになるが，やはり主格・単数形である。これだけの文なら，「そして，あれは誰／何ですか」という意味になる。

残るは yasya で，これは関係代名詞である。関係代名詞が入った例文は第14課や第18課ですでに少し見ているが，詳しくは次課で学ぶことにしよう。ここでは先に，詩節2行目にある疑問代名詞について見ておこう。

kiṃ ca tad vo mayā kāryaṃ.

そして，あなたたちのために私によってなされるべきことは何か。

kim は疑問代名詞。tad は指示代名詞。mayā は1人称の人称代名詞の具格・単数形。これらはすでに見ている。問題は vo である。実は連声の規則が働いて，連声をはずせば，vaḥ ＋ mayā である。第17課で同じような形を見たのを覚えていないだろうか。そこでは，no という語を見た。連声をはずした形は，naḥ である。そこでは，人称代名詞の「付帯形」の説明をして，別の語に続いて（付帯して）使われる語としてそれを説明していた。

人称代名詞の付帯形は，１人称と２人称の人称代名詞の短い形として文章中に表れてくる。mā「私を」，me「私に／の」，nau「私たち２人を／に／の」，naḥ「私たちを／に／の」，tvā「君を」，te「君に／の」，vām「君たち２人を／に／の」，vaḥ「君たちを／に／の」がある。

ここでの vaḥ は，神々を指しているから，「あなたたちに」と訳すのがよいだろう。あるいは，尊敬の複数形と考えて，「あなたに」でもよい。

kārya- は，語根 kṛ-「作る，〜する」から作られる未来受動分詞（動詞的形容詞）の形で，「作られるべき」「なされるべき」という意味を表す。また，中性名詞として使われた場合は，「なされるべきこと」や「目的」あるいは「結果」を意味する。ここでは，中性名詞として使われており，それに呼応して，疑問代名詞も kim となっている。kiṃ kāryam「何がなされるべきことか。」という疑問文で，ともに中性の主格・単数形である。

最後に指示代名詞の tad である。すでに第８課で見て，それが定冠詞的に使われることも触れておいたが，指示代名詞全般については，これも次の第21課で，関係代名詞とともに説明することにしたい。

第21課　あれはあちらで，これはこちらで。
——関係代名詞と指示代名詞

前課からの続きで，kaś cāsau yasyāhaṃ dūta īpsitaḥ という文を例にして，ここではまず関係代名詞の用法について見ることにしよう。yasya は，関係代名詞 yad- の変化形である。すでに指示代名詞の tad- や疑問代名詞の kim- の語尾変化を知っているから，yasya という形が，tasya や kasya と同様に，男性の属格・単数形であることはすぐわかるだろう。変化表で確かめておこう。

表45　関係代名詞 yad- の変化表

<table>
<tr><th rowspan="2"></th><th colspan="3">単数</th><th colspan="3">両数</th><th colspan="3">複数</th></tr>
<tr><th>男</th><th>中</th><th>女</th><th>男</th><th>中</th><th>女</th><th>男</th><th>中</th><th>女</th></tr>
<tr><td>主格</td><td>yaḥ</td><td rowspan="2">yat</td><td>yā</td><td rowspan="2">yau</td><td colspan="2" rowspan="2">ye</td><td>ye</td><td rowspan="2">yāni</td><td rowspan="2">yāḥ</td></tr>
<tr><td>対格</td><td>yam</td><td>yām</td><td>yān</td></tr>
<tr><td>具格</td><td colspan="2">yena</td><td>yayā</td><td colspan="3" rowspan="3">yābhyām</td><td colspan="2">yaiḥ</td><td>yābhiḥ</td></tr>
<tr><td>与格</td><td colspan="2">yasmai</td><td>yasyai</td><td colspan="2" rowspan="2">yebhyaḥ</td><td rowspan="2">yābhyaḥ</td></tr>
<tr><td>奪格</td><td colspan="2">yasmāt</td><td rowspan="2">yasyāḥ</td></tr>
<tr><td>属格</td><td colspan="2">yasya</td><td colspan="3" rowspan="2">yayoḥ</td><td colspan="2">yeṣām</td><td>yāsām</td></tr>
<tr><td>処格</td><td colspan="2">yasmin</td><td>yasyām</td><td colspan="2">yeṣu</td><td>yāsu</td></tr>
</table>

では，この yasya という関係代名詞の働きはどのようなものか。英語にも，who や whom といった関係代名詞がある。用法はそれらと同じである。先行する語を受けて従属する文をそれに結びつける働きをする。kaś cāsau「そして，あれは誰ですか」の asau「あれ」（ここでは神々に話しているので，「その方」と訳している）が先行する語で，これに ahaṃ dūta īpsitaḥ「私が使者として望まれた」という文を，関係代名詞 yasya が結びつけているのである。

この関係代名詞 yad- の指しているのは，先行する asau「あれ」，「その方」と同じものであるから，yasya を「あれの」，「その方の」と訳せば，この一文は，「私がその方の使者として望まれているその方は誰ですか。」となる。こなれた訳にすれば，「どなたが私をその使者に望んでいるのですか。」となるだろう。

ここで関係代名詞について注意しておかなければならないことがひとつある。通常は yad- に呼応する語（相関辞）としては，指示代名詞の tad- が用いられることである。そのような yad- と tad- の関係節からなる例文を挙げておこう。

yena yena śarīreṇa yad yat karma karoty ayam.
tena tena śarīreṇa tat tat phalam upāśnute.（12. 199. 4.）

『マハーバーラタ』の一節である。語彙の説明をすれば次のようになる。śarīreṇa は，śarīra-「身体」（中）の具格・単数形。karma は，karman-「行為」（中）の対格・単数形。karoti は，語根 kṛ- の能動態，３人称・単数形・現在。phalam は，phala-「果実，結果」（中）の対格・単数形。upāśnute は，語根 upa-aś-「達する，得る」の中動態，３人称・単数形・現在。

yena yena … yad yat … tena tena … tat tat と，関係代名詞とそれの相関辞である指示代名詞が２度ずつ繰り返されている。繰り返し表現は強調を示すもので，「必ず」ということの強調である。訳せば次のようになる。

> **ある身体によって，ある行為を，この人（ayam）が行うならば，必ず，その［同じ］身体によって，その［行為の］結果を得る。**

つまり，インド思想の中にある「業（カルマ）の理法」，因果応報の考え方である。自分のしたことの結果は，善いことも悪いことも，自分が受けとるという考え方（「善因善果，悪因悪果」）で，これが今世だけでなく来世にも，さらにその先の来世にも続くことから，人は輪廻転生（りんねてんしょう）するという考え方になる。ただし，輪廻する主体は「魂」（アートマン）であって，「身体」ではないはずである。とすると，この詩節は，この世でのことを言っているのだろうか。疑問は残るが，この話はこれだけにして次の指示代名詞の話に移ろう。

tad- が，もっぱら文中にすでに述べられたものを指して，「それ」という風に使われるのに対して，日本語の「これ，この」「それ，その」「あれ，あの」のように，話し手との空間的・心理的な距離に応じてその対象に対して使われる指示代名詞が，サンスクリットにもある。日本語では，それらを順次，「近称」，「中称」，「遠称」と言って，その距離感を示しているが，サンスクリットでは，その距離感にそれほど明確な区別があるわけではない。tad- については，すでに第8課で見ているので，ここでは他の指示代名詞について見ておくことにしよう。

まず，tad- と全く同じ格変化をする etad-「これ，この」がある。etad- の変化形は，tad- の変化形の前に e- を足せばよいだけである。それでも内連声の規則が働いて s が ṣ になることがあるから，主格と対格の変化表を示しておこう。その他は，推して知るべしである。

表46　指示代名詞 etad- の変化表

<table>
<tr><td rowspan="2"></td><td colspan="3">単数</td><td colspan="3">両数</td><td colspan="3">複数</td></tr>
<tr><td>男</td><td>中</td><td>女</td><td>男</td><td>中</td><td>女</td><td>男</td><td>中</td><td>女</td></tr>
<tr><td>主格</td><td>eṣaḥ</td><td>etat</td><td>eṣā</td><td rowspan="2">etau</td><td colspan="2" rowspan="2">ete</td><td>ete</td><td rowspan="2">etāni</td><td rowspan="2">etāḥ</td></tr>
<tr><td>対格</td><td>etam</td><td>etat</td><td>etām</td><td>etān</td></tr>
</table>

先ほど，tad- と etad- の場合には，話し手との距離感にそれほど明確な区別はないと言ったが，「これ，この」（たとえば「この世」）と「あれ，あの」（たとえば「あの世」）のように，対比的に使われる場合に，話し手にとって心理的に近いものと遠いものを表す指示代名詞がある。idam-「これ，この」と，adas-「あれ，あの」である。

たとえば次のように言われる。

(rātsyati) asāv amutra, (evam) ayam asmin.
(AsvGS4. 4-2)

あれは（＝あの者は）**あちらで**（＝あの世で）（繁栄するだろう），（同様に）**これは**（＝この者は）**こちらで**（＝この世で）（繁栄するだろう）。

asau と amutra が，adas- の 変 化 形，ayam と asmin が，idam- の変化形である。ただし，amutra は次に示す表の中にはない。asmin「こちらで」は，idam- の処格・処格形であるが，adas- の処格・単数形は，amuṣmin であって，amutra ではない。実は，指示代名詞の処格には，それに相当する副詞がある。指示代名詞のもとの形に，場所を表す接尾辞 -tra

を付けて作られる。つまり，amutraは，amuṣmin相当の副詞として，「あちらで」という意味を表すのである。同じように，tasminには，tatra「そこに，そちらに」があり，asminには，atra「ここで，こちらで」がある。それぞれの変化表を示しておこう。

表47　指示代名詞 idam- の変化表

<table>
<tr><th rowspan="2"></th><th colspan="3">単数</th><th colspan="3">両数</th><th colspan="3">複数</th></tr>
<tr><th>男</th><th>中</th><th>女</th><th>男</th><th>中</th><th>女</th><th>男</th><th>中</th><th>女</th></tr>
<tr><td>主格</td><td>ayam</td><td rowspan="2">idam</td><td>iyam</td><td rowspan="2">imau</td><td rowspan="2" colspan="2">ime</td><td>ime</td><td rowspan="2">imāni</td><td rowspan="2">imāḥ</td></tr>
<tr><td>対格</td><td>imam</td><td>imām</td><td>imān</td></tr>
<tr><td>具格</td><td colspan="2">anena</td><td>anayā</td><td rowspan="3" colspan="3">ābhyām</td><td colspan="2">ebhiḥ</td><td>ābhiḥ</td></tr>
<tr><td>与格</td><td colspan="2">asmai</td><td>asyai</td><td rowspan="2" colspan="2">ebhyaḥ</td><td rowspan="2">ābhyaḥ</td></tr>
<tr><td>奪格</td><td colspan="2">asmāt</td><td rowspan="2">asyāḥ</td></tr>
<tr><td>属格</td><td colspan="2">asya</td><td rowspan="2" colspan="3">anayoḥ</td><td colspan="2">eṣām</td><td>āsām</td></tr>
<tr><td>処格</td><td colspan="2">asmin</td><td>asyām</td><td colspan="2">eṣu</td><td>āsu</td></tr>
</table>

表48　指示代名詞 adas- の変化表

<table>
<tr><th rowspan="2"></th><th colspan="3">単数</th><th colspan="3">両数</th><th colspan="3">複数</th></tr>
<tr><th>男</th><th>中</th><th>女</th><th>男</th><th>中</th><th>女</th><th>男</th><th>中</th><th>女</th></tr>
<tr><td>主</td><td>asau</td><td rowspan="2">adaḥ</td><td>asau</td><td rowspan="2" colspan="3">amū</td><td>amī</td><td rowspan="2">amūni</td><td rowspan="2">amūḥ</td></tr>
<tr><td>対</td><td>amum</td><td>amūm</td><td>amūn</td></tr>
<tr><td>具</td><td colspan="2">amunā</td><td>amuyā</td><td rowspan="3" colspan="3">amūbhyām</td><td colspan="2">amībhiḥ</td><td>amūbhiḥ</td></tr>
<tr><td>与</td><td colspan="2">amuṣmai</td><td>amuṣyai</td><td rowspan="2" colspan="2">amībhyaḥ</td><td rowspan="2">amūbhyaḥ</td></tr>
<tr><td>奪</td><td colspan="2">amuṣmāt</td><td rowspan="2">amuṣyāḥ</td></tr>
<tr><td>属</td><td colspan="2">amuṣya</td><td rowspan="2" colspan="3">amuyoḥ</td><td colspan="2">amīṣām</td><td>amūṣām</td></tr>
<tr><td>処</td><td colspan="2">amuṣmin</td><td>amuṣyām</td><td colspan="2">amīṣu</td><td>amūṣu</td></tr>
</table>

さて前課から続く詩節の最後の文を見ておこう。

kathayadhvaṃ yathātatham.

kathayadhvam は，語根 kath-「語る，告げる，話す」の命令形の２人称・複数形である。目の前にいる神々に対して，ナラ王が，「話して下さい」と言っている。最後の語 yathātatham は，「正確に，あるがままに」という意味で，不変化詞の副詞である。

このyathātatham は，yathā と tathā が組み合わさった複合語で，中性の対格・単数形の語尾をとって副詞となったものである。このyathā と tathā も，語形から気がつくように関係詞である。「……のように，そのように……」と副詞的に働く。たとえば次のように使われる。

vāsāṃsi jīrṇāni yathā vihāya navāni gṛhṇāti naro 'parāṇi.
tathā śarīrāṇi vihāya jīrṇāni anyāni saṃyāti navāni dehī.
(2. 22)

『バガヴァッド・ギーター』の一節である。前半と後半を見比べると，同じ単語，あるいは同じ意味の単語が使われていることがわかる。比喩的に比べられているのは，vāsāṃsi と śarīrāṇi である。-āṃsi，-āni という語尾の形からわかるように，両者はともに中性名詞である。前者は，vāsas-「着物」の主格か対格の複数形。後者は，先にも見た，śarīra-「身体」の主格か対格の複数形である。

jīrṇāni は前半にも後半にも出ている。jīrṇa-「古い，使い古した」という形容詞で，中性の主格か対格の複数形の形をとっている。「着物」と「身体」を修飾している。

vihāya も両方に出ている。語根 vi-hā-「捨てる」に絶対

分詞 -ya が付いた形である。navāni も両方に出ている。nava-「新しい」である。gṛhṇāti は，語根 grah-「つかむ，つかまえる，受けとる」の能動態，3人称・単数・現在である。後半の行でこれに対応するのが，saṃyāti で，語根 saṃ-yā-「会いに行く」の能動態，3人称・単数・現在である。naro（← naraḥ）は，nara-「人」（男）の主格・単数形。これと対応するのが dehī である。dehin-「身体（deha）をもつもの」（男），つまり「魂」の主格・単数形である。

最後に，aparāṇi であるが，これは apara-「他の」という形容詞の中性，主格か対格の複数形である。これも後半行に対応する語がある。anyāni である。こちらは，anya-「他の」という形容詞の同じく中性，主格か対格の複数形である。この anya- や apara- は，形容詞であるが，代名詞と同じ格語尾をとるので「代名詞的形容詞」と呼ばれている。anya- の変化表を見ておこう。

表49　anya- の変化表

<table>
<tr><th rowspan="2"></th><th colspan="3">単数</th><th colspan="3">両数</th><th colspan="3">複数</th></tr>
<tr><th>男</th><th>中</th><th>女</th><th>男</th><th>中</th><th>女</th><th>男</th><th>中</th><th>女</th></tr>
<tr><td>主</td><td>anyaḥ</td><td rowspan="2">anyat</td><td>anyā</td><td rowspan="2">anyau</td><td colspan="2" rowspan="2">anye</td><td>anye</td><td rowspan="2">anyāni</td><td rowspan="2">anyāḥ</td></tr>
<tr><td>対</td><td>anyam</td><td>anyām</td><td>anyān</td></tr>
<tr><td>具</td><td colspan="2">anyena</td><td>anyayā</td><td colspan="3" rowspan="3">anyābhyām</td><td colspan="2">anyaiḥ</td><td>anyābhiḥ</td></tr>
<tr><td>与</td><td colspan="2">anyasmai</td><td>anyasyai</td><td colspan="2" rowspan="2">anyebhyaḥ</td><td rowspan="2">anyābhyaḥ</td></tr>
<tr><td>奪</td><td colspan="2">anyasmāt</td><td rowspan="2">anyasyāḥ</td></tr>
<tr><td>属</td><td colspan="2">anyasya</td><td colspan="3" rowspan="2">anyayoḥ</td><td colspan="2">anyeṣām</td><td>anyāsām</td></tr>
<tr><td>処</td><td colspan="2">anyasmin</td><td>anyasyām</td><td colspan="2">anyeṣu</td><td>anyāsu</td></tr>
</table>

見てわかるように完全に yad- の格変化に従っている。これに対して，apara- は，同じように代名詞的形容詞である

が，中性の主格と対格の単数形で aparam という中性名詞と同じ語尾をとる。また，男性と中性の奪格・単数で aparasmāt と aparāt，処格・単数で aparasmin と apare，また，男性の主格・複数形で apare と aparāḥ のように，代名詞的な語尾と名詞的な語尾の両方をとることが見られる。

同じような代名詞的形容詞としては，sarva- があるので注意しておきたい。sarva- は，すでにこれまでに何度も出てきているので，「すべての」という意味であることはすでに知っているであろう。この sarva- も，apara- と同じように，中性の主格と対格の単数形で sarvam という形をとる。しかしそれ以外では，anya- と全く同じ変化を示し，apara- のような名詞的な格語尾をとることはない。sarva- と同じ変化をする代名詞的形容詞としては，viśva-「すべての」，eka-「ひとつの」などがある。eka- には複数形があり，たとえば，男性形の主格・複数形は eke である。「若干の，いくつかの」がその意味である。

随分長い説明になってしまったが，先ほどの詩節の訳を示しておこう。

> 人が古い着物を捨てて，別の新しい着物をつけるように，そのように魂（アートマン）は古い身体を捨てて，別の新しい身体に入り込む。

これこそ古代インド人が信じた輪廻転生の観念である。

第22課　粥を調理する。——動詞総説

いよいよここから動詞についてである。動詞の人称語尾の変化（活用）は，名詞の格語尾の変化よりもさらに複雑である。こんな風に言うと，もうイヤになってこの本を思わず投げ出してしまう人もいそうだが，時々おもしろい話もまじえて進めるのでつきあってほしい。

さて，「動詞」は，サンスクリット文法の術語では，tiṅanta「tiṅ に終わるもの」と呼ばれている。そして，tiṅ というのは，次のパーニニの文法規則（P. 3. 4. 78）の始めと終わりをつないだ略号である。

tiptasjhisipthasthamibvasmastātāṃjhathāsāthāṃdhvamiḍvahimahiṅ

連声をはずし，項目に区分して示すと次のようになる。

tiP-tas-jhi-siP-thas-tha-miP-vas-mas-ta-ātām-jha-thās-āthām-dhvam-iṬ-vahi-mahiṄ

ここに並んでいるのは人称語尾の基本形である。大文字は，文法上の役割を果たす文字列に付けられる指標記号で，実際に使用される語形に現れることはない。この規則を人称語尾の基本形の変化表にして示すと次の表50のようになる。

この表を見ればわかるように，この規則は，表の左下の能動態の３人称単数（ti）から始まり，その両数（tas）と複数

(jhi → -(a)nti)，次に能動態の２段目の２人称単数（si）から両数（thas）と複数（tha），そして能動態の最上段の１人称単数（mi）から両数（vas）と複数（mas）へと進み，次に中動態の最下段の３人称単数（ta → -te）から，両数（ātām → āte）と複数（jha → -a(n)te），その上の２人称単数（thās → se）から，両数（āthām → āthe）と複数（dhvam → dhve），そして最上段の１人称単数（i → e）から両数（vahi → vahe）へと進んで，複数（mahi → mahe）で終わるのである。

表50　人称語尾の基本形　第１次語尾の変化表

	能動態			中動態		
	単数	両数	複数	単数	両数	複数
１人称	mi	vas	mas	e	vahe	mahe
２人称	si	thas	tha	se	ethe / āthe	dhve
３人称	ti	tas	nti / anti	te	ete / āte	nte / ate

３人称の単数から始めるのには理由があって，パーニニの用語では，３人称が「一番」（プラタマ），２人称が「中間」（マディヤマ），１人称が「最後」（ウッタマ）と呼ばれている。つまり，英文法に慣れた我々は，「私」＝１人称，「君」＝２人称，「彼・彼女」＝３人称だと考えて何ら疑わないし，だからこそ上のような表を示すのであるが，サンスクリットでは，実際には，「彼・彼女」が「１人称」と言われるべきものなのである。とはいえここでは英文法の慣用に従っておく。

話をもとに戻すと，「動詞とは tiṅ に終わるもの」というのがパーニニ文法の考えである。そして，tiṅ とは，上に見たいちいちの形の人称語尾である。つまり，パーニニは，動詞を語の形によって定義しているのである。実は，名詞についても，「sup に終わるもの」，つまり「格語尾に終わるもの」とパーニニは言っている。これらはもっぱら語形に注目した定義だと言えよう。時代が少し下がって紀元前2世紀の文法学者パタンジャリの頃になれば，「行為を表示するものが動詞語根である」という，単に語の形ではなくその内容に関わる議論がなされることになるが，パーニニが述べるのはもっぱら語形についてである。

それでは，具体的な動詞で人称語尾の変化を見ることにしよう。以下では，pac-「調理する」という動詞語根を例に説明することにする。（pac-は，サンスクリットの古典文法書でも例としてしばしば使われている。）

次頁の表に並んでいるのは，いま実際に誰かが何かを調理しているときに使われる表現である。そのような事実を述べる動詞の形を，「直説法現在」の形と言う。そして，主語の対象への働きかけを動詞が示すとき，その動詞は「能動態」の動詞と言われる。表では，もうひとつ別に「中動態」と呼ばれる態が示されている。これについては後に説明するが，動詞が表示している行為そのもの（ここでは「調理すること」）は，能動態と同じであり，日本語で訳すときには，両方とも「調理している」となる。

日本語であれば，表中の語はすべて「〜が調理している」であって，形が異なるのは，我々が「主語」と呼ぶところのもの，つまり，「私が」とか「君たちが」の部分である。これに対して，サンスクリットでは，すべてに共通しているのは，語根pac-の部分であり，それが常に「調理する」という行為を表す一方で，語尾はすべて異なった形をしている。つまり，-miや-nteなどの語尾の部分が，主語における人称と数の違いを表していると言えるだろう。このように，実際の語の使用において，サンスクリットの動詞は，

語根 ＋ 人称語尾

という形で現れてくるということになる。

表51　pac-「調理する」の変化表
能動態　直説法現在

	能動態		
	単数	両数	複数
1人称	pacāmi	pacāvaḥ	pacāmaḥ
2人称	pacasi	pacathaḥ	pacatha
3人称	pacati	pacataḥ	pacanti

中動態　直説法現在

	中動態		
	単数	両数	複数
1人称	pace	pacāvahe	pacāmahe
2人称	pacase	pacethe	pacadhve
3人称	pacate	pacete	pacante

ただし，注意深く上の表を見てみると，語根 pac- と，人称語尾 -mi や -si，-nti との間に，pac-ā-mi，pac-a-si，……pac-a-nti，pac-a-si，…… pac-a-nte のように，-a- などの接辞が入っていることに気づくだろう。つまり，サンスクリットの動詞の語形は,

語根 ＋ 接辞 ＋ 人称語尾

という3つの要素で構成されていることになる。そして，この〈語根＋接辞〉によって作られている部分が,「動詞語幹」と呼ばれるものである。つまり,

動詞語幹 ＋ 人称語尾

という形をとって，サンスクリットの動詞は実際の言葉の中に現れてくるのである。上の例で言えば，pac-a- → paca- が動詞語幹である。

動詞語幹には，「現在語幹」，「アオリスト語幹」，「完了語幹」，「未来語幹」などの種類がある（それらについては順次学んでいく）が，いま見ている paca- は，「現在語幹」と呼ばれるものである。paca- は，pac- に a を付けて作られるが，語根の種類に応じて「現在語幹」の作られ方が異なっており，それに応じて語根は全部で10種類に分類される。これについては次の第23課で詳しく見ることにしよう。paca- はそのうちの第１類に属している。

この現在語幹を基礎として「現在組織」と呼ばれる動詞の活用が作られる。ここでは，pac- を例にした具体的な文によって，「現在組織」の全体を概観しておこう。

1. 直説法現在 ＝ 現在語幹 ＋ 第１次語尾

上の表で見た活用である。例文を見てみよう。

(1) devadatta odanaṃ pacati.　デーヴァダッタは粥（かゆ）を調理している。

いま目の前でデーヴァダッタさんがお粥を炊いているのを見て，話し手がこう言っているのである。pacati が，能動態の３人称・単数形であることは先の表で見た通りである。では，次はどうだろうか。

⑵ devadatta odanaṃ pacate.　デーヴァダッタは粥を調理している。

デーヴァダッタさんが目の前でお粥を炊いているのは同じである。したがって，日本語の訳も同じである。では何が違うか。pacate は，中動態の３人称・単数形である。違いはここにある。能動態と中動態の違いは何か。これをここで説明しておこう。

能動態は，サンスクリット文法の術語では，「為他言」（Parasmaipada）と言われることは先に述べた（52頁）。「他者のための語」という意味で，動詞によって示される行為の結果が他者にもたらされる場合に使われる動詞の形であると説明されている。他方，中動態は，「為自言」（Ātmanepada）と言われ，「自己のための語」という意味である。動詞が表す行為が行為者自身のためになされることを示すものである。

つまり，⑴は，デーヴァダッタが調理人で，主人のために粥を調理していることを言うものであるのに対して，⑵は，デーヴァダッタは，自分が食べるために粥を調理しているのである。（この場合，主人であるデーヴァダッタが，調理人に粥を調理させているという可能性もあって，⑵の文はその可能性を含意している。）

サンスクリットの能動態と中動態が表すこのような意味の区別は，しかしながら実際には必ずしも明瞭ではない。サンスクリットの動詞の中には，能動態か中動態かのいずれかのみの活用形しかもたないものもあり，また両方の態で活用しても，その意味には違いがないものも多い。印欧語の中動態については，行為における「意志」の働きという観点から，哲学的に論じられることも多く，確かにヴェーダ文献における用法には注目すべき用法もあるが，古典サンスクリットの段階になれば，両者の区別は明瞭でないことのほうが多い。サンスクリットの文を読んでいて，中動態の活用形が出てくるとその微妙なニュアンスを考えたくなることがあるが，実際にはそれほどこだわらなくてもよい場合が多い。もちろん場合によっては，作者が明らかに意図して中動態を使っていると思われる場合もある。

2. 直説法過去 ＝ a ＋ 現在語幹 ＋ 第2次語尾

「現在組織」と言いながら，「過去」とはどういうことかと思われるだろうが，paca- という現在語幹からその活用形が作られるから，「現在組織」に所属している。次のような文である。

⑶ devadatta odanaṃ apacat / apacata.　デーヴァダッタは粥を調理した。

このように過去の事実を表すのが，直説法過去である。活用形について，詳しくは「過去」を扱う第26課で見る。ここでは，pacati に代わって，apacat（能動態）／ apacata（中動態）という語形になっていることに注意してもらいたい。過去を示す接頭辞 a- が，現在語幹 paca- の前に付き，語尾は「第２次語尾」と呼ばれる形になっている。ここで，「第２次語尾」の基本形を表にして示しておく。

表52　人称語尾の基本形　第２次語尾の変化表

	能動態			中動態		
	単数	両数	複数	単数	両数	複数
１人称	m / am	va	ma	i	vahi	mahi
２人称	s	tam	ta	thāḥ	ethām / āthām	dhvam
３人称	t	tām	n / an / ur	ta	etām / ātām	nta / ata

表50で見た第１次語尾と見比べれば，両者の連関がなんとなく見えてくるだろう。活用の形をいちいちすべて覚えることはできなくても，現在形の活用語尾の基本形は，「-mi, -si, -ti」のように暗記して，過去形はそこからｉが落ちている（「-m, -s, -t」）のように覚えておけば，実際の文章を読んでいてそれぞれの形に出会えば，思い当たるものである。その後で文法書を確認すればよい。

3. 願望法 ＝ 現在語幹 ＋ ī ＋ 第２次語尾

「～すべきである」，「～するのがよい」，「～するだろう」のように，話し手の願望や可能性，仮定を表すときに使われる活用である。現在語幹の多くは paca- のように -a- を末尾にもつから，それと願望法の目印（標識）であるīとが結合してｅとなる（-a ＋ ī → e）。それに上に見た第２次語尾が付いたのが，願望法の一般的な活用形（第１種活用の動詞の活用形）である。これを表にしておけば次のようになる。

表53　第１種活用の動詞の願望法の語尾の変化表

	能動態			中動態		
	単数	両数	複数	単数	両数	複数
1人称	eyam	eva	ema	eya	evahi	emahi
2人称	es	etam	eta	ethās	eyāthām	edhvam
3人称	et	etām	eyur	eta	eyātām	eran

第2次語尾の変化表（表52）と見比べればわかるように，能動態1人称単数においてeyam，3人称複数においてeyur，中動態1人称単数においてeya，2人称両数においてeyāthām，3人称両数においてeyātām，3人称複数においてeranと若干異なった形になっているが，それら以外は，語尾の前にeが付いただけである。このように語形の中間に-e-が現れるのが願望法の特徴であると覚えておけばよい。

ただし，語幹の末尾に-a-をもたない第2種活用の動詞の場合は，願望法の目印（標識）として，īではなく，yā（能動態）とī（中動態）が使われる。人称の語尾の変化は次のようになる。

表54　第2種活用の動詞の願望法の語尾の変化表

	能動態			中動態		
	単数	両数	複数	単数	両数	複数
1人称	yām	yāva	yāma	īya	īvahi	īmahi
2人称	yās	yātam	yāta	īthās	īyāthām	īdhvam
3人称	yāt	yātām	yur	īta	īyātām	īran

願望法の文は，たとえば次のような文である。

(4) devadatta odanaṃ pacet / paceta.　デーヴァダッタは粥を調理すべきである。

4. 命令法 ─ 現在語幹 ＋ 命令法の語尾

命令法の語尾を表で示せば次のようになる。

表55　人称語尾の基本形　命令法の変化表

	能動態			中動態		
	単数	両数	複数	単数	両数	複数
1人称	āni	āva	āma	ai	āvahai	āmahai
2人称	──/(d)hi	tam	ta	sva	ethām / āthām	dhvam
3人称	tu	tām	(a)ntu	tām	etām / ātām	ntām / atām

表を見てわかるように，いくつか特殊な形もあるが，第2次語尾と似ている。普通，命令形と言えば，2人称の相手に対して言うものであるが，サンスクリットの場合は，このように1人称もあれば3人称もある。1人称は，「〜しよう」という話し手の意志や勧奨を表す。また3人称は，「Aは，〜するように」という第3者に対する命令を表す。たとえば次のようにである。

(5) devadatta odanaṃ pacatu / pacatām.　デーヴァダッタは粥を調理するように。

この例を見てわかるように，願望法に近い用法である。これが2人称に対する命令であれば，次のようになる。

(6) devadattaudanaṃ paca / pacasva.　デーヴァダッタよ。粥を調理せよ。

devadatta が呼格であることに注意。連声の規則が働いて -a ＋ o- → -au- となっている。

以上，1．直説法現在，2．直説法過去，3．願望法，4．命令法，の4つが，「現在組織」と呼ばれる現在語幹をもとにして活用形を作る動詞活用の概略である。

さて，いま見たように，「現在組織」には，過去の時制を表すものとして直説法過去があったが，サンスクリットにはあと2つ過去時制がある。「アオリスト組織」の直説法アオリストと「完了組織」の直説法完了である。この2つを例文で示せば次のようになる。

(7) devadatta odanaṃ apākṣīt / apakta.
(8) devadatta odanaṃ papāca / pece.

サンスクリットの文法家は，3つの過去時制について，その区別を説明することもあるが，「デーヴァダッタは粥を調理した」という過去の事実を表すことにおいて区別はないと考えてよい。ここでは動詞の形が，動詞語根の pac- から少しずつ変化して語幹部分が作られていることに注意しておきたい。

一方，「未来組織」は，未来語幹を基礎とするもので，直説法未来がある。未来語幹は，語根に未来接辞である -sya-，あるいは -iṣya- を付けて作られるので，比較的簡単に見分けられる。語尾も，最初に見た直説法現在の語尾と全く同じである。

(9) devadatta odanaṃ pakṣyati / pakṣyate.　デーヴァダッタ

は粥を調理するだろう。

以上のほかに，複合完了や複合未来という形をとるものがあるが，それらについては後に述べることにする。以上のような動詞の活用が，「第１次活用」と呼ばれているが，これらとは別に，語根に特定の接辞を加えて作られる以下のような第２次活用の語幹がある。それらの語尾の活用は，第１次語尾（表50）と基本的に同じである。

5. 受動活用 ＝ 語根 ＋ ya ＋ 中動態第１次語尾

⑽ devadattena sthālyām odanaḥ pacyate. デーヴァダッタによって鍋で粥が調理されている。

受動活用は，中動態の語尾しかとらない。pacyate を apacyata とすれば直説法過去，pacyeta とすれば願望法，pacyatām とすれば命令法となる。

6. 使役活用 ＝ 語根 ＋ aya ＋ 第１次語尾

⑾ devadatta odanaṃ pācakena pācayati / pācayate. デーヴァダッタは粥を調理人によって調理させている。

ここでも能動態と中動態の両方の活用が可能であり，日本語の訳のうえでは同じになるが，やはり意味の違いを読み取ることは可能である。能動態の場合は，主人であるデーヴァダッタが，誰か客人のために調理人に粥を料理させているのであり，他方中動態の場合は，自分が食べるための粥を料理させていると読める。

このほかに，独自の語幹の形をとるものとして，意欲活用と強意活用があるが，それらについては後に見ることにしよう（第38課，第39課）。

最後に，ここまで読んできて，読者の中には，「調理するのは米であって，粥ではないだろう。粥は調理の結果最後にできあがるものだから，それを調理するというのはおかしいのではないか」と疑問に思う人がきっといるはずである。実際，この問題は，サンスクリットの論書の中でも議論されている。問題のポイントは，pac-「調理する」という動詞が何を意味しているかということになる。単に「熱を加えて柔らかくする」というだけの意味であれば，「米を調理する」（taṇḍulān pacati）のが正しいということになるかもしれない。しかしながら，pac-「調理する」とは，調理することに含まれる一連の行為のすべてを意味すると考えるのが，サンスクリットの文法家の考え方である。調理人は料理の手順を考え，コンロに鍋を置き，その鍋に水を注ぎ，米を入れ，火をつけ，沸騰させ，弱火にし，火を止め，冷まし，器に盛る。そうした一連の行為・動作のすべてが「調理する」ことに含まれるのである。そしてそのような一連の行為によって獲得されることが最も望まれている結果が，「粥」なのである。

コラム8　動詞の2つの態

サンスクリットの態は，能動態と中動態の2つである。「態」とは，文中の主語の役割によって決定される述語動詞の形態を言う。英語のような近代ヨーロッパ語では，態は能動態と受動態の2つである。動詞によって示される動作の主体（動作主）が主語となっている時に，動詞（他動詞）が示す形態が能動態である。一方，動作を受ける人（被動作者）を主語にして作られる文，つまり受動文（受け身文）の場合の動詞の形態が受動態である。しかし，サンスクリットでは，人称語尾の違いによって形態の違いを示すのは，能動態と中動態の２つである。受動活用は，中動態の語尾をとるので第２次活用の１種として扱われる。サンスクリットにおいて能動態は，「パラスマーイパダ（Parasmaipada）」「為他言」と呼ばれ，他者のための動作を示すと説明される。他方，中動態は，「アートマネーパダ（Ātmanepada）」「為自言」と呼ばれ，自己のための動作を示すとされる。たとえば，同じ「調理する」（pac-）という動詞でも，料理人が他人のために調理することを示すためには能動態（pacati）が用いられ，自分のために調理することを示すには中動態（pacate）が用いられる。中動態は，このように動作主が行う動作が動作主自身にかえってくる場合の動作を表すので，「反射態」と呼ばれることもある。ただしこうした区別が，古典サンスクリットの文中に実際に現れる例はそれほど多くはなく，一般的には両者が表す意味に区別はないとされている。また，サンスクリットの動詞の中には能動態か中動態のいずれかの活用形しかもたないものもある。

第23課　正義のために王はいる。
──動詞の活用(1)　第1類と第2類

パーニニの文法では，現在語幹の成り立ちの違いに基づいて，動詞は10種類に区別されている。10種類のうちで，語幹の末尾に母音の -a- をもつ第1類，第4類，第6類，第10類の動詞を「第1種活用」の動詞と言い，それ以外の種類の動詞を「第2種活用」の動詞と言う。以下では類の番号順に説明することにする。まず，第1類と第2類である。

第1類の動詞

前課で見たpac- の類で，語根に -a- という接辞を付けて語幹が作られる。活用語尾については，前課の表51で見た通りである。pac- のように子音で終わる語根の場合には，-a- が付くだけであるが，語根が子音ではなく母音で終わる場合には，その母音は「グナ化」（「母音の交替」については第2課参照）する。たとえば，第1類の代表的な動詞 bhū-「なる，ある」は，現在語幹は bhava- である。次のような活用を示す。

表56　bhū-「なる，ある」直説法現在の変化表

	能動態			中動態		
	単数	両数	複数	単数	両数	複数
1	bhavāmi	bhavāvaḥ	bhavāmaḥ	bhave	bhavāvahe	bhavāmahe
2	bhavasi	bhavathaḥ	bhavatha	bhavase	bhavethe	bhavadhve
3	bhavati	bhavataḥ	bhavanti	bhavate	bhavete	bhavante

前課で説明したように，直説法過去の3人称・単数形はabhavat / abhavata，願望法の3人称・単数形はbhavet / bhaveta，命令法の3人称・単数形はbhavatu / bhavatām，受動の3人称・単数形はbhūyate，使役の3人称・単数形はbhāvayati / bhāvayateである。

bhavatiという語については，以前にも見たことがあるが，bhū-の能動態の3人称・単数形で，基本的な意味としては英語のbe動詞と同じで「〜である，〜がある」と理解しておけばよい。先に第9課で習った，astiと同じである。「〜する」という行為を表す一般の動詞とは異なり，基本的に能動態で使われ，中動態は稀である。たとえば次のような文はどうだろうか。『マハーバーラタ』からの引用である。

dharmāya rājā bhavati, na kāmakaraṇāya tu.（12. 91. 3ab）

dharmāyaは，dharmaの与格・単数形。「ダルマのために」という意味である。「ダルマ」は，インド文化を理解するうえで最も重要な概念である。「達磨（だるま）」はこの語の音写である。漢訳では常に「法」と訳されてきたが，それが意味するのは，真理，原理，規範，規則，義務，正義など，もの・ことを成り立たせている根本であって，現代語に訳すときには文脈に応じて様々な訳語を使うことになる。

上の文では，A, na B「Aであって，Bではない」というように，dharmāyaと，kāmakaraṇāyaが対比されていることがわかる。kāmakaraṇāyaも与格・単数形である。kāmaとkaraṇaの2語からなる複合語で，「カーマ（愛，欲望）をなすこと」，つまり「自分の欲望を満たすこと」を意味する。ここでは王としてのなすべきことを言って，「ダルマ」と

「カーマ」を対比している。訳せば次のようになるだろう。

正義のために王はいる。欲望を満たすためではない。

第1類の動詞にはほかにも重要なものがあるので，それらについて簡単に見ておきたい。いずれも語幹が例外的な形を示すものである。まず，gam-「行く」は，現在語幹の形が gaccha- である。発音は「ガッチャ」。昔，「科学忍者隊ガッチャマン」というテレビアニメが流行っていた。ちょうど初級のサンスクリットを学んでいたときで，主題歌（作詞・竜の子プロ文芸部）中の「行け行け行けガッチャマン」の「ガッチャ」は，この命令形の2人称・単数形に由来すると仲間内で言われていたのを思い出す。たとえば，次のような文がある。

gacchāmi vanam evāham.　私は森に行きます。

あるいは，sthā-「立つ」は，現在語幹の形が tiṣṭha- である。次のような文がある。

dharme tiṣṭhanti bhūtāni, dharmo rājani tiṣṭhati.
（12. 91. 5ab）

人々は正義に依拠し，正義は王に依拠する。

先の詩節に続く『マハーバーラタ』の一節である。

第1類の動詞からもうひとつだけ特異な活用の例を出しておく。dṛś-「見る；見える」は知覚動詞として重要であるが，この動詞の現在語幹は，paśya- という形をとる。これは，

paś-「見る；見える」という別の語根から作られたものである。つまり，dṛś- の現在組織においては，すべて paśya- が使われ，他の完了組織などでは dṛś- から作られる語幹（dṛś- であれば，完了語幹は，dadarś-〔強語幹〕と dadṛś-〔弱語幹〕など）が使われる。逆に言えば，paś- という動詞は現在組織にしか活用形をもたない。

第２類の動詞

動詞語根に第１次語尾，第２次語尾，命令法の語尾を直接付けて活用するのが特徴である。そして語幹部に強語幹と弱語幹の区別がある（もちろん例外もあるが）。この類に属する動詞には重要なものが多いが，ここでは特に as-「ある，いる」を見ておこう。能動態の直説法現在の活用形については第９課（表８）で見たが，もう一度示しておく。as- が強語幹で，s- が弱語幹である。能動態でしか用いられない。

as-「ある，いる」能動態　直説法現在の変化表

	単数	両数	複数
1人称	asmi	svaḥ	smaḥ
2人称	asi	sthaḥ	stha
3人称	asti	staḥ	santi

また次に示すのは，直説法過去，願望法，命令法の変化表である。

表57　as-「ある，いる」能動態
直説法過去・願望法・命令法の変化表

	直説法過去			願望法			命令法		
	単数	両数	複数	単数	両数	複数	単数	両数	複数
1	āsam	āsva	āsma	syām	syāva	syāma	asāni	asāva	asāma
2	āsīḥ	āstam	āsta	syāḥ	syātam	syāta	edhi	stam	sta
3	āsīt	āstām	āsan	syāt	syātām	syuḥ	astu	stām	santu

表を見てわかるように，強語幹 as- の形は，(1) 直説法現在と直説法過去の１人称，２人称，３人称の単数，(2) 命令法の１人称の単数・両数・複数，(3) 命令法の３人称の単数に現れている。

また，願望法の変化形を見てわかるように，as- は，第２種活用の動詞であるから，願望法の形は，語幹 s- に，願望法の目印（標識）の -yā- を加えて，それに第２次語尾を付けた形になっている。

また，直説法過去の形を見て，語幹の形が ās- になっていることを疑問に思った人は，前課の説明を思い出してほしい。直説法過去は，語幹部が，a ＋現在語幹，つまり，a ＋ as- ＝ ās- となるのである。しかし，それでも，上の (1) で言われたように，ās- となるのは各人称の単数形だけであるはずなのに，この表によれば，各人称の単数と両数と複数のすべてにおいて ās- の形をとっている。それはどうしてか。さらに，直説法過去の２人称と３人称の単数形では -ī- という母音が挟まっている。これもなぜか。そう言えば，直説法現在形の２人称・単数形は，asi となっているが，assi が正しいのではないか。このように，説明のつかない不規則な形がいくつも現れてくるのである。

これは以前にも言ったことだが，サンスクリットでは，重要な語，よく使われる語の中にこそ不規則な語尾変化をするものが見られる。頻繁に使われる語は，不規則であっても使っているうちに覚えられるからである。つまり，不規則な語こそが重要ということができるだろう。しかしいくら重要だからと言っても，日常的にサンスクリットを使うわけではない我々がそれらを覚えるのは不可能であるから，文章の中になんだか変な形の単語が出てきたら，そのたびになんとなく見当をつけて変化表を見直せばよいのである。

ややこしい話のついでに付け加えておくと，as- は能動態でしか使われないと上で言ったが，この語が複合未来形（第27課で説明）の助動詞として使われることがあって，その場合には中動態の活用形が見られることもある。次のような活用になる。

表58　as- 助動詞としての活用
中動態・現在形の変化表

	単数	両数	複数
1 人称	he	svahe	smahe
2 人称	se	sāthe	dhve
3 人称	ste	sāte	sate

また，行為を表す普通の動詞の場合は，能動態でも中動態でも使われる。たとえば brū-「話す」の直説法現在の活用は次のようになる。強語幹の形は brav-，弱語幹の形は brū- である。子音で始まる語尾の前には brav-ī- のように，-ī- が挿入される。

表59　brū-「話す」直説法現在の変化表

	能動態			中動態		
	単数	両数	複数	単数	両数	複数
１人称	bravīmi	brūvaḥ	brūmaḥ	bruve	brūvahe	brūmahe
２人称	bravīṣi	brūthaḥ	brūtha	brūṣe	bruvāthe	brūdhve
３人称	bravīti	brūtaḥ	bruvanti	brūte	bruvāte	bruvate

また，能動態の直説法過去の３人称・単数形は，abravīt，願望法は，brūyāt，命令法は，bravītu，中動態は，それぞれ，直説法過去の３人称・単数形が abrūta，願望法は，bruvīta，命令法は，brūtām のように活用する。

na ca vayaṅ karmakartṛphalādikaṃ nāstīti brūmaḥ, kiṃ tarhi niḥsvabhāvam etad iti vyavasthāpayāmaḥ.

この文章は，大乗仏教の祖とも言われるナーガールジュナ（龍樹，２世紀）の『中論』第17章第30偈（げ）に対する注釈の一節である。この章は，「行為とその結果」について考察する章であるが，その根本主張「行為も行為者も行為の結果も存在しない」について，チャンドラキールティ（月称（げっしょう），７世紀）が，このように注釈している。

前半は，否定辞の na が２回使われている。最初の na は brūmaḥ にかかり，「我々は言わない（主張しない）」となる。次の na は asti にかかり，「あるのではない」，つまり「ない」である。iti は，「～と」。

後半は，kiṃ tarhi「そうではなくて」。niḥsvabhāvam「無自性な（もの）」。ナーガールジュナの「空（くう）」（śūnya）の思想の根本にある概念で「それ自身の存在を可能にする独自の本質をもっていない（もの）」という意味である。vyavasthāpayāmaḥ は，前にある brūmaḥ と同じ語尾の形で，1人称・複数形である。vy-ava-sthā- という動詞は，動詞語根 sthā- に，vy-ava- という接頭辞が付いたもので，「しっかりと立っている，確立している」という意味である。

先に見たように，sthā- は，第1類の動詞であるから，vyavasthā- も同じく第1類である。語根の vyavasthā- と語尾の -maḥ はわかったとして，この間にある -paya- という接辞は何だろうか。（payā- の ā は，-maḥ の前で長母音化したもの。）実はこれは，先に見た使役活用の接辞である -aya- の前に p が付いたものである。一般に，ā あるいは二重母音（e，ai，o）で終わる語根の場合に，このように接辞部分が -paya- となる。つまり，vyavasthāpayāmaḥ は，「我々は，〜ということを確立させる，確定する」という意味である。そこで，上の文全体の意味は，次のようになるだろう。

我々は，行為と行為者とその結果などが存在しないと主張しているのではない。そうではなくて，それは無自性であると確定しているのである。

第2類に属する動詞には，ほかにも重要なものがいろいろある。i-「行く」（emi，eti，yanti），vac-「言う」（vacmi，vakti，なし），han-「殺す」（hanmi，hanti，ghnanti），svap-「眠る」（svapimi，svapiti，svapanti），vid-「知る，知っている」（vedmi，vetti，vidanti）。これらは能動態だけで使われる。また，duh-「乳を搾る」（dohmi，dogdhi，duhanti; duhe，dugdhe，duhate）。これは能動態と中動態の両方で使われる。また，ās-「坐す，座る」（āse，āste，āsate），cakṣ-「見る」（cakṣe，caṣṭe，cakṣate）。

これらは中動態のみで使われる。（　）内は，１人称・単数，３人称・単数，３人称・複数の活用形を順番に示している。

コラム９　動詞の時制

話し手が話している時点を基点にして，ある出来事の時間関係を動詞によって表現する場合，動詞によって表現される時間的位置を時制と言う。サンスクリットの場合，現在と過去と未来があり，それらを指示するための動詞の活用形はそれぞれ異なっている。現在は話し手にとっての現実を述べる。過去は話し手が話す時点よりも前に起こった出来事について述べる。未来は話し手が話す時点よりも後に起こるであろう出来事を述べる。サンスクリットには，過去の時制を表す動詞の形に，過去形とアオリスト形と完了形の３つがある。しかしこれらの３つは実際の用例を見る限り区別はなく，どれも話し手にとっての過去の出来事を表す。

第24課 悪事をなす者は，誰も自分たちを見ていないと考えている。——動詞の活用⑵ 第３類から第６類まで

第３類の動詞

第３類の動詞も，第２類と同様に，強語幹と弱語幹をもつ。その語幹は「重字」を伴う。「重字」というのは，動詞の活用において語根の一部の音が重複される現象を言う。そして，語尾は語幹に直接付けられる。この類に属する動詞は多くはないが，使用頻度の高いものが多い。たとえば dā-「与える」という動詞である。強語幹は dadā- で，弱語幹は dad- である。d という音が重なっている。これが「重字」である。この動詞 dā- の直説法現在の活用は次のようになる。

表60 dā-「与える」直説法現在の変化表

	能動態			中動態		
	単数	両数	複数	単数	両数	複数
1人称	dadāmi	dadvaḥ	dadmaḥ	dade	dadvahe	dadmahe
2人称	dadāsi	datthaḥ	dattha	datse	dadāthe	daddhve
3人称	dadāti	dattaḥ	dadati	datte	dadāte	dadate

見ての通りほぼ規則的である。ただ，よく注意して見ると，もしかしたら誤植ではないのかと思うようなところが１カ所だけある。能動態の３人称複数が，dadati となっている。dadānti ではないのかと思うかもしれないが，実は３人称複数形の語尾が -ati となるというのが第３類の動詞の特徴である。これは覚えておくとよいだろう。

能動態の直説法過去の３人称・単数形は，adadāt，願望法

の３人称・単数形は，dadyāt である。命令法の変化形は，少し例外的な形のものがあるから，変化表を示しておこう。

表61　dā-「与える」の命令法の変化表

	能動態			中動態		
	単数	両数	複数	単数	両数	複数
１人称	dadāni	dadāva	dadāma	dadai	dadāvahai	dadāmahai
２人称	dehi	dattam	datta	datsva	dadāthām	daddhvam
３人称	dadātu	dattām	dadatu	dattām	dadātām	dadatām

そこで次のような例文はどうだろうか。『マハーバーラタ』からである。

phalāni pakvāni dadāni te ’ham.（3. 111. 12cd）

今習ったばかりだから，dadāni は，動詞 dā- の命令法の１人称・単数形で「与えよう」という話し手「私」（主語）の意志を表していることはすぐわかるはずである。もちろんそれが正しい。

ところが，初級文法を一通り学んで，このような少し長めの文章を読み出した頃にこの文章に出会うと，語尾に -āni という形が連続しているのを見て，「これは中性名詞の主格か対格の複数形の語尾だ。phala「果実」という中性名詞の典型的な語も出ている」とわかったつもりになって，並んでいる単語をすべて名詞か形容詞で解釈しようとしたりするのである。おまけに辞書を見てみると，dada という語が形容詞として出ていて，「与えている」（giving）というような意味が示されている。そこで，「私は君に果実を与えている」などと，わかったような訳ができあがる。

しかし，名詞文の場合，主語と述語は，性・数・格が一致するというのが原則であったことをここでは思い出す必要がある。今の場合，主語はaham「私」である。ahamに性の区別はないが，単数の主格である。他方，dadāniが仮に形容詞だとすれば，中性の主格か対格の複数形である。仮に主格だとしても，ahamとは数が一致しないから，ahamの述語にはなれないのである。

他の語を見てみよう。pakvāniは，動詞pac-「調理する」の過去受動分詞形であるpakva-「調理された」が，形容詞となって中性・複数の語尾をとったものである。何を修飾するかと言えば，もちろんphalāniである。「調理された」とは，「美味(おい)しくなった」ということで，ここでは「よく熟した」という意味である。つまり「よく熟した果実たち」である。teは，２人称の人称代名詞の付帯形（第17課参照）で，与格あるいは属格として使われ，「君に／の」の意味である。

こんな風にひとつひとつの単語をおさえていくと，「私は君によく熟した果実を」というようにphalāni pakvāniが，対格の複数形でなければならないことに気づくだろう。そこで，dadāniが動詞でなければならないことに気づく。これが動詞だとすれば，語根の形は何か，語尾の形は何かなどと考えて，ようやくこれが，dā-という動詞の命令法の１人称・単数形であるという結論にたどり着くことになる。訳は次のようになる。

私はあなたによく熟した果実をいくつかあげましょう。

第３類の他の動詞としては，dhā-「置く」（強語幹dadhā-，弱語幹dadh-），bhī-「恐れる」（強語幹bibhe-，弱語幹bibhī- /

bibhi-)，hā「捨てる」（強語幹 jahā-，弱語幹 jahī- / jahi-〔母音および y の前では jah- となる〕)，hu-「供物を火に捧げる」（強語幹 juho-，弱語幹 juhu-）などがある。

第4類の動詞

第4類の動詞は，第1種活用の動詞だから，活用は第1類の pac- と全く同じである。ただ，語根に ya が付けられて語幹が作られる点が異なる。第4類に属する動詞には，何か気になる動詞が多い。能動態と中動態のどちらかでしか使われないものも多い。たとえば，tuṣ-「満足する」tuṣyati や kram-「歩く」krāmyati（語根の a が長音になる）は，能動態だけである。（ただし kram- は，1類の動詞として krāmati あるいは kramati となる場合もある。）一方，man-「考える」manyate や jan-「生まれる」jāyate（語根の鼻音が失われて，a が長音になる）は，中動態だけでしか使われない。主体（主語）の身体的・精神的状態の変化を表す動詞が第4類には多い。

第22課の動詞総説で触れたように，受動活用も，〈語根 + ya + 中動態第1次語尾〉の形をとるから，この類の中動態の直説法現在形は受動の形と区別がつかない。（ヴェーダ語では，アクセントの位置が違うので区別される。）例文を見てみよう。『マヌ法典』の一節である。

manyante vai pāpakṛto na kaścit paśyatīti naḥ.
tāṃs tu devāḥ prapaśyanti svasyaivāntarapūruṣaḥ.（8. 85）

これまで何度も出てきたシュローカと呼ばれる詩節の形で

ある。8音節で意味の切れ目があるというのが原則であるから，区切りながら意味を考えてみよう。

まず，manyante vai pāpakṛtaḥ である。pāpa-kṛt- は複合語で，〈pāpa「悪事，犯罪」を kṛt-「なす（こと・者）」〉を意味する。この複合語の後半は，-kṛta- と思った人もいるだろうが，manyante が，３人称・複数形であるから，この動詞の主語も複数でなければならない。-kṛtaḥ では，主格の単数形になるからダメなのである。-kṛt-aḥ で，子音に終わる名詞の格変化（第13課）を思い出してほしい。主格の複数形である。「悪事をなす者は，実に［〜と］考える。」となる。

次に，na kaścit paśyati ＋ iti naḥ である。iti「〜と」があるから，これが「考える」の内容である。na kaścit で，「誰も〜ない」という全否定の文を作っている。paśyati は，前課で，dṛś- の現在語幹（paśya-）として使われる特殊な動詞として紹介したものであるが，語根 paś-「見る」に ya が付いた語幹の形であるから，これ自体は第４類の動詞である。naḥ は，１人称・複数形の付帯形で「我々を」である。「誰も我々を見ていないと［考える］」となる。

２行目は，tāṃs tu devāḥ prapaśyanti である。「しかし」を意味する tu が２語目に来ている。tāṃs は，連声をはずせば tān である。devāḥ「神々が」。pra-paśyanti は，paś- に接頭辞 pra- が付いたもので，「観察する」の意味である。「しかし，神々が，彼らを観察している。」となる。

最後に，svasyaivāntarapūruṣaḥ である。連声をはずせば，svasya ＋ eva ＋ antara-pūruṣaḥ となる。antara-pūruṣa- は，「内部のプルシャ（人）」という意味で，「霊魂」という訳語が与えられることもある。pūruṣa- は puruṣa- と同じである。eva は限定・制限であるから，「ほかならぬ自分自身の内部にいる〈人〉が」という意味になる。「神々が」と並列の主語となっていると考えてよいだろう。

悪事をなす者は，実に，誰も我々を（自分たちを）見ていないと考える。しかし，神々とほかならぬその者自身の内部にいる〈人〉が，彼らを観察している。

第５類の動詞

第５類の動詞は，語根に -no- を付けて強語幹を作り，-nu- を付けて弱語幹を作る。第３課の内連声の規則で見たように，前後の音の並びによっては，n が ṇ に変化する（反舌音化する）ことがある。また，-nu- は，母音で始まる語尾の前で，-nv- となったり，-nuv- となったりし，また -n- となることもある。

この類の重要な動詞を挙げると，śru-「聞く」（強語幹 śṛṇo-，弱語幹 śṛṇu），śak-「できる」（強語幹 śakno-，弱語幹 śaknu-），āp-「得る」（強語幹 āpno-，弱語幹 āpnu-）などがあり，これらはいずれも能動態でのみ使われるが，su-「搾る」（強語幹 suno-，弱語幹 sunu-）のように，両方の態で使われるものもある。次の例文はどうだろうか。これも『マハーバーラタ』の一節である。

na hi śaknomi tvāṃ draṣṭuṃ divākaram ivoditam.
（3. 149. 13a）

śaknomi は，「私は～できる」であるが，その「できる」内容が draṣṭum のように不定詞（-tum が不定詞の目印）で示される。draṣṭum は，dṛś-「見る」の不定詞である。tvām「あなたを」が「見る」の目的語である。divākaram「太陽」（男）と uditam「昇った」は，対格で，tvām と同格である。iva「～のように，～と同様に」。

私はあなたを見ることができない。昇った太陽［を見ることができないの］と同様に。

第6類の動詞

第6類の動詞は，第1種活用の動詞で，第1類の動詞と同様に語根に a を付けて語幹を作るが，第1類の動詞と違って語根の母音が「グナ化」することがない。たとえば，tud-「打つ」（語幹は tuda-，toda- とはならない）は，能動態の3人称・単数形で tudati，中動態の3人称・単数形で tudate となる。重要な動詞としては，mṛ-「死ぬ」（語幹は mriya-）は中動態だけで使われて，3人称・単数形は mriyate となる。また，語幹が特別な形をとるものとして次のような動詞がある。iṣ-「欲する」（語幹は iccha-）は能動態だけで，3人称・単数形は icchati となる。また，prach-「尋ねる」（語幹は pṛccha-）も，古典サンスクリットでは能動態だけで使われて，3人称・単数形は pṛcchati となる。さらに，語幹に鼻音が挿入されて，たとえば vid-「見出す」（語幹は vinda-）は，3人称・単数形は，vindati / vindate となる。そしてこの vid- の受動の形 vidyate が，「見出される」，「～が存在する，～がある」という意味になる。

次のような例文を見てみよう。『ガルダ・プラーナ』の一節である。『ガルダ・プラーナ』は，主なものに18あるとされる「プラーナ」文献のひとつである。「プラーナ」は，ヒンドゥー教の神話・伝説や聖地にまつわる話を語るが，中でも『ガルダ・プラーナ』は，祖霊供養について語る文献として重要である。

nānāvidhaśarīrasthā anantā jīvarāśayaḥ.
jāyante ca mriyante ca teṣām anto na vidyate.（2. 49. 3）

いま見たばかりの動詞が並んでいる２行目の文を先に見よう。jāyante と mriyante は，ともに３人称・複数形である。ca で並列されている。「それらは生まれて，そして死ぬ。」anta- は，「終わり」である。「それらには終わりは存在しない。」である。

では，「それら」とは何か。それが１行目に示されている。並んでいる３つの単語は，すべて主格・複数形の語尾をとっている。nānā「様々な」-vidha「種類の」-śarīra「身体に」-stha-「存している」。ananta- は anta- の否定で，「終わりがない」つまり「無限の，永遠の」である。jīva「生命の」-rāśi-「塊」，これが主語である。

生命の塊は，多種多様な身体に存して，永遠である。それらは生まれて，そして死ぬ。それらには終わりは存在しない。

魂はあれこれ多種多様な身体に宿りながら生と死を繰り返し経験し，永遠に輪廻するという，古代インド人の観念を語っている。

第25課　人は自分が知っていることをせよ。
──動詞の活用(3)　第７類から第10類まで

第７類の動詞

第７類の動詞は，語根末の前に na を挿んで強語幹を作り，n を挿んで弱語幹を作る。この n は語根末の子音と同化する。たとえば，yuj-「繋（つな）ぐ，結びつける，使う」は，強語幹が yunaj- で，弱語幹が yuñj- となる。語幹末の子音とそれに続く語尾の先頭の子音との間では，いろいろと注意すべき連声が起こるので，ここでは変化表を見て，それを確かめておくことにしよう。まず直説法現在の変化表である。

表62　yuj-「繋ぐ」直説法現在の変化表

	能動態			中動態		
	単数	両数	複数	単数	両数	複数
1	yunajmi	yuñjvaḥ	yuñjmaḥ	yuñje	yuñjvahe	yuñjmahe
2	yunakṣi	yuṅkthaḥ	yuṅktha	yuṅkṣe	yuñjāthe	yuṅgdhve
3	yunakti	yuṅktaḥ	yuñjanti	yuṅkte	yuñjāte	yuñjate

次に直説法過去の変化表である。

表63　yuj-「繋ぐ」直説法過去の変化表

	能動態			中動態		
	単数	両数	複数	単数	両数	複数
1	ayunajam	ayuñjva	ayuñjma	ayuñji	ayuñjvahi	ayuñjmahi
2	ayunak	ayuṅktam	ayuṅkta	ayuṅkṭhāḥ	ayuñjāthām	ayuṅgdhvam
3	ayunak	ayuṅktām	ayuñjan	ayuṅkta	ayuñjātām	ayuñjata

願望法については，弱語幹 yuñj- に，第２種活用の願望法の語尾（表54）を付ければよいだけなので表に示す必要はないだろう。しかし，命令法は，また語幹末と次の子音との間で連声が起こるから表にしておこう。

表64　yuj-「繋ぐ」命令法の変化表

	能動態			中動態		
	単数	両数	複数	単数	両数	複数
1	yunajāni	yunajāva	yunajāma	yunajai	yunajāvahai	yunajāmahai
2	yuṅgdhi	yuṅktam	yuṅkta	yuṅkṣva	yuñjāthām	yuṅgdhvam
3	yunaktu	yuṅktām	yuñjantu	yuṅktām	yuñjātām	yuñjatām

そこで，次のような例文はどうだろうか。

arjunārjuna mā yuṅkṣva divyāny astrāṇi bhārata.
（3. 172. 18a）

動詞は yuṅkṣva で，いま見た表で確かめるならば，中動態の命令法の２人称・単数であることはすぐわかる。しかしこの表がなくても，-ṣva（= -sva）という語尾に注目して，それを活用の基本形の表の中に探して，命令法の活用の基本形の表55の中に見つけ出し，中動態の２人称・単数形の語尾であることを確認するというのも可能な方法である。

yuṅkṣva は，「使え」という意味の命令形である。mā という禁止を表す小辞が前にあるので，「使うな」である。arujunārjuna は，呼格・単数形の arjuna を２回重ねて使っている。「アルジュナ，アルジュナ！」と必死の呼びかけのようである。divyāny astrāṇi は，語尾を見てわかるように，中性の対格・複数形である。divya-「神聖な，天的な」。

astra-「武器」。全体の意味は次のようになる。

アルジュナ，アルジュナ！　聖なる武器たちを使ってはならない。バラタの子孫よ。

『マハーバーラタ』に登場する最強の戦士アルジュナは，神々の主インドラから与えられた武器をもっている。しかしそれらをむやみに使ってはならないと言われているのである。『バガヴァッド・ギーター』はこの叙事詩『マハーバーラタ』の一部分であるが，ヒンドゥー教の聖典として古来読み継がれてきた。そこでは，アルジュナの御者となって彼を導くクリシュナ神が，ヴィシュヌ信仰の要諦を語っている。その中に少し変わったyuj-の用法が見られる。

upaviśyāsane yuñjyād yogam ātmaviśuddhaye.（6. 12）

upaviśya ＋ āsane は，āsana-「座」に，upaviśya（upa-viś-「座る」の絶対分詞）「座って」。ātma-viśuddhaye は，ātma「自分自身の」-viśuddhi-「清浄にすること，浄化」の与格・単数形。yuñjyāt は，yuj- の願望法の3人称・単数形。そして，yogam は，yoga-「ヨーガ」の対格・単数形で yuñjyāt の目的語である。
「ヨーガ」とは，散乱する感覚器官を繋ぎ止め，心を一カ所に集中すること，つまり精神集中することであり，そのための修行法である。インドにおけるその起源は古く，ヒンドゥー教だけでなく仏教やジャイナ教も含めたインドのあらゆる宗教のもとにある修行法と言ってよい。そのような「ヨーガ」を「yuj- すべし」とこの文は言っているのである。これは，日本語や英語の「歌を歌う」（sing a song）や「夢を夢みる」（dream a dream）と同じ種類の文で，同族目的語をとっている。この構文は，自動詞としての意味をもつ動詞が，同じ内容を表す目的語をとって他動詞的に使われ，その動詞のもつ特別な意味を強調するのに使われる。

ここでは，yuj- という動詞が，「ヨーガする」，つまり「精神集中する」という術語的な特別な意味を表すので，同じ意味の目的語をとって，「ヨーガをヨーガする」と言っているのである。そこで，訳としては次のようになる。

座に座って，自分自身の浄化のために，精神集中すべし。

第７類の動詞には，ほかに，hiṃs-「害する」（強語幹 hinas-，弱語幹 hiṃs-），añj-「塗る」（強語幹 anaj-，弱語幹 añj-）などがある。

第８類の動詞

第８類の動詞は，語根に o を付けて強語幹を作り，u を付けて弱語幹を作る。たとえば，tan-「伸ばす」は，強語幹 tano-，弱語幹 tanu- である。能動態の直説法現在３人称・単数形は，tanoti である。語幹の部分を ta-no- と見れば，第５類の活用と全く同じである。この類に属する動詞で最も重要な動詞は，kṛ-「する，作る」で，強語幹は karo-，弱語幹は kuru- である。弱語幹 kuru- は，m，v，y で始まる語尾の前で kur- となる。サンスクリットの動詞の中では，kṛ- は重要な動詞で使われる頻度も高い。

表65　kṛ-「する，作る」直説法現在の変化表

	能動態			中動態		
	単数	両数	複数	単数	両数	複数
1	karomi	kurvaḥ	kurmaḥ	kurve	kurvahe	kurmahe
2	karoṣi	kuruthaḥ	kurutha	kuruṣe	kurvāthe	kurudhve
3	karoti	kurutaḥ	kurvanti	kurute	kurvāte	kurvate

次に直説法過去の変化表である。

表66　kṛ-「する，作る」直説法過去の変化表

	能動態			中動態		
	単数	両数	複数	単数	両数	複数
1	akaravam	akurva	akurma	akurvi	akurvahi	akurmahi
2	akaroḥ	akurutam	akuruta	akuruthāḥ	akurvāthām	akurudhvam
3	akarot	akurutām	akurvan	akuruta	akurvātām	akurvata

願望法については，弱語幹 kuru- に，第２種活用の願望法の語尾（表54）を付ければよいだけなので表に示す必要はないだろう。ただし，最初に言ったように，弱語幹 kuru- は，y で始まる語尾の前で kur- となることを忘れないようにしたい。つまり，願望法の能動態の標識は yā であるから，kuryām，kuryāḥ，kuryāt ……kuryuḥ となる。これに対して，中動態のほうは，標識は ī であるから，kurvīya，kurvīthāḥ，kurvīta ……kurvīran となる。

また，命令法は，次の通りである。

表67　kṛ-「する，作る」命令法の変化表

	能動態			中動態		
	単数	両数	複数	単数	両数	複数
1	karavāṇi	karavāva	karavāma	karavai	karavāvahai	karavāmahai
2	kuru	kurutam	kuruta	kuruṣva	kurvāthām	kurudhvam
3	karotu	kurutām	kurvantu	kurutām	kurvātām	kurvatām

例文として，次のものはどうだろうか。『カターサリットサーガラ』の一節である。

vayaṃ ca prastutaṃ kurmaḥ, sa yad vetti karotu tat.
(8. 2. 30)

vayam と sa が人称代名詞であることはわかるだろう。kurmaḥ と karotu は，いま習ったばかりである。prastuta は，pra-stu-「始める，企てる」の過去受動分詞で，ここでは名詞として使われている。対格・単数形である。yat … tat は関係代名詞の構文。ここでは中性の対格・単数形が使われており，yad vetti tat「彼が知っていること，そのことを……」となる。vetti は，vid-「知る，知っている」(第２類の動詞）の３人称・単数形である。

私たちは［私たちの］始めたことをする。人は自分が知っていることをせよ。

新来の神シヴァを信仰する魔神マヤが，古来の神々の主インドラの使いであるナーラダ仙から，そのシヴァ信仰を咎(とが)められたときに言った言葉である。Mind your own business.「余計なお世話」ということ。

第9類の動詞

第9類の動詞は，語根にnāを付けて強語幹を作り，nī（母音の前ではn）を付けて弱語幹を作る。ここでは2つの重要な語について見ておこう。grah-「つかむ」（強語幹gṛhṇā-，弱語幹gṛhṇī-（gṛhn-））とjñā-「知る」（強語幹jānā-，弱語幹jānī-（jān-））である。語幹に基本形通りの語尾を付ければ活用形ができる。唯一特例的なことは，子音で終わる語根の能動態の命令法2人称・単数形が，語根（弱形）に語尾の -āna を直接付けて作られることである。上の2つで言えば，grah- が子音で終わっているので，これの能動態の命令法の2人称・単数形はgṛhāṇaとなる。これに対して，jñā- のほうは，基本形通りのjānīhiである。

第10類の動詞

第10類の動詞は語根にayaを付けて語幹を作るが，活用は第1類と全く同じである。また，語根にayaを付けて語幹を作るので，その活用形は，第22課で触れた使役活用と同じ形になる。ここには名詞起源の動詞（名詞にayaを付けて語幹を作るもの）も含まれる。

たとえば，cint-「考える」は，能動態の直説法現在の3人称・単数形はcintayati，中動態はcintayateとなる。また，受動活用の3人称・単数形はcintyateである。名詞起源の動詞としては，女性名詞kathā-「物語」に由来するkathayati / kathayate「物語る」などがある。

第26課　菩薩は兎であった。——過去を表す動詞

過去の事実を表す直説法の動詞の形には，⑴過去形，⑵完了形，⑶アオリスト形，⑷複合完了形の４つがある。これらの４つの形は，もとはそれぞれに異なる働きをもっていたはずであるが，古典期のサンスクリットでは区別なく用いられる。

⑴直説法の過去形については第22課で触れた通り，過去形であることを示す接頭辞 a- を現在語幹の前に置き，第２次語尾を付けて作られる。

これに対して，⑵直説法の完了形には，⒜重字を用いて語幹を作る，⒝強語幹と弱語幹の区別をもつ，⒞特別な語尾をもつ，という３つの特徴がある。pac-「調理する」を例にすれば，強語幹は papāc-，弱語幹は pec- である。完了形は，重字を用いて語幹を作ると，その特徴を述べておきながら，弱語幹に重字がない例をもってきてしまったが，例外は何にでもある。変化表を示せば次のようになる。

表68　pac-「調理する」完了形の変化表

	能動態			中動態		
	単数	両数	複数	単数	両数	複数
1	papāca / papaca	peciva	pecima	pece	pecivahe	pecimahe
2	pecitha / papaktha	pecathuḥ	peca	peciṣe	pecāthe	pecidhve
3	papāca	pecatuḥ	pecuḥ	pece	pecāte	pecire

完了形の形において不規則な形を示すことがないのは，動詞語根 tud-「打つ」（強語幹 tutod-，弱語幹 tutud-），puṣ-「繁

栄する」（強語幹 pupoṣ-，弱語幹 pupuṣ-），dṛś-「見る」（強語幹 dadarś-，弱語幹 dadṛś-）のように，子音の間に -a- 以外の短母音を挟む形をした語根の動詞ぐらいで，たいていの動詞は活用形のどこかになにかしら不規則な形を示している。とはいえ，完了形の人称語尾は，ほぼ完全に次の表に従う。

表69　完了形の人称語尾の基本形

	能動態			中動態		
	単数	両数	複数	単数	両数	複数
1	a	(i)va	(i)ma	e	(i)vahe	(i)mahe
2	(i)tha	athur	a	se / iṣe	āthe	(i)dhve
3	a	atur	ur	e	āte	ire

「ほぼ完全に」と言ったのは，ここでも例外はあって，-ā または二重母音で終わる語根は，能動態の１人称・単数形と３人称・単数形において -au を語尾とするからである。たとえば，dā-「与える」（強語幹 dadā-，弱語幹 dad-）は，能動態の１人称と３人称の単数形は，dadau となる。なお，中動態の１人称と３人称の単数形は，dade と規則通りである。ともあれ，完了形の人称語尾はこれだけであり，しかも先に習った第１次語尾や第２次語尾，願望法や命令法の語尾の形とはほとんど重なるところがないから，これらの語尾を目印にすれば完了形を見分けることができるだろう。（そこから語根の形を見つけるには，少し想像力を働かせて，あれこれの形を探さなければならないけれども。）

さて⑶アオリスト形である。「アオリスト」というのは，古典ギリシア語の文法用語で「限定されない」を意味し，ギリシア語では，完了や未完了とは別の過去の時制を表す動詞の形である。しかしサンスクリットでは，過去を表す動詞の形として，過去形や完了形と区別なく使用される。

アオリスト形は，a- を加えたアオリスト語幹に第２次語尾（表52）を付して作られる。そして，その語幹の形によって，語根アオリスト，a-アオリスト，重字アオリスト，s-アオリスト，iṣ-アオリスト，siṣ-アオリスト，sa-アオリストの７つの形式に区別される。この７形式のいちいちの語幹について説明し始めると，深みにはまることになるから，ここではアオリスト形の動詞の見分け方を示すにとどめておこう。

いま述べたように，アオリスト形の特徴は，語幹に加えられたa- と，第２次語尾である。第２次語尾は，直説法過去形の語尾であった。そして直説法過去形は，現在語幹を基礎としてできていた。したがって，文章中で動詞と思える語形の語が，動詞活用の第２次語尾をとっているのに，その前の語幹部分が現在語幹ではない形をしていたら，それはたいていアオリスト形であるということになる。とりあえずこの方法によってアオリスト形の見当をつけて，それから語根を決定するために，あれこれ考えてみるというのがよいだろう。

なお，a- のないアオリスト形は，否定辞 mā と共に用いられて禁止を表す。（たとえば，mā śucaḥ「嘆くな。」）

最後に，⑷複合完了形であるが，この形をとる動詞語根の種類は第10類に限られている。それと，使役活用の動詞，名詞起源の動詞でこの形は用いられる。つまり，語幹部分に -aya- をもつ動詞においてこの形の完了形が使われる。

語幹に -ām を付けて，その後に kṛ-「する，作る」，as-「ある，いる」，bhū-「なる，ある」の完了形（能動態の３人称・単数形は，それぞれ，cakāra，āsa，babhūva）のいずれか（どれでもよい）を置いて作る。たとえば，先に見た第10類の動詞 cint-「考える」であれば，cintayām āsa「彼／彼女は考えた。」となり，あるいは使役形の darśayati「見せる，示す」を複合完了形にするならば，darśayāṃ babhūva「彼／彼女は示した（証明した）。」のようになる。

それでは例文を見ることにしよう。今回の話は，「兎本生（うさぎほんじょう）」として知られる話である。みなさんも子供の頃に一度は聞いたり読んだりしたことがある話だと思う。「月のうさぎ」というタイトルで絵本にもなっている。「本生」というのは，ブッダ（釈尊）が前世において菩薩（ぼさつ）であったときの物語のことで，『ジャータカ』と呼ばれ，パーリ語で伝えられてきた。古いものでは紀元前３世紀頃にできた話が含まれており，全部で550話ほどが残っている。サンスクリット宮廷文学が最も盛んになったグプタ朝時代（５世紀頃）に，アーリヤシューラという作家が出て，それらの話の中から34の話を選んで，サンスクリット文の『ジャータカ・マーラー』（本生の花束）という文集にした。その第６章が「兎本生」（ブッダが兎であったときの話）である。以下では，文章を抜粋しながら話を見ていくことにしよう。冒頭に次のような文がある。

bodhisattvaḥ śaśo babhūva.

菩薩は兎であった。

babhūva が先ほど習った動詞の完了形である。bhū-「なる，ある」の能動態の完了形の３人称・単数である。bodhisattva-「菩薩」も śaśa-「兎」も，主格・単数形であり，bhū- は be 動詞にあたるから，「A は B である」という同一性を言明する文として理解できる。あるときある場所で菩薩（ブッダ）は兎として生きていたのである。

tasya trayaḥ sahāyā babhūvur udraḥ śṛgālo vānaraś ca.

彼（兎）には，カワウソとジャッカルと猿の３匹の仲間たちがいた。

babhūvuḥ は，これも bhū- の完了形である。人称と数はわかるだろうか。語尾が -uḥ (-ur) であるから，３人称・複数である。trayaḥ「３の」sahāyāḥ「仲間たち」，いずれも主格・複数形である。これが babhūvuḥ の主語であるが，udra-「カワウソ」，śṛgāla-「ジャッカル」，vānara-「猿」で，これらが３の内訳である。もとのパーリ語の『ジャータカ』でも，兎とこの３匹を合わせて４匹の話となっている。

しかし，この話が日本に伝わって，『今昔物語』(天竺部巻５の13) の「三獣，菩薩の道を修行し，兎が身を焼く語」となったときには，兎と狐と猿の３匹の話となった。この『今昔物語』のもとになったと思われる『六度集経』や『大唐西域記』でも，兎と猿と狐の話になっているから，３匹になったのは中国に入ってからのことのようである。

te saṃmodamānās tatra viharanti sma.

彼らは仲良く，そこで過ごしていた。

動詞は，viharanti。vi-hṛ- の能動態の直説法現在の３人称・複数形である。「取り去る」という意味であるが，ここでは「時を過ごす」という意味で使われている。現在形だから，「過ごしていた」と過去で訳すのは間違いだろう，と思った人もいるだろう。実は，この現在形は「歴史的現在」と呼ばれるものである。物語の中などで過去を表すために使われるもので，しばしばこの文のように，sma という小辞を伴って表れてくる。これもまた，過去を表現する形である。

saṃmodamānāḥ は，saṃmodamāna- の主格・複数形であり，te の同格である。saṃ-mud- という動詞の現在分詞形である。saṃ-mud- は，mud-「楽しむ，喜ぶ」に，接頭辞の sam- が付いた動詞である。mud- は，第１類の動詞であるが中動態でしか使われない（例，modate）。そして，第１種活用の動詞の中動態では，語幹に -māna を付けて，現在分詞が作られる。saṃ-mud- は，saṃmodamāna-「仲がよい」という形容詞として現在分詞形でしか使われない語である。

４匹は，リーダー格の兎を筆頭に善行にはげんでいた。４匹の評判を聞いた神々の王インドラ（帝釈天（たいしゃくてん））が，本当のところを試してみようと，バラモンの姿をして，道に迷い飢えと渇きに苦しむ旅人となって，彼らの前に現れる。

sasvaraṃ prarudann avidūre teṣāṃ vicukrośa.

sasvaram は，「大声で」という副詞。中性の対格・単数形をしている。prarudan は，pra-rud-「泣き叫ぶ」の現在分詞形。avidūre は，中性名詞 avidūra「近く」の処格・単数形。そして，vicukrośa である。見るからに動詞の完了形の顔をしている。こんな風に一見しただけで，これは完了形ではないだろうかと思えるようになったらしめたものである。語根の形は，vi-kruś-「大声で叫ぶ」で，その能動態の完了形の

3人称・単数形である。

［彼は,］大声で，泣き叫びながら，彼らの近くで，大声で叫んだ。

とにかく，騒がしい。4匹はあわてて近づき，自分たちの接待を受けるように言う。カワウソは，7匹の魚を，ジャッカルはトカゲとヨーグルトを，猿は熟したマンゴーの実を差し出す。ジャッカルは次のように言っている。

ekāṃ ca godhāṃ dadhibhājanaṃ ca kenāpi saṃtyaktam ihādhyagaccham.

1匹のトカゲ（godhā 女性名詞）と（ca），誰かによって（kenāpi）捨てられていた（saṃtyakta ← saṃ-tyaj- の過去分詞形）ヨーグルト（dadhi）の壺（つぼ）（bhājana 中性名詞）とを，私はここで（iha）手に入れた（adhyagaccham）。

adhyagaccham が，adhi-gam- の能動態の過去形の1人称・単数形である。直説法過去形が使われているのは，「兎本生」の話の中ではここだけである。ちなみに，アオリスト形であれば，adhyagamam となる。語幹部分（gaccha- と gam-）を見比べれば，形の違いがよくわかるであろう。さて，次は兎の番である。

atha śaśo 'bhisṛtyainaṃ svena śarīreṇopanimantrayām āsa.

abhisṛtya ＋ enam「この者のところに行って（abhi-sṛ-

の絶対分詞)」。「自分自身の(sva-)身体(śarīra)を」。upanimantrayām āsa これが複合完了形である。upa-ni-mantraya- という動詞で，mantra(「マントラ」は，祭式で唱えられる祭文を言う)から派生した名詞起源の動詞である。具格の語を目的語にとって，「〜を奉献する」という意味になる。

そこで，兎は，この者のところに行って，自分自身の体をうやうやしく捧げた。

兎は燃えさかる炎の中にその身を投じた。これを見た帝釈天は姿を現し，兎を抱え上げた。そして，兎の徳高い行為を讃えて，その影像を月に置いたのであった。それで満月には兎の影像が見られるようになった，というのがこの話のオチである。

以上，過去時制の動詞の形を一通り見た。同じ話の中で違う種類の過去形を区別なく使っていることからもわかるように，古典サンスクリットでは，過去を表す動詞の形は，その用法においてどれも違いがないのである。

第27課 いたしましょう。──未来を表す動詞(1)

本課と次課では,『ナラ王物語』を読みながら,未来を表す動詞について学ぶことにしよう。未来を表す動詞の形には未来形と複合未来形がある。未来形は,語根に未来接辞である -sya-,あるいは -iṣya- を付けて未来語幹を作り,直説法現在の語尾と全く同じ語尾をそれに付けて作る。

一方,複合未来形は,語根に -tā(つまり,第18課で学んだ tṛ-語幹の動作者名詞の男性・主格・単数形),あるいは -itā を付けて,助動詞として as-「ある,いる」の現在形(表8)を付加する。これには能動態だけでなく,中動態もあり,先に表58で見た as- の現在形の変化語尾を付加する。ただし,3人称においては,能動態でも中動態でも,この助動詞を省略して,-tṛ の変化形だけが用いられる。

さて,神々から「我々の使者となれ」と命じられたナラ王が,「いたしましょう」と答えたことは第20課で見た。この「いたしましょう」が,サンスクリットで kariṣye で,これが未来形である。kṛ-「する,作る」の中動態の1人称・単数形である。ここで変化表を見ておこう。

表70 kṛ-「する,作る」未来形の変化表

	能動態			中動態		
	単数	両数	複数	単数	両数	複数
1	kariṣyāmi	kariṣyāvaḥ	kariṣyāmaḥ	kariṣye	kariṣyāvahe	kariṣyāmahe
2	kariṣyasi	kariṣyathaḥ	kariṣyatha	kariṣyase	kariṣyethe	kariṣyadhve
3	kariṣyati	kariṣyataḥ	kariṣyanti	kariṣyate	kariṣyete	kariṣyante

第20課で見たように，ナラ王は，「いたしましょう」と答えて，すぐに「あなたたちは誰ですか」と尋ね，さらに自分が何をすればよいのかを尋ねていた。この問いに対して，自分たちは，インドラ（帝釈天），アグニ（火天），ヴァルナ（水天），ヤマ（閻魔天）であること，そして自分たちのうちの誰かを夫に選ぶようにダマヤンティーに知らせるようにと，神々は言うのである。逡巡するナラ王に，神々は次のように言った。

karişya iti saṃśrutya pūrvam asmāsu naiṣadha.
na karişyasi kasmāt tvaṃ vraja naiṣadha māciram.
(3. 52. 8)

2度繰り返されている naiṣadha は，「ニシャダの王よ」，つまり「ナラ王よ」という呼びかけで，呼格・単数形である。karişya iti には連声の規則が働いていることに注意。karişye + iti である。saṃśrutya は，動詞 saṃ-śru-「約束する」の絶対分詞である。saṃ-śru- は処格の語を目的語にとる。kasmāt は，疑問代名詞の奪格・単数形で，「どうして，なにゆえに」と理由を聞くもの。vraja は，vraj-「行く」の命令形の2人称・単数形。māciram は，副詞で「今すぐ」を意味する。mā（禁止の小辞）＋ ciram「長く，徐々に」という組み合わせの語であるが，必ず命令形とともに使われる。

「いたしましょう」と先ほど我々に約束しておきながら，ナラ王よ，お前はどうしてしようとしないのか。ナラ王よ，今すぐ行け。

そこで，警戒厳重な王宮にどうしたら入れるのかとナラ王が尋ねる。

praveksyasīti taṃ śakraḥ punar evābhyabhāṣata.
jagāma sa tathety uktvā damayantyā niveśanam.
(3. 52. 10)

praveksyasi ＋ iti で，praveksyasi が未来形であることはすぐにわかるだろう。では語根は何か。-ṣya-（← -sya）という未来接辞の前の pravek だろうか。pra- が接頭辞だとすれば，vek- が語根ということになる。しかし vek- という語根は，辞書のどこを探しても出てこない。このような語根はない。未来形の語幹を作るために -sya- を語根に付けるが，そのときにいろいろと音の変化の規則が働くのである。

ここでの語根は，viś-「～に入る」である。viś- が veś- になって，veś ＋ sya が vekṣya- になっている。すぐに pra-viś- に気づくことは難しいが，pra-vek- とか，pra-veś- とか，pra-viś- とかを，辞書や本書の語彙索引で探して，それらしいのを見つけて，そこに出ている意味と形を確認すればよい。

というわけで，pravekṣyasi は，pra-viś-「～の中に入る」の能動態の未来形の 2 人称・単数形である。

abhyabhāṣata も動詞である。前に付いている abhi- は動詞の接頭辞で，主要部分は abhāṣata である。bhāṣa が現在語幹で，a- が前に付いて，語尾が -ta である。この語尾は，第 2 次語尾の中動態の 3 人称・単数形であるから，これは，語根 bhāṣ-「言う，話す」の中動態の過去形であることがわかる。接頭辞の abhi- が付いているが意味は同じである。過去形の特徴である現在語幹の前に付く a- は，このように接頭辞が付いた語根の場合には，その接頭辞と現在語幹の間に置かれることに注意しよう。

jagāma も動詞である。これは gam-「行く」の完了形の 3 人称・単数形。uktvā も動詞であるが，これは vac-「言う，話す」の絶対分詞である。tathā ＋ iti が，その言った内容を示し，「そのようにします」である。「御意」のような承諾を表す返事の言葉である。

damayantyāḥ ＋ niveśanam「ダマヤンティーの住居に」。連声の規則に注意して，ā-語幹の女性名詞の属格・単数形であることに気づき，niveśana-「住居」が，中性名詞で，それの対格・単数形であることを確認できればよい。

「お前は中に入るであろう」と，彼に，帝釈天はまたもや答えた。彼は，「御意」と言って，ダマヤンティーの住居に行った。

そこでダマヤンティー王女を見たナラ王は，そのあまりの美しさに一層心ひかれるが，神々との約束を忘れることはない。王女をとりまく美女たちは，ナラ王を見て思った。

ko 'yaṃ devo nu yakṣo nu gandharvo nu bhaviṣyati.
（3. 52. 16）

このお方は誰なの。神様かしら，それとも半神ヤクシャ，それとも天人ガンダルヴァ。

この bhaviṣyati が未来形である。bhū-「なる，ある」の能動態の未来形の 3 人称・単数形。未来形は，このように

「疑惑」のニュアンスを表すことがある。

ダマヤンティーもナラ王に気がついて尋ねる。「あなたは誰ですか。」（kas tvam）と。「私はナラです。」と王は答える。（nalaṃ māṃ viddhi「私をナラと知れ。」）ナラ王は，神々から命じられた通りに，神々のうちの誰かを夫に選ぶようにと，ダマヤンティーに言う。しかし，彼女はナラ王に，「私に好きと言って下さい。私はあなたのものです。」と言い，次のように続けるのである。

yadi ced bhajamānāṃ māṃ pratyākhyāsyasi mānada.
viṣam agniṃ jalaṃ rajjum āsthāsye tava kāraṇāt.（3. 53. 4）

もし，あなた様が，［あなたを］愛している私を拒まれるようならば，毒を，火を，水を，縄を，私は用いることにいたしましょう。あなたがそうさせるのですから。

ここには未来形が２つある。pratyākhyāsyasi と āsthāsye である。前者は，praty-ā-khyā-「拒絶する」の能動態の未来形の２人称・単数形であり，後者は，ā-sthā-「採用する，用いる」の中動態の未来形の１人称・単数形である。bhajamāna は，bhaj-「配分する，分有する，享受する，愛する」の中動態の現在分詞形である。bhajamānāṃ mām で，女性形の対格・単数形。ダマヤンティーが，「あなたを愛しているこの私を」と言っているのである。mānada は，尊敬を表す呼格・単数形である。ここでは，tvam を，「あなた様」と訳すことで，この意味を込めた。後半は，「死んでやる。あなたのせいよ。」と凄（すご）んでいるのである。

急にそんなことを言われてもと，ナラ王は戸惑うばかりである。人間が神々に対してそんな罪は犯すことはできない。「私を助けて下さい。神々を選んで下さい。」と彼は言う。そこで，ダマヤンティーは，神々と一緒に婿選びの場所に来るようにナラ王に言う。名案があるというのである。

tato 'haṃ lokapālānāṃ saṃnidhau tvāṃ nareśvara.
varayiṣye naravyāghra naivaṃ doṣo bhaviṣyati.（3. 53. 11）

ここにも未来形が2つある。varayiṣye と bhaviṣyati である。前者は，vṛ-「選ぶ」（5類）の使役形（3人称・単数形は varayati / -te「〔結婚相手を〕選ぶ」）の中動態の未来形の1人称・単数形である。これの目的語は1行目にある tvām である。bhaviṣyati は先ほどもあった bhū- の能動態の未来形の3人称・単数形である。saṃnidhau は，saṃnidhi- の処格・単数形で「近くで，面前で」の意味。nareśvara (nara-īśvara) と nara-vyāghra は，いずれも呼格・単数形で，「人中の神」「人中の虎」を意味し，「王よ」というナラ王に対する呼びかけである。

最後の8音節である na ＋ evaṃ doṣaḥ bhaviṣyati は，これでひとまとまりになっていて，evam は「こうすれば」という意味の副詞。doṣa- は，男性名詞で「過失，罪」の意味。

そこで私は，世界を守護する神々の面前であなたを［婿に］選びましょう。王よ。こうすれば罪は生じないでしょう。

このように王女に言われたナラ王は神々のもとに戻って一部始終を報告する。ダマヤンティーの言葉をそのまま，直接話法でナラ王は報告している。

teṣām ahaṃ saṃnidhau tvāṃ varayiṣye narottama.
evaṃ tava mahābāho doṣo na bhaviteti ha.（3. 53. 20）

先ほどのダマヤンティー自身の言葉であるvarayiṣyeがここでも使われている。narottamaは，呼格・単数形で「最上の人よ」，そしてmahābāhoは，mahābāhu-「勇士（太い腕をもつ者）」の呼格・単数形である。ともにナラ王を指している。さて，先のもうひとつの未来形であったbhaviṣyatiに対応する語は，どれであろうか。彼女の言葉を伝えているのであるから，同じ意味を表す語があるはずである。tavaは，「あなたの」という2人称の属格・単数形である。evamとdoṣo naは，先と同じである。

したがって，bhaviṣyatiにあたるのは，bhaviteti haの部分ということになる。itiは引用標識「〜と（言った）」にあたり，haは，iti haのように末尾に置かれる小辞で意味はない。とすると残るは，連声をはずした，bhavitaか，bhavitāだけである。しかし，bhavitaでは意味がとれない。ここはbhavitāである。これが，最初に言ったもうひとつの未来形である複合未来形である。これで，普通の未来形と複合未来形とでは，働きに違いがないことがわかった。

第28課　死ぬまで君と一緒にいよう。
──未来を表す動詞(2)

『ナラ王物語』を読みながらもう少し未来形の用法について見てみよう。神々への報告を終えたナラ王は，後は神々ご自身でご判断をと言って立ち去った。こうして婿選びの大会の日を迎えることになる。ダマヤンティーは，いならぶ王たちの中に，同じ姿の５人の王たちを見つける。どれがナラ王か全く見分けがつかない。（神様も酷なことをするものである。）彼女は神々に救いを求める。夫に選んだナラ王がどれか教えてくれるように，そして神々は自らの姿を現すようにと。

神々は神としての特徴を示す。汗をかかない。まばたきしない。萎(しお)れることのない華鬘(けまん)をつけている。埃(ほこり)がつかない。地面に触れずに立っている。これに比べれば，萎れた花輪をつけ，汗と埃にまみれ，まばたきしながら，影を落として地上に立っているナラ王の姿はすぐに見分けがついた。ダマヤンティーは，彼の肩へと花束を投げ，彼を夫に選んだ。そこで祝福の叫び声が上がる。「善哉(ぜんざい)，善哉(ぜんざい)」と。サンスクリットでは，sādhu sādhu「サードゥ，サードゥ」である。「やった，やった」という喜びの声。こうしてダマヤンティー王女とナラ王は結婚した。ナラ王は次のように言って，終生の愛を誓う。

yāvac ca me dhariṣyanti prāṇā dehe śucismite.
tāvat tvayi bhaviṣyāmi satyam etad bravīmi te.
（3. 54. 27）

そして，私のいのちがこのからだにあり続ける限り，ダマヤンティーよ，私は君と一緒にいよう。私はこのことを真実語として君に言明する。

dhariṣyanti は，語根 dhṛ-「保持する，存続する」の能動態の未来形の３人称・複数形である。主語は，prāṇāḥ（prāṇa- の主格・複数形）。prāṇa- は，「息，呼吸」を意味するが，その複数形には，「いのち」という訳をあてることができるだろう。dehe は，deha-「身体」の処格・単数形。śucismite は，śuci-（動詞 śuc-「燃える，焼ける」から派生した形容詞）「輝く，清い」と，smita-（動詞 smi-「微笑（ほほえ）む」の過去受動分詞形「微笑んだ」から派生した中性名詞）「微笑み」の２語からなる複合語 śucismita- の女性形（śucismitā）の呼格・単数形である。複合語が女性を現す場合には，女性の語尾をとるのである。ここでは，ダマヤンティーへの呼びかけとなっている。

１行目と２行目の前半８音節とで，yāvat … tāvat の構文になっている。tvayi は，２人称の人称代名詞の処格・単数形。bhaviṣyāmi が，bhū- の未来形の１人称・単数形であることはもうわかっているだろう。

この tāvat tvayi bhaviṣyāmi はどんな意味だろうか。yāvat で始まる１行目が，要するに，「生きている限り」，「死ぬまで」を意味するとして，それにどう続くのだろうか。処格は一般的には場所を示すから，「君の中に，私はいましょう。」となるだろうか。サンスクリットの文法書として最も有名なホイットニー（Whitney）の『サンスクリット文法』（*Sanskrit Grammer*）では，処格の用法として，「ひとが誰かと一緒にいる場合に，場所の代わりに，その誰かが処格で示される」と説明して（101頁302c.），例文としてこの tāvat tvayi bhaviṣyāmi を挙げ，“so long will I cleave to thee” という訳文を示している。「私はあなたに誠実であり続けます。」ということである。これを踏まえて，「私は君と一緒にいよう。」と訳してみた。

後半の 8 音節は，指示代名詞の etad が，yāvat … tāvat で言われた内容を受けており，それを satyam「真実語」として，君（te）に私は言う（bravīmi 動詞語根 brū- の 1 人称・単数形）ということである。「私は君にこのように誓う」と言うに等しい。「真実語」とは，あることが実現することを願ってそれを明言する言葉を言う。古代インドでは，口に出して言われたことは必ず実現するという，言葉の力に対する信頼，すなわち言霊信仰には極めて強いものがあった。

こうしてハッピーエンドを迎えたかと思いきや，実はここまでは，まだ『ナラ王物語』の序の口である。「一生，君を離さないよ」と宣誓したナラ王であったが，サイコロ賭博にのめり込み，財産をすべて失い，弟のプシュカラに国をのっとられて，ダマヤンティーとともに追い出されてしまう。ナラは，ダマヤンティーと別れて，彼女を国に帰らせようとする。そのときのダマヤンティーの言葉が次である。

vane ghore mahārāja nāśayiṣyāmi te klamam.
na ca bhāryāsamaṃ kiṃcid vidyate bhiṣajāṃ matam.
auṣadhaṃ sarvaduḥkheṣu, satyam etad bravīmi te.
（3. 58. 26-27）

王様，恐ろしい森の中でも，私はあなたの労苦をなくしてさし上げましょう。そして，どんな不幸の中にあっても，妻に匹敵するほどの治療薬はほかには何も存在しないというのが，医者たちの考えです。私はこのことを真実語としてあなたに言明します。

nāśayiṣyāmiは，もちろん未来形の1人称・単数形である。語根はnaś-「なくなる，消える」で，これの使役形がnāśayati（3人称・単数形）「なくす，消す」である。この使役形の語幹nāśayaに，-iṣya-を付ければ未来語幹となる。この詩節の中の他の語については，語彙索引と訳を参考にしながら各自で調べてほしい。

注目すべきは，最後の8音節である。これは，先ほど見たナラの言葉と全く同じである。ここではダマヤンティーが誓っている。誓い，あるいは約束の言葉を表すこのsatyam etad bravīmi teという8音節の句（および少しその形を変えたもの）は，『マハーバーラタ』やその補編の『ハリヴァンシャ』，そして『ラーマーヤナ』など叙事詩の中で，しばしば使われる常套句であるが，単なる常套句ではなく，そこに登場する人物の運命を決定する力をもった言葉として使われる。

ある夜，ナラはダマヤンティーを森の中に置き去りにして立ち去る。彼女は，夫を捜して森や湖，山や川をさまよい歩くが，夫は見つからない。嘆き悲しむ彼女の前に，「真実語を語る」（satya-vādin）苦行者たちが現れ，次のように告げる。

udarkas tava kalyāṇi kalyāṇo bhavitā śubhe.
vayaṃ paśyāma tapasā kṣipraṃ drakṣyasi naiṣadham.
niṣadhānām adhipatiṃ nalaṃ ripunighātinam.
bhaimi dharmabhṛtāṃ śreṣṭhaṃ drakṣyase vigatajvaram.
（3. 61. 87-88）

結末はあなたにとって善きものとなるだろう。ダマヤンティーよ。我々には，苦行によって得た力（タパス）によって，あなたがニシャダ王にじきにまみえるであろうことが，見えている。ニシャダの国の王であり，敵の破壊者であり，ダルマを保持する者たちの中で最高の者であり，熱が冷めたナラ王に，あなたはまみえるであろう。

ここにも，複合未来形の bhavitā が使われている。kalyāṇi と śubhe は，kalyāṇī（← 男性形 kalyāṇa-「善き」）と śubhā（← 男性形 śubha-「美しい」）というともに女性形の形容詞の呼格・単数形で，ここでは「美しい人」という名詞として使われており，ダマヤンティーに対する呼びかけとなっている。udarka- は男性名詞で，「結末，未来」を意味する。drakṣyasi が，能動態の未来形の２人称・単数形であろうことはすぐにわかるだろうが，語根の形はと聞かれると困るかもしれない。これは dṛś-「見る」の未来形である。dṛś- の直説法現在形は，paś- から作ることは，先に述べた通りで，ここでも，paśyāmaḥ（１人称・複数形）が使われている。drakṣyase も dṛś- の未来形２人称・単数であるが，こちらは中動態である。意味は同じである。bhaimi は，bhaima「ビーマに関わる」の女性形 bhaimī の呼格・単数形で，「ビーマの娘よ。」というダマヤンティーへの呼びかけである。

vigata-jvaram について説明しておこう。複合語であるが，前分が vi-gam-「去る，消える」の過去分詞形 vigata- で，後分が jvara-「熱，苦悩」である。これは「所有複合語」で，「去った熱をもつ［ナラ王］を」である。つまり，「熱が冷めたナラ王に，あなたは会うであろう。」と，苦行者たちがダマヤンティーに告げたのである。このように告げて，苦行者たちは一瞬にして消え去る。これは予言である。そしてこの予言は真実語であるから，実現することになる。

一方のナラ王もまた，森に置き去りにしたダマヤンティーのことを思いながら生きていた。いま見た苦行者たちの予言にほのめかされているように，ナラ王が賭博に狂ったのも，誓いを破って妻を捨て去ったのも，実は，すべてはカリという悪魔に取り憑かれたせいであった。

あるとき，ナラ王は，呪いをかけられて動けなくなっていたカルコータカという竜王を助ける。カルコータカ竜王は，ナラに取り憑いたカリをその毒によって苦しめ，ナラの体から追い出すことを約束して，次のように言う。

bhaviṣyasi yadākṣajñaḥ śreyasā yokṣyase tadā.
sameṣyasi ca dārais tvaṃ mā sma śoke manaḥ kṛthāḥ.
rājyena tanayābhyāṃ ca satyam etad bravīmi te.
(3. 63. 21)

あなたがサイコロ名人になったときに，あなたは幸福になるでしょう。そして，あなたは妻にも，王国にも，2人の子供にも，会えるでしょう。悲しんではなりません。私はこのことを真実語としてあなたに言明します。

最後の8音節は，またもや同じ常套句である。ここでは先のダマヤンティーに対する苦行者たちの言葉と同様に，予言の真実語となっている。ここにはもうひとつ常套句が出ている。mā sma śoke manaḥ kṛthāḥ である。「オーグメントのないアオリスト形は，否定辞 mā sma（sma は付かないこともある）と共に用いられて禁止を表す」という説明の見本のような用例である。kṛthāḥ が，オーグメント，つまり a- の付かないアオリスト形で，kṛ-「する，作る」の２人称・単数形である。manas「心」を目的語（対格・単数）としている。śoke は，śoka「悲しみ」の処格・単数形。「心を悲しみに向ける・置く」という意味。mā sma でそれの禁止である。「悲しんではならない。」という意味になる。

１行目は，yadā … tadā …の構文になっている。bhaviṣyasi は，もう問題なくわかるだろう。yokṣyase は，yuj-「結合する」の中動態の未来形の２人称・単数形。具格の語をとって，「〜と結びつく，〜になる」の意味を作る。

２行目の sameṣyasi は，sam-i-「会う」の未来形。具格の目的語をとって，「〜と会う」となる。ここで注意すべきは，dāraiḥ と dāra-「妻」が複数形であることである。しかも，dāra- は男性名詞である。「妻」は，ここではダマヤンティーひとりを指していることは間違いない。「妻」を意味する dāra は一般に複数形で使われる男性名詞である。

もちろん，このような予言がなされたからと言って，すぐにナラとダマヤンティーが再会するわけではない。２人の苦難はまだまだ続くのであるが，ともかく最後は大団円でめでたしめでたしとなる。

「ナラ王物語」を読みたければ，上村勝彦訳『マハーバーラタ』第３巻（ちくま学芸文庫）を読むことをお勧めする。あるいは，鎧淳訳『ナラ王物語』（岩波文庫），北川秀則・菱田邦男訳『ナラ王物語とサーヴィトリー姫物語』（山喜房佛書林）がある。

第29課　もしあなたが彼の妻になるならば。
――願望法(1)と条件法

ナラ王とダマヤンティー王女は，艱難辛苦の果てにハッピーエンドを迎えるのだが，物語の始まりは次のようであった。城のそばの森で一羽のハンサ（鵞鳥）を捕まえたナラ王は，殺さずに放してやる。ハンサたちはヴィダルバ国へ飛んでいき，ダマヤンティーのそばに降り立つ。そして，そのうちの１羽が，彼女に次のように告げたのである。

tasya vai yadi bhāryā tvaṃ bhavethā varavarṇini.
saphalaṃ te bhavej janma rūpaṃ cedaṃ sumadhyame.
(3. 50. 27)

もしあなたが彼（ナラ）の妻になるなら，あなたの生まれとその美貌は，見事に実を結ぶことになるでしょう。美しい人よ。

さて本課では，願望法について学ぶことにしよう。この例文にある，bhavethāḥ と bhavet が，願望法の動詞である。前者が，動詞 bhū- の中動態の２人称・単数形，後者が同じく bhu- の能動態の３人称・単数形である。（語尾変化については表53を参照のこと。）この訳文からわかるように，願望法というのは，英文法で「仮定法」，あるいはドイツ語文法などで「接続法」と呼ばれているものとだいたい同じである。話し手の願望や推測を述べるものと言ってよいだろう。

そして，サンスクリットの場合，この例文からもわかるように，未来の事実についての肯定的な言明も，勧奨・願望・疑念・仮定などを表す言明とともに，願望法が使われるのである。ここでの話し手であるハンサの言葉には「そうあってほしい」という願望が確かに込められているが，未来において起こり得る事実を述べているものでもある。その意味で，仮にここで願望法の代わりに単純な未来時制が使われていても，文意に変わりはないことになる。

ではなぜここで願望法が使われているのかと言えば，この文が，yadi「もし〜なら」に導かれた，従属節と主節から成る文だからである。これについてはパーニニ文法の規定があって，従属節と主節で述べられる事柄の間に，原因（条件）と結果（帰結）という関係が成り立つ場合には，それぞれの動詞には願望法が使われることになっているからである。この例文でも，yadi「もし……なら」という接続詞によって導かれている従属節は，「妻になる」という原因（条件）を表し，主節がその結果として「生まれと美貌が結実する」ということを表している。そして，これは単純に未来の事柄を述べているものと言ってよいだろう。

それでは，サンスクリットの文において，現在や未来における非現実の仮定を表すにはどうすればよいか。ある仮定のもとで，その帰結として実際にはあり得ないような未来の出来事や過去の出来事が起こり得ることを表現するにはどうしたらよいのか。そのようなことを表現している例文を見てみよう。『マヌ法典』第7章からの引用である。

yadi na praṇayed rājā daṇḍaṃ daṇḍyeṣv atandritaḥ.
śūle matsyān ivāpakṣyan durbalān balavattarāḥ.（7. 20）

もし怠けないはずの王が，罰せられるべき者たちに，刑罰を科すことをしないなら，強者たちは，弱者たちを焼き串に刺された魚のように調理するであろう。

この詩節の話し手（作者）が真に言いたいことは，王が厳格に世を治めているからこそ，現実の世は弱肉強食の世界にはなっていないということである。yadi「もし……なら」によって導かれる1行目が従属節で，動詞は praṇayet である。pra-ṇī-「(罰を）科す」という語根の能動態の願望法の3人称・単数形である。一方，2行目が主節であるが，動詞は，apakṣyan である。どこかで見たような語形であるが，わかるだろうか。語頭の a- を取ればどうだろう。pakṣyan。ついでに語末の -n も取って，語幹（と思われる）部分だけにすればどうだろうか。pakṣya-。pac-「調理する」の未来語幹である。pac- の能動態の未来形の3人称・単数形は，pakṣyati である。この語頭に a- を付けて，第1次語尾の -ti の代わりに第2次語尾の -t を付ければ，apakṣyat という条件法の3人称・単数形ができあがる。そして，apakṣyan は，3人称・複数形である。

このように，単純未来の語幹の語頭に a- を付けて，第1種活用の第2次語尾（表52）の変化形を付ければ，「条件法」の動詞ができあがる。「条件法」は，実現性のない仮定を含む条件文の前提あるいは帰結に用いられるが，上の例文のように，現在あるいは未来に関する仮定においては，前提には願望法を用い，帰結に条件法を用いるとされている。しかし，実際の使用例は少ない。

次に変化表を見ておこう。

表71　pac-「調理する」条件法の変化表

	能動態		
	単数	両数	複数
1	apakṣyam	apakṣyāva	apakṣyāma
2	apakṣyas	apakṣyatam	apakṣyata
3	apakṣyat	apakṣyatām	apakṣyan

	中動態		
	単数	両数	複数
1	apakṣye	apakṣyāvahi	apakṣyāmahi
2	apakṣyathāḥ	apakṣyethām	apakṣyadhvam
3	apakṣyata	apakṣyetām	apakṣyanta

条件法の用例は，実際の古典サンスクリットのテキストの中では，語根 bhū-「なる，ある」の条件法の３人称・単数形 abhaviṣyat という語形が，もっぱら次のような用例において見られるだけである。仏教の論書『倶舎論』の一節である。

yadi tu svabhāvata eva sarvaṃ veditaṃ duḥkham abhaviṣyat, tisro vedanā iti vacane ko guṇo 'bhaviṣyat.

しかし，もし，すべての感覚（vedita）は本質的に苦であるならば，「感覚（vedanā）には［楽と苦と非苦非楽の］３種類がある」と［ブッダが］言ったことにどんな利点があるのか。

「この世のすべては苦である」（sarvaṃ duḥkham）というのは，仏教だけでなくインドの宗教全般に見られる根本的な世界認識である。それはつまり人間の生存が生まれ変わり死に変わりする輪廻に巻き込まれているからである。だからこそそれからの解放である「解脱」（モークシャ）が望まれるのであり，人はそれを目指して努力するのである。

このような根本的な認識に対して，上の『倶舎論』の一文は，条件法を使って疑問を投げかけている。そして，仮にそうであるならば，「感覚には快感（楽）と苦痛とそのどちらでもないものの３つがある」と仏説において言われているが，矛盾を含んだそのようなことがなぜ言われているのかと，条件法を使って問いかけているのである。

コラム10　動詞における「法」

文中の動詞の活用形や助動詞によって体系的に表現される話し手の心理的態度を「法」と呼ぶ。サンスクリットには，以下のような「法」がある。

- 直説法：話し手が，ある出来事を事実であると判断して聞き手に伝えるときに使われる。現在・過去・未来の時制に応じて，直説法現在，直説法過去，直説法アオリスト，直説法完了，直説法未来の区別がある。
- 願望法：出来事についての話し手の願望や推測を主観的に述べる。命令「〜すべし」や勧奨「〜すればよい」，また可能性「〜であろう」といった話し手の判断の内容を表すのに使われることが多い。
- 条件法：話し手にとって実現性がないと思われる出来事を仮定として述べる。
- 命令法：行為を行うように話し手が聞き手に命令する時に使われる。

第30課　アオサギのように考えるべし。
——願望法(2)

前課ではいわゆる仮定法にあたる願望法について見たが，すでに触れたように，願望法には，それとは別に，命令（「〜すべきである」，「〜すべし」）や勧奨（「〜するとよい」），あるいは可能性（「〜であろう」，「〜かもしれない」）といった，話し手（語り手，作者）の判断の内容を表すために使われる場合がある。

前課で用例を引用した『マヌ法典』は，古代のインドの「法典」の代表的なもので，バラモンを中心としたインド社会における人間の様々な行動規範（ダルマ）を，詩節（シュローカ）の形で条文を並べるようにして述べるものである。その第７章は「王の生き方」を主題にしている。次のように言われている。

alabdhaṃ caiva lipseta, labdhaṃ rakṣet prayatnataḥ.
rakṣitaṃ vardhayec caiva, vṛddhaṃ pātreṣu nikṣipet.
etac caturvidhaṃ vidyāt puruṣārthaprayojanam.
asya nityam anuṣṭhānaṃ samyak kuryād atandritaḥ.
（7. 99-100）

そして，［王たる者は，］手に入れたことのない物をこそ手に入れようと欲すべし。手に入れた物を懸命に保持すべし。そして，保持した物をこそ増やすべし。増やされた物を，ふさわしい受け手に寄付すべし。（7. 99）以上の４種類を，［王たる者は，］人として生きる目的の達成手段であると知

るべきである。怠けることのない王は，以上のことを常に正しく実行すべきである。(7. 100)

lipseta, rakṣet, vardhayet, nikṣipet, vidyāt, kuryāt が，いずれも願望法の動詞である。そして，-eta, -et, -yāt という語尾を見れば，それらが３人称・単数形であることはわかるであろう。しかし語根の形はとなると，すぐにはわかりにくいものもあるので，ひとつひとつ簡単に説明しておこう。

lipseta については，語根の形をすぐに言い当てることは難しいだろう。実はこの語形は，labh-「得る，手に入れる」という語根から作られた意欲活用形の語幹 lipsa- に中動態の願望法の３人称・単数形の語尾が付いた形である。意欲活用については，後に第38課で扱うので，ここでは，「～したい」，「～しようと欲する」という動作主体の意欲を表す動詞の形であるとだけ言っておこう。rakṣ-「護(まも)る」はそのままだからわかるだろう。

vardhayet はどうだろうか。これも vardh- のような語形を想定して，語彙索引や辞書を探してみてもすぐには見つからない語形である。これは語根 vṛdh-「増加する，成長する」という動詞から派生した形である。能動態の直説法の３人称・単数形は vardhati である。そして，願望法の３人称・単数形は vardhet である。では，vardhayet というこの形は何か。語幹の形を想定すると，vardhaya- であろう。つまり，-aya- という接辞が挟まっていることになる。これは使役形の語幹である。３人称・単数形は vardhayati「増やす」となる。そこで vardhayet は使役形の願望法の３人称・単数形であることになる。

ni-kṣip-「置く，委ねる」はそのままである。vidyāt は，

vid-「知る」，kuryāt は，kṛ-「する，作る」のそれぞれ願望法で，この2つは第2種活用の語尾をとっている。

他の単語について，2点だけ説明しておこう。labdha-, rakṣita-，vṛddha- が，先に述べた動詞の過去受動分詞であることはわかるであろう。それから，anuṣṭhānam は，「実行」という意味の中性名詞であるが，動詞の kṛ- と一緒になって，「実行する」という意味を表す。

『マヌ法典』の第8章も同じく「王の生き方」を主題としている。次のような文を見てみよう。

krītvā vikrīya vā kiṃcid yasyehānuśayo bhavet
so 'ntar daśāhāt tad dravyaṃ dadyāc caivādadīta vā.
pareṇa tu daśāhasya na dadyān nāpi dāpayet.
ādadāno dadat caiva rājñā daṇḍyau śatāni ṣaṭ.
(8. 222-223)

この世で，何かある物を買った後で，あるいは売った後で，もしその当事者に後悔が生じたならば，その者は，10日以内に，その物品を返品すべきである，あるいは取り戻すべきである。しかし，10日を過ぎたら，返品することはできないし，返品させることもできない。取り戻している者も，返品している者も，王によって，600［パナ］の罰金が科せられるべきである。(8. 222-223)

1行目は，「もし……ならば，」という仮定になっていて，願望法の bhavet が使われている。2行目以下にも，dadyāt (dā-「与える，渡す」の能動態の願望法の3人称・単数形)，ādadīta (ā-dā-「受けとる」の中動態の願望法の3人称・単数形)，

dāpayet（dā- の使役形〔dāpayati「渡させる」〕の願望法の３人称・単数形）という願望法の動詞が並んでいる。このうち注意すべきは，ā-dā-「受けとる」という動詞で，これは中動態でしか使われない。

krītvā は，krī-「買う」の絶対分詞形。vikrīya は，vi-krī-「売る」の絶対分詞形である。語根 krī- に接頭辞 vi- が付いた形で，このように接頭辞の付いた語根には，-tvā の代わりに -ya が付いて絶対分詞を作る。

１行目の関係代名詞 yasya と２行目冒頭の指示代名詞 saḥ が関係節を作っている。antar daśāhāt「10日以内」，pareṇa daśāhasya「10日以後」はともに熟語である。

ādadānaḥ と dadat は，ともに現在分詞の形である。前者は，ā-dā- の現在分詞の主格・単数形，後者は dā- の現在分詞の主格・単数形である。

daṇḍyau は，daṇḍya- の主格・両数形である。daṇḍa-「刑罰」という名詞に由来する動詞（daṇḍayati　３人称・単数形，「罰する」）の未来受動分詞（動詞的形容詞）で，「罰せられるべき」という意味であり，科料が対格で示されて「罰金……パナが科せられるべき」という意味となる。古代インドにも，合理的なクーリングオフの制度があったと思われる。このような一連の規程は，次のような言葉で結ばれている。

yasmin yasmin kṛte kārye yasyehānuśayo bhavet,
tam anena vidhānena dharmye pathi niveśayet.（8. 228）

この世で，あれこれのことが成されて結果が出たときに，その者に後悔が生じたならば，［王は，］その者を，この規定に従って，ダルマ（正しい生き方）に合致した道に導き入れるべきである。

1行目の後半は，先に見た詩節と全く同じ語句である。niveśayet は，ni-viś-「～に入る，帰る」の使役形 niveśayati「～の中に入れる」の願望法の3人称・単数形である。古代インドにおいては，王は，ダルマの実践者であり，刑罰の執行者であった。『マヌ法典』は，このことをはっきりと示している。

『マヌ法典』と同じように，王にその生き方を教えているのが，叙事詩『マハーバーラタ』である。『マハーバーラタ』からの引用はこれまでも何度か見てきたが，このテキストはやはりおもしろい。次のようなことが言われている。

nāsya chidraṃ paro vidyād, vidyāc chidraṃ parasya tu.
gūhet kūrma ivāṅgāni rakṣed vivaram ātmanaḥ.
bakavac cintayed arthān, siṃhavac ca parākramet.
vṛkavac cāvalumpeta, śaśavac ca viniṣpatet.
（12. 138. 24-25）

他者（敵）はこの者（王）の弱点を知ってはならない。しかし［王は,］他者（敵）の弱点を知るべきである。［王は,］自分自身の弱点を隠して護るべきである。ちょうど亀が四肢を隠すように。(24)［王は,］アオサギのように（慎重に），あらゆることについて考えるべきである。そして，ライオンのように（勇猛に），振る舞うべきである。また，オオカミのように（荒々しく），襲いかかるべきである。そして，兎のように（すばやく），退くべきである。(25)

願望法の動詞はだいたい見分けがつくだろう。vidyāt は先に見た。gūhet は，語根 guh- である。rakṣet も先に出ていた。cintayet は，語根 cint-「考える，思案する」である。parākramet は，parā-kram- という語根からできている。avalumpeta は，中動態の願望法の3人称・単数形の語尾をとっている。語根は，ava-lup-「襲う」である。viniṣpatet は，vi-niṣ-pat-「飛び出す，走り出す」という意味だが，特に兎が急に方向転換して逃げるさまを表す動詞である。

さて，上の詩節の後半（25）は，『マヌ法典』の第7章「王の生き方」の第106詩節と同一である。前課で見た第20詩節の後半の一行も，実は『マハーバーラタ』12. 15. 30cd と同一である。『マヌ法典』と『マハーバーラタ』には，このように共通する詩節が見られ，特に『マハーバーラタ』第12章には多く見られる。両者の関係については，19世紀の終わり頃に，ホプキンス（Edward Hopkins）によって研究の先鞭（せんべん）が付けられて以来，しばしば論じられてきたが，両者の影響関係に結論を出すことは難しい。それは両者がともに前2世紀から後2世紀の間に段階的に成立してきたと考えられるからである。

一方が他方から引用したと考えるよりも，古代のインドの共同体の内部において当時よく知られていた詩節を，両者がともに利用したと考えるほうが，おそらく妥当であると思われる。内容的にも，いま見たように，わかりやすくて誰もが理解できるものであり，ことわざのように人口に膾炙（かいしゃ）していたものであったのだろう。

第31課　よし。──命令法(1)

本課では命令法を中心に学ぶことにしよう。「命令」というのは目の前にいる誰かを相手にするものであるから，2人称で使われるのが普通であろう。たとえば，anugaccha mām「私について来い」のようにである（anugacchaは，anu-gam-「ついて行く」の能動態の命令法の2人称・単数形）。しかし，サンスクリットの場合は，すべての人称において命令法を使うことが可能である。

1人称であれば，話し手の意志を表す。anugacchāni「私はついて行こう。」のように。あるいは3人称であれば，話し手の勧奨や願望を表す。sītā tvām anugacchatu「シーターは，君について行くように。」のように。これは，ラーマ王子が弟のラクシュマナにagrato gaccha「先に行け。」と言い，それに続けて言った言葉である。あくまで弟に向けた言葉であるから，弟が2人称の代名詞（tvām対格・単数）で示され，妻のシーターは3人称となっている（『ラーマーヤナ』2. 46. 76）。人称語尾の基本的な変化については，第22課で見ている。

さて，初級文法を終え，『ナラ王物語』や『マヌ法典』，あるいは叙事詩『マハーバーラタ』などから引用された文章を読んで，サンスクリットの文章に慣れてくると，いよいよ本格的に文学や哲学のテキストを読むことになる。私はインド哲学を専攻に選んだので，哲学のテキストを読むことが多かったが，文学作品もそれなりに読んだ。読んだというよりも読むように言われた。

ある先生からは，いつも「日常言語感覚を養え」と言われた。哲学の文献ばかりを読んでいると，言葉に対する感覚が観念的になり，語のもつ具体的なニュアンスがとらえられなくなるぞというご注意である。確かにその通りだと思う。しかし，では文学作品を読めば日常的な言語についての理解が鮮明になるかと言うと，なかなか難しい。哲学だけでなく文学作品も含めた種々のジャンルのテキストをある程度の数読んできた今となれば，確かにその先生のおっしゃる通りだと思うのだが，当時は，文学作品を読むことの難しさにお手上げだった。徹夜で予習しても読むこと（つまり，単語を辞書で引いて意味を確認し，訳文の形に仕上げること）ができたのは，ほんの数行である。授業に出て，かろうじて1周目の順番で1行ほどの訳を発表しても，そのできはよくなくて，その後は黙って聞いているだけだった。

その文学作品の代表格で，サンスクリット文法を学んだら，きっと誰もが一度は読んでみたいと思っている詩聖カーリダーサの『シャクンタラー』を，ここでは題材にして，命令法を学ぶことにしよう。

文学作品はとにかく難しいと思ってしまう理由の第一は，最初に難関が待ち受けているからである。何も文学作品だけに限らないが，作品の冒頭に，「マンガラ」と呼ばれる詩節が置かれる。作者が，作品の完成と吉祥を神に祈るために作るものであるが，文学作品の場合，これを理解することが難しいのである。何しろ作品の成否は神のご加護があるかどうかにかかっているのであるから，神様を感動させるために，技巧を凝らした韻文となっている。どこでどう切ったらよいのかさえわからないような長い複合語になっていて，切り損なって単語の理解を間違ったとたんに，こちらの無知をさらけ出すしかけとなっている。しかも作品本体の内容とは関係がないとこちらは思っているから，一生懸命に読む気にならない。要するに最初にやる気をそがれてしまうのである。

次に示すのが，『シャクンタラー』のマンガラ詩節である。今見てみると，それほど長い複合語もないから，言うほど難しくもなさそうだが，どうだろう。

yā sṛṣṭiḥ sraṣṭur ādyā, vahati vidhi-hutaṃ yā havir, yā ca hotrī,
ye dve kālaṃ vidhattaḥ, śruti-viṣaya-guṇā yā sthitā vyāpya viśvam,
yām āhuḥ sarva-bīja-prakṛtir iti, yayā prāṇinaḥ prāṇavantaḥ,
pratyakṣābhiḥ prapannas tanubhir **avatu** vas tābhir aṣṭābhir īśaḥ.（Kāle p.2）
（理解のために，複合語に切れ目を入れ，意味のまとまりごとにコンマを入れている。）

最初に言っておくと，太字の部分が命令法で，語根 av- の能動態の３人称・単数形である。動詞の意味はここでは「加護する」，命令法で「神のご加護がありますように」であるが，他の古典サンスクリットのテキストの中でこの語を見たことはない。「喜ばせる，好む，元気づける」などの意味があるとされているが，もっぱら『リグ・ヴェーダ』などのヴェーダ文献で使われている。

この avatu を含む最後の１行をまず見ておこう。-bhiḥ という語尾に終わっている単語が４つある。この語尾の形から具格・複数形の語が並んでいることがわかるだろう。もう少し注意深く見れば，tanubhiḥ 以外は，-ābhiḥ となっているから，これらは女性形であることがわかる。そして，まず，tanu- を語彙索引や辞書で引いてみると，女性名詞で「身体」を意味することがわかる。また，tābhiḥ は，指示代名詞で女性の具格・複数形であることはすでに第８課（表７）で習った。aṣṭābhiḥ は，aṣṭa-「８」の女性の具格・複数形。そして，pratyakṣābhiḥ は，形容詞 pratyakṣa-「目に見える，知覚される」の女性形の具格・複数形である。

残る語は，prapannaḥ と，vaḥ と，īśaḥ である。どれも語尾が -aḥ で，同じ格，主格のように思えるが，vaḥ は，実は２人称の人称代名詞の付帯形で「君たちを／に／の」の意味で使われる。（付帯形については第17課や第20課で見た。）

īśaḥ は，īśa- の主格・単数形で，「主は」，「シヴァ神は」である。prapannaḥ は，pra-pad-「～の状態に入る，～をとる」の過去受動分詞形 prapanna- の主格・単数形であり，īśaḥ を修飾している。prapanna- は，具格を目的語にとって，「～を供給された」「～を与えられた」という意味になる。以上を踏まえて，この「マンガラ詩節」の最後の１行を訳せば，次のようになるだろう。

目に見えるそれら８つの身体をもったシヴァ神が，あなた方を，加護しますように。

「それら８つ」というのは，水，火，祭官，太陽，月，虚空，地，風の８つで，シヴァ神のもつ８相と言われるものである。この８相について描写しているのが，前の３行である。yā … yā … yā … ye … yā … yām … yayā …と，女性形の関係代名詞が並んでいる。yā が主格・単数形，ye は主格・両数形，yām は対格・単数形，yayā は具格・単数形である。

関係代名詞が7つしかないが，ye が両数であるから，合計8つになる。これらを，tābhiḥ (aṣṭābhiḥ tanubhiḥ) が受けている。すべて女性形なのは，tanu-「身体」を修飾するものとして同格になるからである。
「創造主（sraṣṭṛ-）の最初の創造（sṛṣṭi-）であるもの」(水)，「規定通りに投ぜられた供物（havis-）を［天に］運ぶもの」(祭火)，「祭式を行う者（hotrī-）」(祭官)，「時を定める2つのもの」(太陽と月)，「全世界に遍満していて，音声（śruti-viśaya-，聴覚の対象）を属性（guṇa-）とするもの」(虚空)，「すべての種子の本源（prakṛti-）と言われるもの」(大地)，「それによって生き物（prāṇin-）たちが息(いき)をするもの」(風)。

インドでも古代より原理と考えられてきた5元素である地・水・火・風・空に，太陽と月を加え，さらに祭官を加えた8つ，つまりは最高原理とおぼしきもののすべては，シヴァ神の身体の現れだと言って，シヴァ神を讃えている。

舞台の開演にあたって，スートラダーラ（座長）が観客に向かって「皆様にシヴァ神様のご加護がありますように」と祈禱(きとう)を唱えているのである。

カーリダーサ作の『シャクンタラー』は，全7幕の劇である。序幕で座長がこの祈禱を述べた後，女優とのやりとりがあり，2人が退場すると，馬車に乗った王と御者が登場し，第1幕「狩猟」が始まる。劇の台本であるから，本文には，ト書きがあり，登場人物の台詞(せりふ)があるが，台詞の多くは美文体の詩節の形をとっている。そこで辻直四郎訳では，「原作の面影を遠く離れ」ないようにと，これを七五調の擬古文を用いて訳している。たとえば第3幕のシャクンタラーと王の思いが通い合う場面では，次のような歌が交わされる。

（シャクンタラー）「君が心は　知らねども　君を慕いて　火と燃ゆる　わが恋ごころ　ひるに夜に　さしも知らじな　身をこがす。」

（王）「（突然近づいて）君が身を　恋はこがすと　のたまえど　それにも増して　絶えまなく　われ焼きつくす　手弱女（たおやめ）よ。わが身を月に　喩うれば　君は夜さく　クムダ花　ひるとしなれば　消えてゆく　月のなやみの　いや深からめ。」（辻直四郎訳『シャクンタラー姫』，岩波文庫，66頁）

शकुन्तला । वाचयति ।
तुज्झ ण आणे हिअअं मम उण कामो दिवावि रत्तिंपि ।
णिग्घिण तवेइ बलिअं तुइ वुत्तमणोरहाइं अङ्गाइं ॥ ६४ ॥
राजा । सहसोपसृत्य ।
तपति तनुगात्रि मदनस्त्वामनिशं मां पुनर्दहत्येव ।
ग्लपयति यथा शशाङ्कं न तथा हि कुमुद्वतीं दिवसः ॥ ६५ ॥

［上は，1842年にオットー・ベートリンクによってドイツのボンで出版された『シャクンタラー』のデーヴァナーガリー本のテキストの部分。上の辻訳に対応する箇所。シャクンタラーの台詞は，サンスクリットではなく，プラークリットである。］

辻訳は，声に出して読めば七五調のリズムが心地よい。しかし，口調はよいけれども，この訳では予習で読解の参考にはならなかった。意味を理解するためには，英語やドイツ語の翻訳のほうがよくわかった。サンスクリットを懸命に読んで，原文の語の意味とつながりを理解して，ようやく辻訳のよさがわかることもしばしばであった。

さて，命令法であるが，この『シャクンタラー』の中で，王をはじめとする登場人物が，時々 bhavatu という語を発することがある。語形は，見ての通り，動詞語根 bhū-「なる，ある」の命令法の３人称・単数形である。これが時々，単独で，不変化詞のように使われることがあるのである。「ええい，ままよ」とか「さあれば，あれ」のような訳を先生からは習った。英語で言えば，Let it be. になるだろう。あるいはもっと昔，往年の名曲で言えば「ケ・セラ・セラ」「なるようになるわ」である。「勝手にしやがれ」というのもあるかもしれない。「よっしゃよっしゃ」となることもあるだろう。実際，この語を発する主体やその文脈によって意味が違ってくる。それでは，『シャクンタラー』を読み進めることによって，その使われ方を見ることにしよう。

第１幕は，狩猟の最中に，カンヴァ仙という苦行者の庵(いおり)がある森に，王が迷い込んだ場面である。主人のカンヴァ仙は不在で，娘のシャクンタラーが留守番をしていることを知らされた王は次のように言う。

bhavatu, tām eva paśyāmi.（Kāle p.20）

よし。彼女に会うことにしよう。

怖そうな父親が不在で，美しい娘しかいないので，「よし」と思ったのか，偉い仙人に会おうと思ったのに，娘しかいないので，「仕方ない，まあいいか」と思ったのか。ともあれシャクンタラーに会ってみようと，王は庵の前で馬車を降り，弓や装身具を御者に預けて庵に入る。そこにシャクンタラーが女友達とともに木に水やりをしていた。彼女を見た王は，その美しさに驚き，次のように言う。

bhavatu, pādapāntarhita eva tāvad enāṃ paśyāmi.（iti tathā karoti.）（Kāle p.26）

bhavatu については，やはり文脈から考えなければならない。辻訳は「ままよ」となっている。pādapa-「足（根）（pāda-）で水を飲む（pā-）もの」，すなわち「木」。antarhita- は，antar-dhā- の過去受動分詞形。「覆われた，隠された」。tāvat「まずは，しばらくの間」。enām「この女性を」。paśyāmi は，先ほどと同じ動詞であるが，ここでは「見る」という意味である。「木に隠された私は，まずは，この女性を見ることにしよう。」と言っているのである。（　）内はト書きで「と言って，そのようにする。」である。

王は，木立に隠れてシャクンタラーのことをのぞき見する。bhavatu はここではどんな意味になるだろうか。ここでもやはり，「なるようになれ」「見つかってもよいから，しばらくの間は彼女を見ていたい」という気分か。

木陰に隠れて，王は，恋に憧れる女友達2人とシャクンタラーの会話を密かに聞いている。そこへ蜜蜂がシャクンタラーに向かって飛んでくる。助けを求めるシャクンタラーに，2人は，「ドゥシュヤンタ王様に助けを求めなさい。」（duṣyaṃtam ākranda, ākranda は，語根 ā-krand-「助けを求めて叫ぶ」の命令形の2人称・単数形）と言う。

これを聞いて，王は自ら名乗り出ようとするが，王であることは知られたくない。そこで，次のように言う。

bhavatv, evaṃ tāvad abhidhāsye.（Kāle p.32）

よし。このようにまずは言うことにしよう。

ここでは，bhavatu は王の決断を表しているようである。

ただこの台詞は，どうも次の場面にうまくつながらないように思える。この王の台詞の後，シャクンタラーが蜜蜂に追われて，王の前に現れる。そこで王は客人のふりをして，シャクンタラーの２人の女友達と挨拶を交わすが，それが「このように言う」内容だと考えるのは無理があるように思える。王のこの台詞は，辻直四郎訳では，「よし，賓人のさまをよそおうことにいたそう。」（bhavatu, atithisamācāram avalambiṣye）となっている。これだと，次の場面とうまくつながる。

実は，『シャクンタラー』には何種類かの伝本があって，それぞれテキスト本文も異なっている。本書が使用しているのは，「デーヴァナーガリー本」と呼ばれているもので，先に言及したオットー・ベートリンクの版本も同じ種類である。インドで出版されている刊本も多くはこれで，ここでは，M. R. Kāle が編集した *The Abhijñānaśakuntalam of Kālidāsa*, Bombay 1898（第５版，1920年）に拠っている。

一方，辻直四郎訳が依拠しているのは，「ベンゴール本」（ベンガル文字本）と呼ばれるものである。このベンゴール本では，王の名前は，ドゥシュヤンタ（Duṣyaṃta）ではなく，ドゥフシャンタ（Duḥṣanta）となっている。また，先に本文で扱った bhavatu tām eva paśyāmi も，yady evaṃ tām eva drakṣyāmi「さようなれば，ご息女にお会いつかまつろう。」（辻訳）となっている。意味するところは同じで，bhavatu ＝ yady evam，paśyāmi ＝ drakṣyāmi であるが，後者のほうが，語根 dṛś- の未来形の１人称・単数形が使われていて，王の意志がよりはっきり示されている。

また，先の2人の女友達の台詞は，原文はプラークリットで，デーヴァナーガリー本では，dussandaṃ akkanda であるが，ベンゴール本では，dussantaṃ sumara「ドゥフシャンタさまを，お念じ遊ばせ。」（辻訳）となっている。

伝本としては，さらに別にカシュミール本があり，これには，信頼できる最新の成果として，Somadeva Vasudeva によって本文が校訂され英訳された *The Recognition of Shakúntala by Kāli-dāsa*. New York 2006, New York University Press & the JJC Foundation / Clay Sanskrit Library がある。そこでは，この台詞は，dussantaṃ ākanda となっている。そして，目下の王の台詞はベンゴール本とほぼ一致している。

『シャクンタラー』は，カーリダーサが作った独自の戯曲である。そうであれば，作者が本来意図したテキストがあるはずで，それにできる限り近づくことが，その作品を理解するということになるであろう。しかしその本文は，書写によって伝えられてきたもので，それが書き写される間に書き手の理解や誤解によって変容をこうむり，その結果様々な系統の写本が今に伝えられることになる。したがって，そうしたいくつかの写本を対照し，本来の本文の読みであったと思われるものを確定して，校訂テキストを作ることは重要だがとても困難な作業になる。サンスクリットを本格的に読むようになると，ときにはこうしたテキストの読みに関する様々な作業も行わなければならない。本書における例文の扱いについても，実際には文献学的にいろいろと問題になることもあるだろう。しかし目下は，とにかくサンスクリットの文を読むということを優先しておきたい。

第32課　ええい，ままよ。——命令法(2)

前課の続きである。シャクンタラーを追い回す蜜蜂に対して，立ち向かうふりをして王が現れる。一通りの挨拶を交わした後，素姓を聞かれた王は次のように独り言を言う。

katham idānīm ātmānaṃ nivedayāmi, kathaṃ vātmāpahāraṃ karomi. bhavatu, evaṃ tāvad enāṃ vakṣye.（Kāle p.38）

nivedayāmi は，ni-vid- の使役形の１人称・単数形で「知らせる」の意味であるが，ātmānam を目的語にして，「自分自身を知らせる」，つまり「名乗る」の意味となる。ātmāpahāram は，ātma + apahāra- の対格・単数形。apahāra- は，apa-hṛ-「取り去る」の名詞形であるが，ātmāpahāraṃ kṛ- で，「自分の正体を隠す」という意味になる。

katham ……, kathaṃ vā ……で，「～するのはどうか，あるいは～するのはどうか」と迷っている様子を現す。vakṣye は，vac-「言う」の中動態の未来形の１人称・単数形である。

いま自分は某々であると名乗ろうか，あるいは自分の正体を隠そうか。ええい，ままよ。このようにまずはこの娘に言うことにしよう。

ここでもやはり bhavatu は「なるようになれ」といった気分であろうか。しかし，投げやりな感じではないだろう。王は，とにかく決断して，「自分はヴェーダの学匠だ」と話すのである。ここでは，辻訳は，「よし」となっている。王は自分の正体を偽り，２人の女友達に，シャクンタラーについてあれこれ聞き出す。そうこうするうちに，突然，近辺の森が騒がしくなる。王の兵隊たちが王を探して騒ぎ立て，それに驚いた１頭の象が暴れて，苦行の森の静寂を乱したのである。それを知った王が，独り言で次のように言う。

aho dhik paurā asmadanveṣiṇas tapovanam uparundhanti. bhavatu, pratigamiṣyāmas tāvat.（Kāle p.50）

aho も dhik も叫び声で，「ああ，なんと」という感じ。paura- は，「都会人」だが，ここでは「家来」の意味。asmad-anveṣin- は，「私を探している者」の意味。asmad- は，１人称の人称代名詞の奪格・複数形であるが，ここでは複合語の前分として「私」を意味している。tapo-vana-「苦行林」。upa-rundhanti は，upa-rudh-「かき乱す」の３人称・複数形。prati-gamiṣyāmas は，prati-gam-「向かって行く，立ち向かう」の未来形の１人称・複数形である。

ああ，なんと。私を探している家来たちが苦行林をかき乱している。よし。まずは，われわれが［象に］立ち向かうことにしよう。

この bhavatu は，積極性を表しており，成りゆきに任せる気分はない。しかし，この騒乱のせいで，シャクンタラーと

2人の女友達は行ってしまう。王もまた苦行林を去るが，シャクンタラーへの思いを断ち切れず，都に帰らずに付近にとどまる。こうして，第1幕は終わる。

以上，第1幕における bhavatu の用例をすべて見たが，すべて王の台詞で独白と言ってよいものであり，それに続く動詞はすべて未来形の1人称「私は〜しよう」であった。もっともこれが王の台詞に限るかと言えば，そうでもなくて，第2幕，第3幕では，ヴィドゥーシャカ（道化）や女友達の台詞にも使われている。そして，この語に続くのが未来形の1人称であるのは同じである。

第2幕は，もっぱら王とヴィドゥーシャカの会話で，王が自分の恋心を打ち明ける。

第3幕は，魔物退治を頼まれて苦行林に戻った王が密かに聞いているのも知らず，シャクンタラーは2人の女友達に，王を慕う自らの心のうちを打ち明ける。そして友の勧めに従って，その思いを歌にする。そして王も歌を返す。それが，前課で辻訳を引用した「相聞歌」である。王とシャクンタラーは2人だけの時間を過ごすが，日暮れが近づき2人は別れる。

第4幕では，一挙に事態は進んでいる。王とシャクンタラーは，王族同士の結婚の作法であるガンダルヴァ婚によってすでに結ばれ，シャクンタラーは懐妊している。王は都に帰ったが，その後いっこうに便りがない。シャクンタラーは，物思いに耽(ふけ)るばかりでうわの空。庵に客が来ても気がつかなかった。賓客歓待を怠るとどうなるか。客は，怖い仙人ドゥルヴァーサスであった。「お前の恋人は，お前のことをすっかり忘れるであろう」という呪いがかけられる。ただ，女友達のとりなしで，なんとか，「〈思い出しの品〉（アビジュニャーナ）を王が見れば，呪いは解ける」という約束を得たのであった。この作品『シャクンタラー』の正式の題名は，Abhijñāna-Śakuntalam（Nāṭakam）であり，「（戯曲）思い出しの品で思い出してもらったシャクンタラー姫」のような意味である。王は，別れ際に，シャクンタラーに指輪を渡していた。これが〈思い出しの品〉である。

さて，この第4幕には，第3幕までに見てきたようなbhavatuの用例は一度も出て来ない。kāma idānīṃ sakāmo bhavatu「愛の神カーマよ。今こそ望みがかなった者となれ（満足せよ）。」のような，命令法の3人称・単数形の一般的な用例が出るだけである。ともあれ，この第4幕は，懐妊を知ったカンヴァ仙が，シャクンタラーを王のもとに旅立たせる別れの場面である。

第5幕は，王と対面の場である。王はシャクンタラーを見ても，人妻だと思っている。

bhavatu，anirvarṇanīyaṃ parakalatram.（Kāle p.172）

ともあれ，他人（para-）の女房（kalatram，中性名詞）は，じろじろ見られるべきではない（a-nir-varṇanīyam）。

このbhavatuは，不変化詞であるが，続くのはこれまでのような命令形ではなくて，未来受動分詞（動詞的形容詞）である。しかし，「じろじろ見てはならない」と自分に対して言っているのであるから，これまでの未来形の1人称の用法と類似の用法だと考えることもできそうである。ともかく，王は，目の前のみごもったシャクンタラーのことを思い出さず，人妻だと思い込んだままである。そこでシャクンタラーは，次のように言う。

bhavatu, yadi paramārthataḥ paraparigrahaśaṅkinā tvayaivaṃ pravṛttaṃ, tad abhijñānenānena tavāśaṅkām apaneṣyāmi.

よろしい。もし，あなたが，本当に（paramārthataḥ），［この私を］他人（para-）の妻（parigraha-，男性名詞「側室」）だと思って（-śaṅkin），このようなことをした（evaṃ pravṛttam）のであれば，それならば（tat），この〈思い出しの品〉によって，あなたの疑い（āśaṅkā-）を取り除きましょう（apa-nī-）。（Kāle p.182）

このbhavatuは，先に第1幕から第3幕で見たものと同じ用法である。-śaṅkinā tvayāは，具格・単数形である。-śaṅkinが，「śaṅkāをもつ」を意味し，tvayāを修飾して，「～と思っているあなたによって」となり，過去受動分詞のpravṛtta-「なされた」と，受け身の文となっている。上の訳では，これを「あなたが……思って，……した」としている。「この指輪を」と見せたかったところだが，ここで肝心の指輪がない。どこかで落とした様子である。「これこそが女の智慧（ちえ）」とますます疑いを深める王に，シャクンタラーは絶望して出て行こうとする。ともかくも出産のときまではわが家でと王付の祭官が彼女を連れて行く。そこで，deva adbhutaṃ khalu saṃvṛttam「王様，奇跡が起こりました。」という祭官の声が聞こえる。天から天女が降りてきて彼女を連れ去ったのである。一同は驚くが，王は，一件落着とばかりに，viśrāmyatu bhavān「あなた様は，もう［この件から］

身を引かれよ。」と祭官に言う。bhavān は，２人称の敬称 bhavat「あなた様」の主格・単数形であるが，３人称の扱いを受けるから，動詞は viśrāmyatu（vi-śram-「止める，休む」の命令法の３人称・単数形）となっている。

第６幕は，この劇の中で最も長い幕である。第７幕の大団円に至る前のあれこれが演じられる。不変化詞としての bhavatu が3回，普通の命令法としての bhavatu が２回使われている。幕が開いて，シャクンタラーがなくした指輪を，漁師が錦鯉（にしきごい）の腹の中から見つけ，それが王に差し出された。とたんに，王はシャクンタラーとの一件を思い出す。この後，天女（アプサラス）のサーヌマティーが舞台に登場する。（辻訳では，天女の名前は「ミシュラケーシー」となっている。）彼女は「透明マント」で身を隠しているので，人には見えない。この後，王廷内で見聞きした一部始終を天に戻って報告することになる。

王廷内では，シャクンタラーを拒んだことをしきりに悔いる王が，ヴィドゥーシャカを前にして，これまでの思い出を話している。さらには，シャクンタラーの姿を絵に描かせて，その絵を前に先の蜜蜂の一件をあたかも今の現実のように経験する。こうした様子を見て，王のまことを知った天女は天に戻るのである。

この幕の最後の場面では，いつまでも心が晴れない王の前に，インドラ天の御者であるマータリが現れ，天界の王を悩ます悪魔たちとの戦いに参戦するようにとインドラ天の命令を伝える。王は戦車に乗り込む。

第７幕は大団円である。インド映画がそうであるように，古典インドの劇も，すべてハッピーエンドでなければならない。では見てみよう。

戦車に乗った王とマータリが宙づりで登場する。悪魔たちとの戦いに勝利し，天界から地上に戻るところである。途中，空界の「黄金の峰」を苦行の場にしているマーリーチャ仙に挨拶しようと，その庵に立ち寄る。王はそこで少年に出会う。王はその子の尋常でない容貌と様子を見て，自分の息子であることに気がつく，そこにシャクンタラーが現れ，2人は互いに認め合う。すべてはドゥルヴァーサスの呪いによるものであったことを知った2人は，マーリーチャ仙からの祝福を受けて，息子と共に地上の都に戻って，めでたしめでたしで終わる。

以上，インド古典文学史上の最高傑作とされる『シャクンタラー』のあらすじを追いながら，命令法の語法を bhavatu に焦点をあてて見てきたが，もっぱら散文部分を見てきたに過ぎない。この劇が傑作とされるのは，もちろんその筋立てのおもしろさと描写の巧みさにもよるのであるが，何よりも，王やシャクンタラーが，台詞の間に歌う詩節（韻文）の見事さにある。やはりそれらの詩節を読んでこそ，この作品のよさがわかるというものである。そこで，最後に，マーリーチャ仙の祝福の詩節を見ておこう。ここにも命令法の bhavatu が使われている。

tava bhavatu biḍaujāḥ prājyavṛṣṭiḥ prajāsu
tvam api vitatayajño vajriṇaṃ prīṇayasva.
yugaśataparivartān evam anyonyakṛtyair
nayatam ubhayalokānugrahaślāghanīyaiḥ.
（7. 34; Kāle p.294）

インドラは，お前（王）の人民たちの上に，大量の恵みの雨を降らせる者となれ。お前（王）もまた，祭式を大々的に行って，インドラを満足させよ。こうして，天と地の両世界への恵みによって称讃されるべき互いの活動によって，いく百ものユガ期（宇宙期）の周期を，［インドラとお前（王）の2人は］過ごせ。

prīṇayasvaは，語尾の形から，中動態の命令法の2人称・単数形であろうと予想がつくだろう。語根prī-の使役形（prīṇayati「喜ばせる，満足させる」）の命令法の形である。しかし，nayatamが同じく命令法の形だと気がつくためには，かなり考えないといけないかもしれない。これは，nī-「導く，時を過ごす」の能動態の命令法の2人称・両数形である。なぜ，両数形なのか。それは，1行目の主語（主格）のインドラと，2行目の主語（主格）の「お前」（tvam）を受けて，2人を主語としているからである。

この詩節も，辻訳が依拠するベンゴール本では少し違っていて，最後の語句が，ubhayalokānugrahaślāghanīyauとなっている。こちらの読みだと，「天と地の両世界への恵みによって称讃されるべき2人は」となって，主語の両数がはっきり示されることになる。

ちなみに，辻訳『シャクンタラー姫』（岩波文庫）には，「カーリダーサとその作品」と「サンスクリット劇入門」という2つの解説が付いている。ともに全く無駄のない解説で，前者には伝本についての説明もある。サンスクリット劇に関心をもつ人には一読を勧めたい。

第33課　存在力を失った人は軽んじられる。
――受動の用法(1)

本課では，受動の用法を学ぶことにしよう。日本語で言えば，受け身を表す「れる」「られる」にあたる用法である。先に第22課で触れたように，語根に ya を付して現在組織の語幹を作り，それに中動態の人称語尾を付して作る。受動活用は，中動態の語尾しかとらない。そして，受動の直接法現在の３人称・単数形 pacyate を，apacyata とすれば直説法過去となり，pacyeta とすれば願望法，pacyatām とすれば命令法となる。

また，アオリスト組織と未来組織で特別な受動形が使われることがあるが，普通は中動態の語尾で受動の意味が表される。さらに，受動の用法には，ほかに，形容詞（修飾語）として働く過去受動分詞「～された」と，未来受動分詞（動詞的形容詞）「～されるべき」がある。また，「～されている」という受動の意味を表す現在分詞もある。まずはこうした用例を，簡単な例文で一通り見ることにしよう。

(1) pac-「調理する」（pacati / pacate，１類，P / Ā），(2) ās-「坐す，座っている」（āste，２類，Ā），(3) budh-「理解する，知る」（budhyate，４類，Ā），(4) gam-「行く」（gacchati，１類，P）を，代表的な動詞として取り上げることにする。ここで（　）内に示しているのは，直接法現在の３人称・単数形と動詞の類，そして能動態（P）と中動態（Ā）のいずれで使われるのかの区別である。以下の例文は，あくまで説明用に作ったものであり，実際の用例があるわけではない。

まずは，能動の文を受動の文に変換してみよう。英文法のときに習ったのと要領は同じである。もとの文の目的語（対格）を主語（主格）にし，もとの文の主語（動作主）を具格にする。受動の動詞語幹にして，主語（主格）の人称と数に一致した語尾を付ければよい。

1a. devadatta odanaṃ pacati.「デーヴァダッタ（＝D）は粥を調理している。」
→ devadattenaudanaḥ pacyate.「Dによって粥は調理されている。」

2a. devadattaḥ kaṭa āste.「Dは円座に座っている。」
→ devadattena kaṭa āsyate.「Dによって円座に座られている。」

3a. devadatto dharmaṃ budhyate.「Dはダルマを理解している。」
→ devadattena dharmo budhyate.「Dによってダルマは理解されている。」

4a. devadatto grāmaṃ gacchati.「Dは村に向かって行っている。」
→ devadattena grāmo gamyate.「Dによって村は向かわれている。」

(1)は最も普通の動詞の用法である。(2)は，ās-「座っている」は自動詞で，目的語をとらない。文中のkaṭaは，連声をはずすとkaṭeで，処格で場所を示している。したがって受け身の文にしても格は同じである。(3)のbudh-は，第4類の動詞で中動態でしか使われない，そして受動形も能動態と同じ形をしている。(4)のgam-は「行く」という動詞で，日本語だと自動詞であるから，受動の文を作ることは奇妙に思えるかもしれないが，サンスクリットでは他動詞，自動詞の区別なく受動形を作ることができる。それでは次に過去の受動の表現を見てみよう。

1b. ［直接法過去形］

devadatta odanam apacat.「Dは粥を調理した。」

→ devadattenaudano 'pacyata.「Dによって粥は調理された。」

［アオリスト形］

devadatta odanam apākṣīt.「Dは粥を調理した。」

→ devadattenaudano 'pāci.「Dによって粥は調理された。」

［完了形］

devadatta odanaṃ papāca.「Dは粥を調理した。」

→ devadattenaudanaḥ pece.「Dによって粥は調理された。」

直接法過去形の受動形は，受動形の現在語幹 pacya- の前に a- を付け，中動態の語尾を付ければよい。アオリスト形の受動形は，上のように３人称・単数形については，語根に a- を付けて，語尾 -i を付けて作るが，他は中動態の形が受動の意味を表す。それはアオリスト形の場合だけではなくて，完了形，複合完了形，さらには未来形，複合未来形，条件法の場合にも当てはまる。上の完了形がそれを示している。pece は，中動態の完了形の３人称・単数形である。

pac- 以外の動詞でも同じであるから，アオリストの３人称・単数形の場合だけを示しておこう。

2b. devadattaḥ kaṭa āsīt. → devadattena kaṭa āsi.
3b. devadatto dharmam abodhīt. → devadattena dharmo 'bodhi.
4b. devadatto grāmam agamat. → devadattena grāmo 'gami.

過去受動分詞によっても，上のような過去の事実を表すことができる。

1c. devadattenaudanaḥ pakvaḥ.「Dによって粥は調理された。」
2c. devadattena kaṭa āsitam.「Dによって円座に座られた。」
3c. devadattena dharmo buddhaḥ.「Dによってダルマは理解された。」
4c. devadattena grāmo gataḥ.「Dによって村は行かれた。」

上の用例を見て，2cと4cについては，特にその訳については違和感を感じた人も多いだろう。ās- は先にも言ったように自動詞である。（ちなみに，「円座」とは，藁(わら)で編んだ円い敷物で，禅堂などでよく見られるものである。古代インドで使われていたものは，おそらくムシロのような長方形であったと思うが，「ムシロ」とすると何かみすぼらしい感じがするので，「円座」としておく。）gam- も日本語の語感から言えば，自動詞である。自動詞の受動形には何か無理がある。実際，これらの「行くこと」を表す語根や目的語をもたない（自動詞の）語根，ās- や jan- や jṝ- といった語根から作られる過去受動分詞——gata-，āsita-，jāta-，jīrṇa-——は，受動ではなく，動作主の行為を単に過去の事実として表す分詞として使うことができるということが，パーニニによっても規定されている（P. 3. 4. 71-72）。たとえば，devadatto grāmaṃ gataḥ は，端的に「D は村に行った。」である。過去受動分詞は，名詞を修飾する形容詞としてだけでなく，このように動詞の代わりに過去の事実を表すこともできる。

2c において，過去（受動）分詞が āsitam と中性の主格・単数形になっていることに注意すべきである。ここにはこの語が受けるべき主格の語がないから，非人称の形をとって中性形になっている。これが，devadatta が主格となって示される場合には，devadattaḥ kaṭa āsitaḥ となるのは，gata- の場合と同様である。

未来の受動形については，中動態の未来形が受動の意味を兼ねる。

1d. devadatta odanaṃ pakṣyati. → devadattenaudanaḥ pakṣyate.

である。他の動詞についても同様である。また，「〜されるべき」という意味で使われる未来受動分詞（動詞的形容詞）がある。-tavya，-anīya，-ya という接辞を動詞語根に付けて作られる。たとえば次のようにである。

1e. devadattenaudanaḥ paktavyaḥ.「D によって粥は調理されるべきである。」
4e. devadattena grāmo gantavyaḥ.「D によって村は行かれるべきである。」

最後に命令法と願望法を見ておこう。

1f. devadatta odanaṃ pacatu. → devadattenaudanaḥ pacyatām.
1g. devadatta odanaṃ pacet. → devadattenaudanaḥ pacyeta.

以上が受動の用法のほぼ全体である。用法の特徴を示す重要な目印は，すべて語尾にあることがわかったと思う。実際にテキストを読む場合には，やはり単語の語尾の形に注目して，その文法上の働きが何であるのかを見極めることが必要である。では，次のような例文はどうだろう。

dāridryād dhriyam eti, hrīparigataḥ sattvāt **paribhraśyate**, niḥsattvaḥ **paribhūyate**, paribhavān nirvedam **āpadyate**.
(1. 136; Kāle p.21)

人は，貧困であることから惨めな思いをするようになる。惨めな思いにとりつかれてしまった人は，存在力を失う。存在力を失った人は，軽んじられる。軽んじられることから，人は自己嫌悪におちいる。

これは，10世紀頃に北インドで作られた寓話集（ぐうわしゅう）『ヒトーパデーシャ』（『有益な教訓』）からの引用である。インドには世界的に有名な説話文学の作品もあり，『ヒトーパデーシャ』もそのひとつである。18世紀末にはヨーロッパに紹介されて，英・独・仏の翻訳も出版されている。各種の写本があり，テキストも各種出版されている。本書では，Kāleの校訂本（1896年，リプリント1976年）に拠っている。
『ヒトーパデーシャ』は，教訓書で，主として王族の子弟に処世術を教えるためのものであったようで，語られる話も，現実的で実践的な価値観を説くものが多い。上の詩節は第1「友人の獲得」第5話にある。

上の例文で，太字にした語が，受動形（語幹部分に -ya- をもつ形）の動詞である。

dāridryād dhriyam eti。dāridrya-「貧しいこと，貧困」は，形容詞 daridra-「貧しい」の抽象名詞形である。さらに言っておけば，daridra- は，語根 drā-「急ぐ」の強意活用形（第39課）daridrāti「窮乏する」から派生した形容詞である。dāridryāt は奪格・単数形である。

さて，次の dhriyam という語である。語彙索引でも辞書でも，こんな語はいくら探しても出て来ない。実は，ここには外連声の規則が働いている。第6課の外連声の規則のところで言い忘れて，第17課であわてて付け加えたこととして，「語頭の h は，直前の語の末尾の k, ṭ, t, p と結合して，それぞれ -g gh-; -ḍ ḍh-; -d dh-; -b bh- となる」という規則があった。その規則がここで働いている。つまり，ここの連声をはずせば，dāridryāt + hriyam となるのである。hriyam は，hrī-「恥ずかしい思い，惨めな思い」（女）の対格・単数形である。eti は，語根 i-「至る」の能動態の直接法現在，3人称・単数形である。

次に，hrīparigataḥ sattvāt paribhraśyate である。hrī-parigata- という複合語で，parigata- が，動詞語根 pari-gam-「歩き回る，行きわたる，圧倒する」の過去受動分詞形である。次の sattva- は，意味をとることが難しい語である。「存在するもの」や「生き物」「衆生」，あるいは「存在すること」，また「善性」といった意味がある。しかし，次の行に，niḥsattva-「sattva をもたない者」という意味の語があって，この語は，大きな辞書では，「勇気のない者，力をもたない者」といった意味が与えられているから，ここでは，そのような意味を踏まえたうえで，sattva- に「存在力」という訳語を与えてみた。

paribhraśyate は，pari-bhraṃś-「落ちる，〜から逃れる，〜を失う」の受動の３人称・単数形である。この語は，語根 bhraṃś-（意味は同じ）に接頭辞 pari- が付いたもので，bhraṃś- と同様に，第１類の動詞でしかも中動態においてのみ使われる場合（直説法現在の３人称・単数形は paribhraṃśate）と，第４類の動詞で能動態においてのみ使われる場合（直接法現在の３人称・単数形は paribhraśyati）とがある。いずれにしても，受動の形は paribhraśyate である。意味は，奪格の名詞とともに「〜を失う，〜を欠く」である。

２行目に入ろう。paribhūyate は，pari-bhū-（第１類，能動態のみで使われる。直説法現在の３人称・単数形は paribhavati）「まさる，凌駕（りょうが）する；軽んずる，無視する」の受動の３人称・単数形である。この動詞 pari-bhū- から派生した名詞が，paribhava-「無視，軽蔑」である。nirveda-「嫌悪，失望」は，動詞 nir-vid-「嫌気がさす，落胆する，失望する」から派生した名詞である。ここでは「自己嫌悪」と訳してみた。

āpadyate は，ā-pad-「近づく，至る，（ある状態に）おちいる，到達する」の受動の３人称・単数形である。この動詞 ā-pad- は，第４類の動詞であり，しかも中動態でしか使用されない。したがって，āpadyate は，受動形ではなく，直接法現在の３人称・単数形であるとも言える。このように，第４類の動詞で，中動態でしか使われない動詞は，それが受動を表しているのかどうかは，動詞の形だけからはわからない。この点については，次の課でもう少し詳しく考えてみよう。

第34課 年を取るにつれてその人の髪の毛は衰える。——受動の用法(2) 中動態と受動形の問題

本課では，第4類の動詞の受動の形の問題について考えよう。前課において，paribhraśyate と āpadyate という動詞の形において見たように，第4類の動詞の直説法現在の中動態と受動形とは形のうえでは区別がつかない。特に，āpad- のように，中動態でしか使われない動詞の場合は，区別がないとしか言えないこともある。この問題を，例文によりながらもう少し考えてみよう。（なお，ヴェーダ語の場合は，アクセントの位置が中動態と受動形とでは異なるので判別できたと言われる。）

たとえば，次のような文はどうだろう。『パンチャタントラ』の一節である。

jīryante jīryataḥ keśā, dantā jīryanti jīryataḥ.
cakṣuḥśrotre ca jīryete, tṛṣṇaikā taruṇāyate.（5. 16）

jīrya- という語が多いのに，すぐ気づくだろう。いずれも jṝ- という動詞の変化形である。この jṝ- という動詞は，その直接法現在の3人称・単数形は，辞書を見ると，第1類の動詞 jarati としても，第9類の動詞 jṛṇāti としても，あるいは第10類の動詞 jārayati / -te としても，ヴェーダ文献で現れてくるようだが，古典サンスクリットでは第4類の動詞 jīryati / -te として現れる。意味は，「老いる，年を取る，衰える」で，自動詞として使われている。ただし，ヴェーダ文献では，「年を取らせる」という意味の他動詞としても使われていた。

さてそこで，この詩節を見て気になるのが，jīryante という中動態の3人称・複数形と jīryanti という能動態の3人称・複数形が，並んで使われていることである。jīryante の主語は，jīryataḥ keśāḥ である。keśa- は「髪の毛」。keśāḥ は，その主格・複数形である。jīryataḥ は，現在分詞の属格・単数形で「年を取りつつある人の」である。他方，jīryanti の主語は，(jīryataḥ) dantāḥ である。danta- は「歯」。dantāḥ は，その主格・複数形である。jīryataḥ は，keśāḥ の場合と同じである。こうして並べると，jīryante と jīryanti は，中動態と能動態の違いはあっても，表す意味は同じであろうことが予想される。要するに，jṝ- は，「老いる，衰える」を意味する自動詞として，中動態でも能動態でも使われるのである。

2行目も見ておこう。まず，cakṣuḥ-「目」と śrotra-「耳」（ともに中性名詞）からなる並列複合語の主格両数形。jīryete は，中動態の3人称・両数形である。tṛṣṇā-「欲望」（女性名詞），ekā-「ひとつ（女性）」，taruṇāyate は，「若さを保つ」という自動詞としての意味をもつ動詞の中動態の3人称・単数形である。taruṇa-「若者」という名詞から派生した第10類の動詞である。これで，この詩節の意味はだいたい理解できたのではないだろうか。

年を取るにつれてその人の髪の毛は衰える。年を取るにつれてその人の歯も衰える。
そして，目と耳も衰える。唯一欲望だけが若いままである。

これまた厳しい現実認識の言葉である。ところで，目下のテーマは受動の形であった。上の文で確かめられたように，形だけからだと受動の３人称・複数形のようにも見えるjīryanteは，能動態の直接法現在の３人称・複数形であるjīryantiと同じ文脈で並べて使われていることから判断すれば，実のところ中動態の直接法現在の３人称・複数形であって受動の意味は表していないと考えるのが妥当であろう。

しかし，では受動形である可能性は全くないのか，受動形だと考えるのは間違いなのか，と言うとそうでもない。最初に言ったように，jṝ- は，「年を取らせる，老けさせる」という他動詞としての意味を（ヴェーダ語では）もっていた。したがって，それを受動にすれば，その意味は「年を取らせられる，老けさせられる」となる。jīryanteという語形が，この語のもつ古い意味からの変化を反映した結果，受動の形として「年を取らせられる」すなわち「老いる」を意味していると考えることもできなくはない。つまり，自動詞として使われている動詞でも，そこに他動詞としての意味が想定されるならば，その動詞には受動形が作られうるのである。

英語には能格動詞と呼ばれる動詞がある。同じ動詞が他動詞としても自動詞としても使われ，他動詞の目的語を自動詞の主語として使えるような動詞である。begin「～を始める／始まる」やend「～を終える／終わる」のように，変化を表す動詞が多い。その中に，age「年を取らせる（老化させる）／年を取る（老化する）」がある。The years aged him.「年月が彼を老化させた。」のように他動詞でも，He aged.「彼は老化した。」のように自動詞でも使える。そして，その他動詞を使った文の主語と目的語を入れ替えて，He was aged by the years.「彼は年月によって老化させられた。」とすれば，受動の文ができあがる。「老化させられた」とは「老化した」ということである。ここにおいて，He agedと

He was aged は，意味としては同じである。上のサンスクリットの動詞 jṝ- の場合にも，これと同じような意味の転換が起こっていると言えるだろう。

受動の表現は，普通は，目的語をとる他動詞にのみ可能なものである。「私は本を買う。」を受動の表現にすれば，「本は私によって買われる。」である。そして，「私は生まれる。」のような自動詞を使った表現には，受動の表現はない。ところが，サンスクリットの場合は，それが他動詞であろうと自動詞であろうと，どんな動詞でも，その語根に -ya- を付けてその後に中動態の語尾を付ければ，形のうえでは受動形を作ることができることになっている。jan-「生まれる」は，自動詞として第 4 類の動詞であり，中動態の直接法現在の 3 人称・単数形は，jāyate であるが，これは受動形の 3 人称・単数形でもあり得るのである。受動形であるということは，その動詞に他動詞としての意味が想定されるということである。そして，実際に，jan- は，ヴェーダ文献では「産む，生み出す」という意味をもっていた。そこで，jāyate は，受動の形として「生み出される」を意味し，結果として「生まれる」を意味して中動態と同じ意味を表すことになるのである。

jāyate の用例を見ておこう。『ボディチャリヤ・アヴァターラ』（『入菩提行論』）という仏教の中観派の論師であったシャーンティ・デーヴァ（8 世紀）の論書に次のように言われている。

aṅkuro jāyate bījād, bījaṃ tenaiva sūcyate.（115. 1）
jñeyāj jñānena jātena tatsattā kiṃ na gamyate.（115. 2）

動詞は，jāyate，sūcyate，gamyate で，いずれも受動形の

3人称・単数形である。sūc- は第10類の動詞で，sūcayati で「さし示す，証明する」の意味。gamyate は，前課で見たようにgam- の受動形であるが，使役形の gamayati が「示す，説明する」を意味し，それの受動形が gamyate となる。

aṅkura- は「芽」で，男性でも中性でも使われる。bīja- は，「種子」で中性名詞。jñeya- は，語根 jñā-「知る」から作られる未来受動分詞（動詞的形容詞）で，「知られるべき（もの・こと）」を意味する。ここでは「認識対象」を意味している。jñāna- は，「知ること，認識，知識」で中性名詞。jāta- は，前課で見たように過去受動分詞。tat-sattā は，「それが存在していること」という意味である。tat-「それ」が何を指しているか，また，1行目の tena（tad- の具格・単数形）「それによって」の「それ」が何を指しているか。論理的に考えればわかるはずである。訳文は，本課の最後に示しておく。

さて，jāyate や jīryate のように，第4類の自動詞は，中動態と受動形が同じ変化形をとり，それが表す意味も結果的には同じことになる。ここには，ヴェーダ語からパーニニ以後の古典語へと発展してきたサンスクリットの歴史的なプロセスが反映していると思われる。サンスクリットにおいて，中動態と受動形，そして次課で見る使役形がどのようにして歴史的に成立し展開したかの問題は，サンスクリット研究が始まって以来論じられてきたことである。

しかし，この問題は，ヴェーダ語に関してはともかくとして，叙事詩の用例，さらに古典サンスクリットの用例と，検証する資料の数を増やせば増やすほどうまく説明がつかないものになっていく。実際，現在では，サンスクリット原典の電子テキストも数多くあり，200近いテキストについては，ある語彙（たとえば動詞語根）で全文検索をかければ，瞬時にそのすべての変化形についての用例が示され，テキストごとの使用頻度もわかるようになっている。しかし，その語の用法については，結局のところひとつひとつについて原文にあたって前後の文脈を確かめる必要があるし，そもそもそのテキストがどんな校訂本や写本によって作られたかを考慮する必要も出てくる。それに，サンスクリットのテキストは，そこにひとりの特定の作者を想定することが極めて難しいものである。

テキストは，以前にも言ったように，それが伝承される過程で，異なった読みをいろいろともつことになる。たとえば，最初に見た『パンチャタントラ』の一節は，『マハーバーラタ』では次のようになっている。

jīryanti jīryataḥ keśā dantā jīryanti jīryataḥ.
cakṣuḥśrotre ca jīryete tṛṣṇaikā tu na jīryate.（13. 7. 24）

このようなテキストだと，１行目の２つの jīryanti は能動態で，２行目の jīryete と jīryate は，受動形だと考えることもできるだろう。もちろんすべて意味は同じで，「衰える，老化する」であるのだが。

少し話が込み入ってきたので，ここまでの話を，第４類の動詞と，第１類の動詞の代表格である pac-（「調理する」，他動詞）の語形とを表で比較してまとめておこう。

表72　第1類動詞 pac- と第4類動詞 jṝ- の語形の比較

	能動態	中動態	受動形
	直接法現在・3人称・単数	直接法現在・3人称・単数	直接法現在・3人称・単数
第1類　pac-	pacati	pacate	pacyate
第4類　jṝ-	jīryati	jīryate	

直接法現在の動詞の形は，第4類以外では，この pac- のように，能動態と中動態と受動形ではその変化形が異なっている。第4類の動詞だけが，中動態と受動形で同じ形をとり，そして同じ意味を表すのである。確かに中には，第6類の mṛ-「死ぬ」のように，第4類ではないのに，中動態と受動形とが同じ変化形を示すものもあれば，第4類 jan-「生まれる」の受動形として，jāyate とは別にパーニニによってわざわざ作られた janyate という形があることもあるが，これらは稀な例外である。中動態と受動形の成り立ちは，サンスクリットという言語の歴史的な発展を考えるうえで重要な問題を含んでいる。それは使役形の成立とも関連しているので，次の第35課でもう一度考えることにしよう。

［訳文］芽は種から生じる。種［の存在］はまさに芽［の存在］によって証明される。［同じように，］認識対象から生じた認識によって，それ（認識対象）が存在することが，どうして知られないのか。［必ず知られる。］

第35課 太陽の熱が米粒を乾かしている。
―使役の用法(1) 直接法現在

本課では使役の用法について学ぶことにしよう。日本語で言えば，「せる」「させる」にあたる用法である。サンスクリットでは，使役を表す動詞の形は，語根に -aya- を付して，それに第1次語尾を付ければできあがる。先に第33課において受動の用例を見たのと同じ動詞 pac- を用いて，まずは使役の用法を見ることにしよう。矢印の前が先にも見た普通の文であり，後が同じ動詞を使役の形にした文である。普通の文においてそれぞれの動詞が表す動作そのものの主体（動作主）は，使役文ではその動作を「させられる者」となり，「させる者」が使役の主体となって文中に現れる。以下の使役文では，デーヴァダッタ（＝D）が「させられる者」，ヤジュニャダッタ（＝Y）が「させる者」である。

1a．devadatta odanaṃ pacati.「Dは，粥を調理している。」
→ yajñadatto devadattenaudanaṃ pācayati.「Yは，Dに粥を調理させている。」

2a．devadattaḥ kaṭa āste.「Dは，円座に座っている。」
→ yajñadatto devadattaṃ kaṭa āsayati.「Yは，Dを円座に座らせている。」

3a．devadatto dharmaṃ budhyate.「Dは，ダルマを理解している。」
→ yajñadatto devadattaṃ dharmaṃ bodhayati.「Yは，Dにダルマを理解させる。」

4a．devadatto grāmaṃ gacchati.「Dは村に向かって行って

いる。」

→ yajñadatto devadattaṃ grāmaṃ gamayati.「Y は，D を村に向かわせている。」

使役とは，他人に命じたり，懇願したり，依頼したりして，何らかの動作を行わせることである。そこには，「させる者」と「させられる者」がいるから，使役を表す文では，両者の関係がはっきりと示される。台所で D が調理しているとき，「D は調理している」と言えば，それだけのことであるが，「Y が D に調理させている」と言えば，「させる者」である Y と，「させられる者」である D の間には，たとえば，主人と料理人のような主従関係があり，D の行為は，本人の意志とは別のものによって動かされているということが，その使役表現によって理解されることになる。

そこで上の 4 つの例文を注意深く見てみよう。1a. は，pac-「調理する」で一般的な他動詞である。この「調理する」ことの動作主であるデーヴァダッタが，使役の文では「させられる者」となって，そこでは具格で示されていることに注意しておこう。2a. は，ās-「座る」で自動詞である。「座る」という行為の主体であるデーヴァダッタが使役文では「させられる者」となって対格で示されている。3a. budh-「理解する」は他動詞であるが，「させられる者」であるデーヴァダッタは対格で示されている。また，4a. gam-「行く，向かって行く」も他動詞である（日本語で「行く」は自動詞であるが，サンスクリット gam- は対格の目的語をとるので他動詞である）が，「させられる者」であるデーヴァダッタは，budh- と同じように対格で示されている。

上の例からわかるように，使役文では，「させられる者」

は具格か対格で現れる。では，その使い分けはどのような原則に基づいているのだろうか。使役文と言うと，漢文の「Aをして〜せしむ」という読み下し文を思い出す人もいるだろう。そして，これを現代文に訳せば「Aに〜させる」となると習ったはずである。この場合，「Aをして」は，動作主のAを手段（具格）で示しているのであり，その現代語訳である「Aに」は，Aを目的語（対格）として示している。このことから類推して，サンスクリットの使役文でも，「させられる者」は具格と対格の両方で示すことができると言えることになるのだろうか。確かにそのような用例を実際にも確かめることができる。たとえば次のような例文がある。比較のために，対応する英語も挙げておこう。

devadattaḥ kaṭaṃ karoti.「Dは円座を作っている。」
'Devadatta is making a mat.'
→ yajñadatto devadattena kaṭaṃ kārayati.「Yは，Dに円座を作らせている。」'Y is having D make a mat.'
→ yajñadatto devadattaṃ kaṭaṃ kārayati.「Yは，Dに円座を作らせている。」'Y is having D make a mat.'

これは，パーニニの文法規則（P. 1. 4. 53）に対する注釈『カーシカー・ヴリッティ』において挙げられている例文である。（ただし，これまでの例文と同様に，語順を入れ替えてわかりやすくしている。）ここで使われている語根はkṛ-「する，作る」で，kaṭam という目的語を対格でとる他動詞である。この事実から，他動詞であれば，それを使役の形にした場合，「させられる者」は具格でも対格でもどちらでもよいということになると言えるか，といえば実はそうではない。このパーニニの規則は，hṛ-「運ぶ，運びさる」とkṛ-「する，作る」の2つの語根だけが，使役文において使役行為の目的語として対格と具格のいずれかを任意に取りうることを言うものである。つまり，いずれでもよいのは，ごく限られた場合にしかないということになる。

では，一般的には具格と対格のどちらがとられるのか。これについては，上の文法規則の直前の規則（P. 1. 4. 52）で，パーニニによって規定されている。それによれば，自動詞と，「移動すること」(gati)，「認知すること」(buddhi)，「食べること」(pratyavasāna) を表す語根，そして「話す」とか「聞く」とかいった音声を対象とする動作を表す語根に関して，普通の文で動作主（カルトリ）として現れるものは，使役文では「させられる者」として使役行為の対象（カルマン）である対格で示されるとされている。この規則に対しても，『カーシカー・ヴリッティ』では，いちいちの例文が挙げられており，2a（他動詞），3a（「認知」），4a（「移動」）の文もその中にある。つまり，使役文において，「させられる者」が対格で示されるのもまた，このような規定によって限定されているのである。

以上のことから，一般的な他動詞の場合は，1aのpac-「調理する」の場合のように，使役文における「させられる者」は，具格で示されるのが原則であるということになる。しかしこのことは考えてみれば，我々はすでに理解していたはずのことである。先に受動の表現において，動作主が具格で示されるのが原則であることはすでに見ていたのであるから。そしてこれは，パーニニの規則（P. 2. 3. 18）「第3格語尾（具格）は，動作主（カルトリ）と道具（カラナ）を表示するために［名詞語幹に付けられる］」によって規定されているものである。「動作主は具格によって示される」という原則は，サンスクリットの文章を読むときには，しっかりと覚えておくとよいだろう。『カーシカー・ヴリッティ』でも，一連の例文の最後に，1aを挙げて，そのことを注意するとともに，さらに次のような説明をしている。

gamayati devadatto yajñadattam, tam aparaḥ prayuṅkte, gamayati devadattena yajñadattaṃ viṣṇumitraḥ.

「デーヴァダッタは，ヤジュニャダッタを行かせる。」という場合，さらに，彼（D）に別の者がそれを命じているならば，「ヴィシュヌミトラは，デーヴァダッタに命じて，ヤジュニャダッタを行かせる。」となる。

後の使役文は，「二重使役構文」と言われるものである。ここでは，「行く」という行為の動作主は，いずれの文でもヤジュニャダッタであって，それは対格で示されている。これに対して，後の使役文における具格が示しているのは，「行かせる」という使役行為の動作主である。

さて，以上のような議論はいずれにしても文法学における煩瑣（はんさ）な議論である。文法学は，実際の作品の中の文章を正しく読み，解釈するためには決してゆるがせにできないものであるが，実際の文章というものはもっと意味深いものが多いし，その文脈からいろいろと考えさせられるものである。次に，実際の作品の中の使役の用法を見てみよう。『ヒトーパデーシャ』の一節である。

janayanty arjane duḥkhaṃ, **tāpayanti** vipattiṣu.

mohayanti ca saṃpattau, katham arthāḥ sukhāvahāḥ.
(1. 181; kāle p.26)

手に入れたときには苦を生み出し，損をしたときには悩ませる。そして，満願成就のときには惑わせる。いったいどうして財産が幸いをもたらすものであろうか。

太字にしたのが使役形の動詞である。janayanti は，jan-「生まれる」の使役形の３人称・複数形。tāpayanti は，tap-「熱す」の使役形の３人称・複数形で「苦しませる，悩ます」の意味。mohayanti は，muh-「困惑する」の使役形の３人称・複数形である。

arjane，vipattiṣu，sampattau は，いずれも処格の語である。arthāḥ が，この文の主語である。主格・複数形。この複数形を受けて，動詞が複数形の語尾をとっている。artha- は，「目的，意味，利益，事物」など様々な意味をもつ語であるが，ここでは，「財産，富，金銭」のような意味で理解してよいだろう。sukha-āvaha- は，「幸福をもたらすもの」という意味の複合語である。

『ヒトーパデーシャ』は，前にも見たように日常的な生活に基づいた道徳観を示す教訓書であるから，文章はわかりやすくて，読むのも楽しい。それに比べて，文法学の議論は煩瑣で無味乾燥であるとついつい言いたくなる。しかし，パーニニの文法規則は基本的にはその当時に話されていた言葉を材料にして，それに基づいて作られたものであるから，そこには日常的な言葉の使用法として注意すべきことが語られていることも多い。たとえば，この使役の用法に関して言えば，パーニニは，動作主が意志をもつ場合ともたない場合とでは，使役の用法は区別されると考えていたようである。
たとえば，次のような文を例として示すことができる。

1a．āste devadattaḥ.「デーヴァダッタは座る。」
1b．āsayati devadattam.「デーヴァダッタを座らせる。」
2a．śuṣyanti vrīhayaḥ.「米粒が乾いている。」
2b．śoṣayate vrīhīn ātapaḥ.「太陽の熱が米粒を乾かしている。」

1a，1b の ās-「座る」も，2a，2b の śuṣ-「乾く」も，自動詞である。このように動詞が自動詞の場合に，その動作主が，意志（こころ）をもつ（cittavat）かもたないかによって，そこで使われる動詞が能動態になるか中動態になるかが決まると，パーニニは言う（P. 1. 3. 88）。

上の 1 の例文のように，意志をもつデーヴァダッタが「座る」という行為の動作主である場合は，「させる者」の意図に関係なく，使役を表す動詞には能動態の語尾が付けられる。一方，2 のように，「乾く」という行為の動作主が「米粒」のように意志をもたないものの場合は，使役を表す動詞には中動態の語尾が付けられるのである。

第36課 もし存在していないのであれば，どうして知らされるのか。――使役の用法⑵ 受動形

使役動詞の現在語幹は，語根に接辞の aya を付けて作られる。この使役活用の現在語幹は，第１類の動詞の通常の現在語幹と全く同様に現在組織の活用形を作ることができる。つまり，過去も未来も，命令法も願望法も，過去受動分詞も未来受動分詞も，その活用形は全く同じ文法操作によって作られるのである。さらには，複合完了形もアオリスト形もある。受動を表すこともももちろんできる。そこで，本課では，使役の受動形について見ることにしたい。

使役形の接辞である aya を語幹から取り除いて，代わりに受動形の接辞 ya を置いて現在語幹を作り，それに中動態の語尾を付ければ使役の受動を表す動詞になる。

哲学的な議論になるが，例文を，『タットヴァ・ウパプラヴァ・シンハ』という懐疑論を説く哲学書から引用する。８世紀頃の思想家ジャヤラーシの作品である。

yady avidyamānaṃ katham avabodhyate, athāvabodhyate katham avidyamānatā. avabodhyamānatvenaiva vidyamānatā, pratyakṣapramāṇāvabodhitārthavad iti nāpy avabodhanam avabodhyam antareṇopajāyate, pratyakṣāvabodhanavat.

下線で示したように，２種類の語が繰り返し現れている。avidyamāna- は，vidyamāna- に否定の接頭辞が付いたものである。vidyamāna- は，第６類の動詞 vid-「見つける」の

受動形vidyate（3人称・単数形）の現在分詞形である。vidyateは，「～が存在する」という意味でもっぱら使われるが，その現在分詞形であるvidyamānaも，やはり「現に～存在している（もの・こと）」を意味する。「現在の」という，時間に関わる意味でも使われる。現在分詞は修飾語（形容詞）として使われるから，その語形はそれが修飾する名詞の性と数に一致する。

次に，avabodhyateは，avabodhayatiという使役形の受動形である。第4類の動詞ava-budh-「知る，認識する，理解する」という語根から作られている。第4類の動詞であるから，直接法現在形は，avabudhyati / avabudhyate（3人称・単数形）である。用例は中動態のほうが多く，能動態はごく稀である。「気づく」のようなニュアンスもある。いずれにせよ，何か対象があるときにこの対象の存在を知ることが，avabudhyati / -teである。これの受動形は，第4類であるから，直接法現在の中動態と同じ形でavabudhyateである。対象が知られていることを表す。

次に使役形である。avabodhayati / -te「［対象（の存在）を，人に，］知らせる」という意味で使われ，能動態の用例がもっぱらである。この語は，認識論に関する論書に多く見られる。

「認識」とは，対象を何らかの認識手段（方法）によって知ることである。インドでは古代から「認識」についての議論が盛んに行われて，いろいろな説が立てられた。その際，どのようにして，何によって，対象を認識するかという，認識手段（方法）についての議論がよくなされた。

「眼で色を見る」(cakṣuṣā rūpāṇi paśyati)，「耳で声を聞く」(śrotreṇa śabdaṃ śṛṇoti)，……のように，それぞれの感覚器

官（つまり五官）によってそれぞれの知る対象が決まっていると考えられるが，このような認識の構造について様々な立場からの検討を加えて複雑な理論へと展開したのが認識論である。

認識論においては，対象を直接的に認識する場合の「知覚」（pratyakṣa）という認識のあり方や，言葉を使ったり論理を働かせたりしてものごとの本質を知ろうとする「推論」（anumāna）という認識のあり方が，詳しく分析されるようになる。用語も術語化され，たとえば pratyakṣeṇārtham upalabhate「直接知覚（pratyakṣa）によって，対象を，［人は,］直接的に認識する」のように，直接知覚の機構が説明されることになる。

では，「直接知覚によって，対象を，［人は,］直接的に認識する」を受動の形にすればどうなるだろう。「直接知覚によって，対象は，［人によって,］直接的に認識される」となるだろう。pratyakṣeṇārtha upalabhyate である。

では，これを使役の形にすればどうだろう。前課で見たように，使役の文には，「させられる者」と「させる者」が現れる。普通の文における動作主が，使役文では，「させられる者」となる。そこで，先の文の動詞を使役形にして，「［ある人が,］直接知覚によって，対象を，人に，直接的に認識させる」を作ることになるが，果たしてこれは意味のある文であるだろうか。確かに，サリバン先生がヘレン・ケラーさんに，井戸のポンプの蛇口から流れ出る水を片方の手のひらに受けさせて，water という語が何を表しているかを理解させたときの状況はこの文によって説明できるだろう。しかしこれは認識の機構を説明するものではない。

認識は人の心の内部で起こっている現象である。認識論が明らかにしたいのは，認識が外部の強制力によって起こるということではなくて，内部で何が起こっているかということである。つまり，「直接知覚が，対象を，［人に，］直接的に認識させる」という認識のあり方を説明するのが，認識論なのである。そして，このような認識のメカニズムを表す語として使われるのが，avabodhayati / -te という語である。たとえば，同じ『タットヴァ・ウパプラヴァ・シンハ』の中に，上の文章に先立って次のような文がある。

vidyamānopalambhanatvāt, kila pratyakṣaṃ vijñānaṃ vidyamānam avabodhayati. yady evaṃ, na kevalaṃ pratyakṣam, api tu sarvapramāṇotpāditaṃ vijñānaṃ vidyamānāvabodhakam.

［直接知覚とは，］現に存在しているものを知覚することであるから，直接知覚［から生み出されたところ］の認識が現に存在しているものを知らせる，と言われている。もしそうであるならば，単に直接知覚の認識だけではなく，すべての認識手段によって生み出された認識が，現に存在しているものを知らせるものである。

重要なのは，vijñānaṃ vidyamānam avabodhayati.「認識が現に存在しているものを知らせる」と言われていることである。目の前に存在している対象を知覚すると，何らかの認識が心のうちに（あるいは，脳の中に）生じる。その認識が，現に存在しているものを知らせるのだと言っているのである。認識論において使われる avabodhayati「知らせる」という語は，このような内的な認識のプロセスを表す語である。

そして，このavabodhayatiの受動形が，avabodhyateである。接辞ayaの代わりにyaが置かれていることに注意してほしい。ではどんな意味になるだろうか。当然，「[知識によって,] 知らされる」という意味になるだろう。使役の受動形によって表されるのは，このような認識の構造にほかならない。だから最初の文章も，認識のこのような構造を踏まえて読まなければならない。次のように読むことになるだろう。一文ずつ確かめながら読んでいこう。

まず，yady avidyamānaṃ katham avabodhyateである。「もし，[それが,] 現に存在していないものであれば，いったいどうして [それ（の存在）が，人に] 知らされるのか。」となる。avidyamānamは，中性の主格・単数形である。なぜ中性形をとっているかと言えば，「あるもの」「それ」のような不特定のものを指すからである。

次に，athāvabodhyate katham avidyamānatāである。athaは，「あるいはもし……ならば」である。「あるいはもし [それ（の存在）が，人に] 知らされるのであれば，いったいどうして [それが,] 現に存在しないということがあるのか。」である。avidyamāna-tāの -tāは，抽象名詞を作る接尾辞で「〜ということ」を表す。

次に，avabodhyamānatvenaiva vidyamānatāである。avabodhyamāna-tvaの -tvaは，-tāと同じく抽象名詞を作る接尾辞である。avabodhyamāna-は，-māna-という接尾辞を見てわかるように，受け身の現在分詞形で「現に知らされている」という意味であり，それに -tvaの具格形が付いて，「現に知らされているということによって」となる。全体は，「現に [それ（の存在）が，人に] 知らされているということによってこそ，[それが] 現に存在しているということがある。」となる。

次の，pratyakṣapramāṇāvabodhitārthavat は，この主張を具体的に示すための例で，長い複合語である。語に区切れば，pratyakṣa「直接知覚」-pramāṇa「認識手段」-avabodhita「知らされた」-artha「対象」-vat「のように」となる。-vat は，「～のように」という副詞を作る接尾辞である。普通は，siṃha-vat「ライオンのように」と前分は1語だけであるが，ここでは複合語になっている。「直接知覚という認識手段によって知らされた対象のように」である。直接知覚という認識のあり方は，我々が最も日常的に経験しているものであるから，それを例として説明しているのである。

iti は，ここでは，その前の文で語られた論理を受けて，「したがって，それゆえに」と，次に結論を導くための接続詞として使われている。

最後に結論である。nāpy avabodhanam avabodhyam antareṇopajāyate「また，知らされるもの（avabodhyam）なしには，知らせるもの・こと（avabodhana）が生じることはない。」である。つまり，「知らせるもの・こと」が存在するということは，そこに「知らされるもの」が存在しているということなのである。

antareṇa は，antara- の具格の形をしているが，対格の名詞の後に用いられて「～なしに」という意味で使われる。

avabodhya- は，未来受動分詞（動詞的形容詞）で，語根 ava-budh-「知る」の使役形の語幹 avabodha- に接辞の -ya が付いたもので「知らされるべき（もの・こと）」を意味する。一方，avabodhana- は，語根 ava-budh- に，動作者また行為手段や行為の状態を表す名詞を作る接尾辞 -ana- が付いたもので「知らせるもの・こと」を意味する。ここでは，この2

語は，「〜されるもの・こと」と「〜させるもの・こと（〜するもの・こと）」の対として使われている。

このavabodh-ya-とavabodh-ana-のように，「〜されるもの」と「〜させるもの・こと」という関係は，漢訳の文では「所〜」と「能〜」というように表される。認識対象（所取）と認識主体・手段（能取）の間の関係を表すのによく使われる表現である。用語を表にすれば次のようになる。

表73　接尾辞の -ya-「所〜」と -ana-「能〜」

	所／-ya-	能／-ana-／-aka-※
grah-「取る」	grāhya- 所取	grahaṇa- / grāhaka- 能取
kṛ-　「作る」	kārya- 所作	kāraṇa- / kāraka- 能作
sādh-「立証する」	sādhya- 所立	sādhana- / sādhaka- 能立
pramā-「認識する」	prameya- 所量	pramāṇa- 量
anumā-「推理する」	anumeya- 所比	anumāna- 比量

※ -aka- も -ana- と同じように動作者名詞を作る接尾辞である。

つまりここでは，「認識対象なしには，認識は生じない」と言っているのである。そして，最後にまた例を挙げて，pratyakṣāvabodhanavat「直接知覚による認識のように」と言う。目の前の対象についての認識は，その対象の存在によって生じているということである。この考え方は，先に第34課でも見たものであった。

第37課　狂わせる女。──使役の用法(3)　様々な用法

ブッダの前世譚を集めた『ジャータカ・マーラー』については，第26課で「兎本生」の話を見たが，同じ本の中に「狂わせる女本生」（第13章）という話がある。シビ族の王（菩薩の前生）が絶世の美女の噂を聞いて，その女が自分にふさわしいかどうかバラモンたちに調べさせた。そのあまりの魅力に驚いたバラモンたちが，この女と一緒になると王は道を誤ると考え，「あの女は不吉です」と報告する。その後，女はある大臣の妻となるが，それを知った王は落胆する。そこでその大臣が妻であるその女を王に差し出そうとするが，王は決して受けとらなかったという話である。菩薩の堅忍不抜の精神を教えているということである。

この美女の名前が，「ウンマーダヤンティー」であった。unmādayantī は，語根 un-mad-「狂う，酔う」の使役形 unmādayati（3人称・単数形）「狂わせる，酔わせる」の現在分詞形 unmādayat- の女性の主格・単数形である。本課では，使役形のこのような様々な用法を見ることにしよう。

さて，その女がなぜそのように呼ばれるかを説明して次のように言われている。

avītarāgasya janasya yāvat sā locanaprāpyavapur babhūva.
tāvat sa tadrūpaguṇāvabaddhāṃ na dṛṣṭim utkampayituṃ śaśāka.
ataś ca tasyā unmādayantīty eva bāndhavā nāma cakruḥ.

欲望をもつ男なら誰でも，その目を［その女の］美貌に向けたとたんに，その容貌の美しさに釘づけにされた視線を逸らせることができなかった。
そして，そういうことから，その女に，「狂わせる女」という名前を，縁者たちが付けたのであった。

最初の２行は詩節になっている。いくつか「所有複合語」があって訳を付けるのが難しいが，言いたいことはわかるだろう。「欲のある男が美しいその女を見て目を離せなくなった」ということである。順番に単語を追いながら説明することにしよう。

a-vīta-rāga-。a- は否定の接頭辞。vīta- は，語根 vī-「離れる，消える」の過去受動分詞で「離された，無くなった」の意味から「～をもたない，～なしの」の意味で使われる。rāga- は，「欲望，愛欲」。vītarāga- で「完全に欲望を離れた者，離欲者」という名詞として使われることが多い。avītarāga- は，この否定であるから，「欲望を捨てていない者」，「ほんの少しでも欲望をもつ者」という意味になる。

jana-「人，男」。avītarāgasya janasya と，ともに属格・単数形であるから，両語間に修飾－被修飾の関係が成り立つことがわかる。特に，ここでは，これに続く文が，yāvat sā … babhūva, tāvat sa … na … śaśāka「彼女が～となったときに，彼は～することができなかった」と主文を構成しているから，この属格の２語は，従属的な説明句となっていると考えられる。

次に，yāvat sā locanaprāpyavapur babhūva である。yāvat は，次の tāvat と呼応して時間に関する関係構文を作る。「～する間に」や「～したとき」，また「～するや否や」，「～

するまで」のような意味を表す。sāは，指示代名詞tad-「それ，その」の女性形であるが，ここでは「彼女は」（主格・単数形）という女性の３人称の人称代名詞である。babhūvaは，語根bhū-「なる，ある」の完了形の３人称・単数形である。sā … babhūvaで，「彼女は〜となった」である。

では，彼女はどうなったのか。locanaprāpyavapuḥとなったのである。これも「所有複合語」である。locana-「眼」。prāpya-は，動詞語根pra-āp-「到達する，獲得する」の未来受動分詞（動詞的形容詞）の形で，「到達されるべき」という意味である。vapus-は，中性名詞で「美貌」を意味するが，ここでは修飾語（形容詞）として「彼女」にかかるから，女性形として使われている。これを直訳すると，「彼女は，（男の）眼によって到達されるべき美貌をもつ女となった（とき）」となる。

次に２行目である。tāvat sa … na … śaśākaで，「そのとき，彼は〜することができなかった」である。śaśākaは，語根śak-「〜できる」の完了形の３人称・単数形である。不定詞（-tum）をとる。utkampay-i-tumは，語根ut-kamp-「揺れる，震える」の使役形utkampayati（３人称・単数形）の不定詞形である。特に，「目を逸らす，背ける」の意味で使われる。dṛṣṭi-は，dṛṣ-「見る」から派生した女性名詞で，「見ること，視覚，目」を意味する。

さて，tadrūpaguṇāvabaddhāmである。語尾から見て，女性の対格・単数形であることが最も可能性が高いだろう。次に来るdṛṣṭimが女性名詞の対格・単数形であるから，その修飾語（形容詞）としてそれは間違いない。tad-は，「その，彼女の」。rūpa-guṇa-「容貌の特質」。avabaddha-は，語根

ava-bandh-「結びつける，固定する」の過去受動分詞形で「固定された」の意味。全体の意味は，「その（彼女の）容貌の素晴らしさに固定された」という意味である。これは，「格限定複合語」（第43課で学ぶ）と呼ばれる複合語である。以上で，詩節の部分は理解できた。

続く散文部分であるが，bāndhava- は，「血縁（bandhu）で結ばれた者，親類，縁者」を意味する男性名詞。bāndhavāḥ は，その主格・複数形。cakruḥ は，語根 kṛ-「する，作る」の完了形の３人称・複数形である。nāma は，中性名詞 nāman-「名前」の対格・単数形である。nāma kṛ- で，「名前を与える」という意味になる。

使役形の他の用法についても見てみよう。たとえば次のような詩節はどうだろうか。

evaṃ sarvatra lokeṣu saddharmaṃ **saṃprakāśayan**,
samāpya saugataṃ kāyaṃ sunirvṛtim avāpnuyāt.
tato 'rhan sugato bhūtvā sarvān sattvān **prabodhayan**,
bodhimārge **pratiṣṭhāpya** saṃvṛttau **saṃpracārayet**.

このようにあらゆるところで人々に対して［ブッダの］正しい教えを示しつつ，ブッダの身体を得て，寂滅の境地に到達すべきである。それから修行者（阿羅漢（あらかん））は，ブッダ（善逝）となって，すべての人々を覚らせつつ，覚りの道に［人々を］しっかりと立たせて，日常世間における活動をさせるべきである。

太字で示した語が使役形である。saṃprakāśayan と prabodhayan は，先に見たのと同じ現在分詞形であるが，

pratiṣṭhāpya は，使役形の絶対分詞で「〜して；〜した後で」を意味する。また，saṃpracārayet は使役形の願望法である。

この詩節も上に見た『ジャータカ・マーラー』と同様に，仏伝文学の１種で，『スヴァヤンブー・プラーナ』と呼ばれる作品の一節である。この作品は，15世紀頃にネパールで作られたもので，聖地カトゥマンドゥにあって世界最古の仏教寺院と言われている「スヴァヤンブーナート仏塔」（５世紀頃創建）への信仰と，それにまつわる伝説を語るものである。

スヴァヤンブーナート仏塔については，おそらく知っている人もいると思う。「ブッダの目」が４つの壁面に描かれた塔が，お椀を伏せたような形（伏鉢）の白亜の円塔の上に立っている。2015年４月15日にネパールを襲ったM7.8の大地震によって，人も建物も甚大な被害をこうむった。そのときのニュースで，この仏塔を見た人もいるだろう。

それでは本文を見ていこう。この文には複合語はないので，単語の意味は語彙索引を見ればわかる。ここでは動詞についてだけ説明しておく。（なお，このテキストには様々な伝本がある。ここに示した本文は，同種の文献に現れる語句を参照して，最も読みやすい形に筆者が修正したものである。）

スヴァヤンブーナート仏塔の「ブッダの目」

saṃprakāśayan は，saṃ-pra-kāś-「輝く，明らかになる，現れ

る」の使役形の現在分詞の男性・主格・単数形である。samāpya は，sam-āp-「得る，達成する」の絶対分詞。avāpnuyāt は，ava-āp-「得る，到達する」の願望法の3人称・単数形。bhūtvā は，bhū-「なる」の絶対分詞。prabodhayan は，pra-budh-「目覚める，気づく」の使役形の現在分詞の男性・主格・単数形。pratiṣṭhāpya は，prati-ṣṭhā-「確立する，安立する」の使役形の絶対分詞。saṃpracārayet は，saṃ-pra-car-「動き回る，活動する」の使役形の願望法の3人称・単数形である。

ここで再び，『ジャータカ・マーラー』の「ウンマーダヤンティー」の話に戻ろう。「ウンマーダヤンティー」と呼ばれる女が果たして自分にふさわしいかどうか見てくるように王から命じられたバラモンたちがその女の家に行くと，その父親は彼女にバラモンたちを接待するように言う。バラモンたちは，その女の美しさに魅せられて呆然(ぼうぜん)とした様子である。

athaiṣāṃ cakṣuṣpathād **utsārya** svāṃ duhitaraṃ, sa gṛhapatiḥ svayam eva brāhmaṇān **pariveṣya visarjayām āsa**.（13.）

そこでその家長（父親）は，自分の娘を，この者たち（バラモンたち）の視界から立ち退かせて，自分自身でバラモンたちを接待してから，［バラモンたちを］行かせた。

太字にしたのがいずれも動詞の使役形である。utsārya と pariveṣya がともに絶対分詞であることは，これまで何度も出てきたのでわかるであろう。前者は，ut-sṛ-「急いで逃げる」の使役形（utsārayati 3人称・単数形「追い払う」）の語幹

に -ya が付いた絶対分詞，後者は，pari-viṣ-「供する」（直接法現在の 3 人称・単数形は pariveṣati）の使役形（pariveṣayati 3人称・単数形「食事を与えてもてなす」）の語幹に -ya が付いた絶対分詞である。

そして，visarjayām āsa が複合完了形である。語根 vi-sṛj-「放つ，捨て去る，立ち去る」の使役形（visarjayati 3 人称・単数形「行かせる，追い出す，放出する」）の複合完了形である。使役活用の動詞や名詞起源の動詞，そして第10類の動詞のように，語幹部分に -aya- をもつものは，語根部分に接尾辞 -ām を付けて，その後に，as- や bhū-，kṛ- の完了形を置いて，複合完了形が作られることは以前に述べた。

こうしてその魅力を目の当たりにしたバラモンたちは，この娘を王に会わせるのは危険だと考え，彼女には不吉の相があると報告したのである。こうして王にはこの女を求める気持ちがなくなったのであった。

コラム11　分詞について

動詞でありながら形容詞としての働きをもつ品詞を分詞と呼ぶ。サンスクリットの分詞には，現在分詞（能動態と中動態），過去受動分詞，過去能動分詞，完了分詞（能動態），未来分詞（能動態と中動態）がある。

第38課　あなたは何をしたいのか。──意欲活用

本課では，意欲活用について見ることにしよう。意欲活用の動詞は，重字を伴った語根に sa あるいは iṣa という接辞を付けて語幹が作られる。重字というのは，以前にも見たように（194頁），語根にある音が重なる現象であるが，それによって語根によって表される意味の強調や反復がなされていると考えられる。たとえば，語根 pac-「調理する」ならば，pipakṣa- が語幹となる。vid-「知る」ならば，vividiṣa- である。「〜しようと欲する」，「〜したい」という動作主体の意向を強く表すのに使われる。

意欲活用の形は，文法的には，あらゆる動詞語根から作ることができるし，直説法現在でも過去でも，あるいは未来形でも，また願望法でも命令法でも，受動形でも使役形でも作ることができる。しかし，それは理論上のことであって，実際にテキストを読んでいて出会う用例は限られている。たとえば次のような文がある。

kāmayā brūhi me deva, kas tvaṃ, kiṃ ca cikīrṣasi.
（3. 281. 11cd）

神よ，私への情けによって，言って下さい。あなたは誰ですか。そして，あなたは何をしたいのですか。

ここで，cikīrṣasi が，語根 kṛ-「する，作る」の意欲活用の形である。cikīrṣa- が語幹で，それに直接法現在の２人

称・単数形の人称語尾 -si が付いている。文中の他の単語は，すでに見たことがあると思う。ただし，kāmayā という語は説明が必要だろう。語形は，kāmā- という kāma「愛，欲望」の女性形の具格形である。それが副詞として使われている。この語は，多くの場合 brūhi という語根 brū-「言う，話す」の命令法の２人称・単数形と一緒に使われる。しかもこの用例は，『マハーバーラタ』にしか現れない。

サンスクリット辞書の定番であるモニエル＝ウィリアムズの辞書では，“for love of me” という訳語が与えられているし，そのもとになっているベートリンクの大辞書では “(sprich mir) zu Liebe” となっている。「私への愛によって」ということである。『梵和大辞典』では，「腹蔵なく」という訳語が与えられている。上村勝彦訳の『マハーバーラタ』では，「お願いですから」となっている。神に懇願する言葉としてこのように訳すことも可能である。私は，kāma-「愛」の意味を残して上のような訳をしてみた。

これは，「サーヴィトリー姫物語」に出てくる詩節である。「サーヴィトリー姫物語」は，「ナラ王物語」と並ぶ，叙事詩『マハーバーラタ』の中の有名な挿話である。

サーヴィトリー姫（Sāvitrī）は，夫としてサティヤヴァット王子（Satyavat）を選んだ。彼は勇敢で忍耐強く，知性も徳もそなえた立派な若者であったが，ただひとつ欠点があった。寿命があと１年しかなかったのである。それでもサーヴィトリーは意志固く結婚したのであった。

１年が過ぎたある日，２人は森に果実を採りに出かける。サティヤヴァットが急に不調をうったえる。サーヴィトリーは夫に死の瞬間が迫ったことをさとる。彼女はそこで，黄色い衣を着て美しく輝いて夫の側に立っている者を見た。その者の肌は黒く，目は赤く，手には索縄をもち，人に恐怖をもたらす者であった。そのときにサーヴィトリーが発したのが上の問いである。その問いに対して，「私はヤマ神である」と答えた者は次のように言う。

ayaṃ te satyavān bhartā kṣīṇāyuḥ pārthivātmajaḥ.
neṣyāmy enam ahaṃ baddhvā, viddhy etan me cikīrṣitam.
(3. 281. 13)

お前の夫であり王の息子であるこのサティヤヴァットは寿命が尽きてしまった。私は，この者を縛って連れて行くことにしよう。これが私のしたいことであると知れ。

先に意欲活用に関係する語を見ておこう。cikīrṣita- は見ての通り，cikīrṣa- という語幹に，-(i)ta- という過去受動分詞を作る接辞が付いたものである。主語は，etad「これ」で指示代名詞である。前に述べられた事柄を指しているので中性をとっている。文字通りに訳せば，「これが［私によって］しようと欲せられたことである。」となる。

ヤマ神は死神である。「寿命が尽きた者」のところに来て，その者の魂（親指大の人＝プルシャ）を縛り，身体から引っ張り出して連れて行くのである。kṣīṇāyus- は，「所有複合語」である。kṣīṇa-「滅せられた，尽きた」（語根 kṣi-「滅する，滅ぼす」の過去受動分詞形）＋ āyus-「寿命，生命」で，複合語として「尽きた寿命をもつ（者）」「その寿命が尽きた（者）」を意味する。neṣyāmi は，語根 nī-「連れて行く」の未来形の１人称・単数形である。

ヤマ神に引き連れられた夫の魂を追ってサーヴィトリーは

ついて行く。ヤマ神から「帰れ，そして夫の葬儀を行え」と言われても，夫を一心に思う彼女はどこまでもついて行くと言って決して離れようとしない。そこでヤマ神は，サティヤヴァットの命以外のものなら何でも望みをかなえてやると言う。サーヴィトリーは，いくつか望みのものを言った後で，最後に，「夫との間に100人の息子が授かりますように」と言う。ヤマ神は約束する。しかし，この願いは夫が生き返らない限りかなえられないものである。とうとうヤマ神は，「サティヤヴァットは，お前に，必ず100人の息子を生ませるであろう」と予言して，２人に400歳の寿命を与え，サティヤヴァットを生き返らせたのであった。

別の用例を見よう。『ニヤーヤ・バーシュヤ』というテキストの一節である。『ニヤーヤ・バーシュヤ』は，論証学を専門とするニヤーヤ学派の根本教典『ニヤーヤ・スートラ』（『正理経』）に対する註釈書（ちゅうしゃくしょ）で，ヴァーツャーヤナによって５世紀半ば頃に作られたと考えられている。彼はその序文で，論証学の目的を述べて，次のように言っている。

pramāṇam antareṇa nārthapratipattiḥ, nārhtapratipattim antareṇa pravṛttisāmarthyam. pramāṇena khalv ayaṃ jñātārtham upalabhya, tam artham īpsati jihāsati vā.

認識手段がなければ，対象を認識することはない。対象を認識することがなければ，［その対象に向けての］活動が有効になることはない。実に，認識手段によって，認識主体であるこの者は，その対象を認識した後で，その対象を得たい，あるいは捨てたいと思う。

ニヤーヤ学派は，もっぱら「論証学」に関わる学派である。「論証学」とは，真理を認識し，それを論理的に立証するための方法や条件について考究する学問である。ニヤーヤ学派の哲学は，上の文からも想像がつくように，日常の経験的な事実に基づいて議論を展開することを特徴としている。

認識の構造は，単純に考えれば，次のようなものである。人が対象を認識するとき，そこには認識主体（プラマートリ），認識対象（プラメーヤ），認識手段（プラマーナ）の３つの要素が存在している。そしてこれらの間の関係は，認識主体（人）とそのまわりに広がる外部の世界との間で成り立っている。つまり，認識主体（人）は，認識手段によって，ある対象について認識し，その対象に向けて，欲しければ取る，いらなければ捨てるという活動を行うのである。

我々は，先に第36課において，認識を心の内部で起こる作用の過程と考え，そこにおいて成り立つ主体と対象の間の作用としてそれを説明する議論を見たが，ここで想定されているのはそれより素朴な認識の構造で，認識主体とその外部の世界に存在する認識対象の間の関係として成立している。

文を見ていこう。pramāṇam antareṇa nārthapratipattiḥ「認識手段（pramāṇa-）なしには，対象（artha-）の認識（pratipatti-）はない」である。antareṇa という語は，antara- の具格形であるが，対格の語とともに使われて，「～なしに」という意味で使われることが多い。不変化詞として扱われ，英語の前置詞である without と同じように使われる。

次の文，nārhtapratipattim antareṇa pravṛttisāmarthyam は，「対象の理解なしには，……ない」で，前の文と同じ構文である。問題になるのは，pravṛttisāmarthya- という複合語であろう。前分の pravṛtti- は，「活動」（女性名詞）である。後分の sāmarthya- は，samartha-「～に対して能力がある，～に有効に働く」という形容詞を抽象名詞にしたもので，中性名詞である。「有効になること」，「適合性」を意味する。問題は，「何（A）が何（B）に対して有効になる」のかということである。つまり，pravṛtti- という複合語の前分の語が，A にあたるのか，それとも B にあたるのかである。複合語については後に学ぶが，このような複合語は格限定複合語と呼ばれ，前分と後分の間に格関係が認められる。そして，前分の pravṛtti- を，属格ととるか処格ととるかが問題となる。語形だけからならどちらでもあり得るので，語が表す意味を考えて答えを出す必要がある。ここでは，「活動が，対象の取捨という結果に対して，有効となること」を意味している。

続いて，意欲活用の動詞を含む一文である。pramāṇena khalv ayaṃ jñātārtham upalabhya, tam artham īpsati jihāsati vā.

まず，jñātārtham であるが，これは連声をはずして，jñātā ＋ artham と読むべきところである。（jñāta-artham という複合語ではない。）jñātā は，jñātṛ-「知る人，認識主体」の主格・単数形で，この一文の主語である。upalabhya は，語根 upa-labh-「認識する」の絶対分詞である。「実に，認識手段によって，認識主体であるこの者は，その対象を認識した後で」となる。

最後に，意欲活用の動詞が２つ並んでいる。īpsati が，語根 āp-「得る，獲得する」の意欲活用形の３人称・単数形である。また，jihāsati が，語根 hā-「捨てる」の意欲活用形の３人称・単数形である。「その対象を，得たい，あるいは捨てたいと思う」である。

第39課　人間は輪廻を彷徨する。──強意活用

重字を伴った語根から語幹が作られる動詞の活用として，前課で見た意欲活用とは別に，強意活用がある。これは動作が反復されたり，過度になされたりすることを示すものである。中動態の場合は，重字を伴った語根に，接辞 -ya- を付けて語幹を作る（例。pac-「調理する」→ pāpacyate「多量に調理する」中動態の直接法現在の 3 人称・単数形。受動形の 3 人称・単数形も同形）。また，能動態の場合は，重字を伴った語根に，接辞なしで語幹を作る（例。pac- → pāpacīti，能動態の直説法現在の 3 人称・単数形。子音で始まる語尾（-ti など）の前に ī が挿まれる）。

テキストを読んでいても文法書以外でその使用例を目にするのは極めて稀である。そんな中で，ここでは実際に目にした文を挙げておこう。12世紀に活躍したジャイナ教白衣派（びゃくえは）の大学者であるヘーマチャンドラの言葉である。彼は，『ヨーガ・シャーストラ』を著し，それに彼自身の注釈を付けている。『ヨーガ・シャーストラ』という名前だけを見ると，日本人にも馴染みの「ヨガ（ヨーガ）」の教科書かと思ってしまうが，ヘーマチャンドラのこの本は，ジャイナ教の理論と実践の全般に関する「大全」である。

そこでは，「ヨーガ」は，解脱のための手段とされ，宗教的・世俗的に「正しく知り・正しく信じ・正しく行動する」というジャイナ教の「三宝」と同義とされている。日本語で言えば「精進」にあたると考えてよいだろう。精神集中や瞑想（めいそう），坐法や調息について述べられているから，古典的なヨー

ガと全く関係がないものとは言えないが，実際は，古典ヨーガの用語と体系をカムフラージュに使って，ジャイナ教の教義を巧妙に説いたものである。

その中で，無執着の境地を獲得するための瞑想のひとつとして，「人はひとりで生まれ，ひとりで死ぬ。自分が行った行為の結果は自分ひとりが受けとるのであり，地獄での苦しみを味わうのも自分ひとりである」（『ヨーガ・シャーストラ』IV. 68-69）という「孤独の瞑想」が説かれている。その詩節に対する自注が次のものである。

duḥkhadāvāgnibhīṣme 'smin vitate bhavakānane.
bambhramīty eka evāsau jantuḥ karmavaśīkṛtaḥ.

bambhramīti が強意活用の動詞である。語根は，bhram-「さ迷う」で，その強意活用形の能動態の3人称・単数形である。saṃsāre bhramati「（その者は，）輪廻をさ迷う」といった表現はよく見られるが，ここではその強意活用形が使われている。「あてどもなくあちこちをさ迷う」という強い意味なので，「彷徨（ほうこう）する」という漢字の訳がぴったりするように思う。eka eva + asau jantuḥ は，「この人はただひとりで……」。

karma-vaśīkṛtaḥ は，複合語であるが，後分にあたる vaśīkṛta- は，vaśī-kṛ- という動詞の過去受動分詞である。vaśa- は，男性名詞としては「力」「支配」を意味するが，形容詞として「～の支配下にある（状態）」「征服された（状態）」を意味する。これに語根の kṛ-「する，作る」が付いて動詞複合語となって，「～の支配下にある状態にする」という意味になる。その過去受動分詞形だから，意味は「～の支配下にある状態にされた」である。その前分にkarmanが来て，全体として「カルマ（業）の力によって支配された（者）」という意味の複合語となる。

ではどこを「彷徨する」のか。それを表すのが1行目の語句である。いずれの語も処格・単数形の語尾をとっている。saṃsāre bhramati「輪廻をさ迷う」という表現が別に見られることは先に言ったが，ここでは，saṃsāreの代わりに，vitate bhava-kānane「広大な生存の森を」と言われている。bhava-「生存」は，saṃsāra-の同義語として使われることもある語で，この場合には，「苦に満ちた人間存在の状態」を意味している。その存在状態を「森」に喩えて，「生存の森」と言っているのである。

同様に処格で現れているduḥkhadāvāgnibhīṣmeは，bhava-kānaneの修飾語である。duḥkha-dāvāgni-bhīṣma-「苦という森林火災の火の恐怖」という意味である。「苦」を「森林火災の火」に喩えており，それが「人間存在の状態」を「森林火災」に喩える比喩と呼応しているのである。現世を火宅に喩えるのと同じである。全体を訳せば次のようになる。

カルマの力に支配されたこの人は，ただひとりで，あたかも森林火災の恐怖に追い立てられてこの広大な森の中を彷徨するように，苦の恐怖に追い立てられてこの広大な人間存在の状態（輪廻）を彷徨している。

このヘーマチャンドラに影響を与えたと思われる人物にシュバチャンドラ（11世紀）がいる。彼は，空衣派（くうえは）に属したジャイナ教の思想家で，『ジュニャーナ・アルナヴァ』（『知識の海』）という著作を残している。これもまた，ジャイナ教の教義の「大全」とも言うべき本である。そこでもまた，瞑想の対象について述べられているが，「輪廻を彷徨する」ということが，次のように詳しく述べられている。

> śvabhre śūlakuṭhārayantradahanakṣārakṣuravyāhatais
> tiryakṣu kaṭukarmapāvakaśikhāsaṃbhārabhasmīkṛtaiḥ.
> mānuṣye 'py atulaprayāsavaśagair, deveṣu rāgoddhataiḥ
> saṃsāre 'tra durantadurgatimaye bambhramyate prāṇibhiḥ.
> （II. 38）

最後の行から見てみよう。ここでは，強意活用は，bambhramyate という形で現れている。bhram- の強意活用形の中動態の３人称・単数形である。ただし，受動形も同じ形をとる。そしてこの文には主格の語がないから，この文は非人称の構文で，動詞は受動形の３人称・単数形であることがわかる。bhram- という動詞の動作主体は，prāṇibhiḥ という具格・複数形（「人間たちによって」）で示されている。duranta-durgati-maya- は，「終わりを知りがたい（dur-anta-），悲惨な状況（dur-gati）から成る（-maya-）」という意味で，saṃsāra を修飾する語である。最後の行は次のような意味になる。

> いつ終わるとも知れない悲惨な状況から成るこの輪廻を，人間たちは彷徨する。

前の３行は，その輪廻の様々な状態を述べるものである。各行が，処格・単数形と具格・複数形から構成されている。処格の語は，śvabhre「地獄界において」，tiryakṣu「動物界

「ローカ・プルシャ」（宇宙人）

において」，mānuṣye「人間界において」，deveṣu「神々の世界において」となっている。そして，それぞれの世界における人間たちのありさまが，それに続く具格・複数形の語によって示されている。いずれも最後の行の「人間たち」の修飾語となっている。ひとつひとつ見ていこう。

まず地獄界においてである。śūla-kuṭhāra-yantra-dahana-kṣāra-kṣura-vyāhataiḥ「［人間たちは，］焼き串，斧，拷問具，火，酸，刀刃によって苦しめられている」。

次に動植物界においては，kaṭu-karma-pāvaka-śikhā-saṃbhāra-bhasmīkṛtaiḥ「［人間たちは，］烈しい業火の燃え重なる炎に焼かれて灰にされている」。saṃbhāra- は，物が多量に集まっていることを表す。bhasmī-kṛ- は，先ほど出た vaśī-kṛ- と同様に動詞複合語である。bhasman-「灰」に語根 kṛ- が付いたもので，「灰にする」の意味で，その過去受動分詞形が bhasmīkṛta- である。

次に，人間界においては，atula-prayāsa-vaśagaiḥ「［人間たちは，］比べようのない労苦の支配下にある」。vaśaga- は，先に出た vaśa-「～の支配下にある（状態）」「征服された（状態）」に -ga-「行く，なる」が付いたものである。そして，最後に神々の世界においては，rāga ＋ uddhataiḥ「［人間たちは，］愛欲によって興奮している」。uddhata- は，語根 ud-dhan-（← han-）「投げ上げる」の過去受動分詞である。

ジャイナ教では，魂が転生する世界として，下界と中界と上界の3つの世界を区別し，下界を地獄，中界を人間と動植物が住む地上界，上界を神々の世界とした。それぞれの世界は，さらに階層や地域によって細分化されている。時代が下ると，この宇宙観は，人間の姿によって具体的にイメージされるようになった。それが「ローカ・プルシャ」（宇宙人）である。下半身が下界（7つに階層化されている）で，腰の部分（円形で描かれる。多くの島からなり，その中心にジャンブードゥヴィーパ〔閻浮提（えんぶだい）〕がある）が中界，そして胸部が上界（いくつもの階層に分かれている）である。その上の頭の部分が解脱した魂の場所で，ここに来れば永遠の平安を得て，2度と転生することはない。

コラム12　動詞の活用の組織

辻直四郎『サンスクリット文法』（109-110頁）では，動詞の活用が以下のような「組織」に分類されている。

⑴ 現在組織（現在語幹を基礎とする）：直説法現在，現在分詞，直説法過去，願望法，命令法
⑵ アオリスト組織（アオリスト語幹を基礎とする）：直説法アオリスト，祈願法
⑶ 完了組織（完了語幹を基礎とする）：直説法完了，完了分詞
⑷ 未来組織（未来語幹を基礎とする）：直説法未来，未来分詞，条件法
⑸ 複合時制：複合完了，複合未来

⑹語根直属の準動詞：過去分詞，動詞的形容詞，不定詞，絶対分詞

本書では，この「組織」による分類に従って動詞の活用について説明している。

第40課　嘆くな。——祈願法と禁止の用法

ここまで様々な種類の動詞の活用形を見てきたが，動詞の説明の最後に，祈願法を見ておこう。「〜しますように」と神に祈るようなときに使われるものだが用例は限られている。もともとはアオリスト組織に属する願望法であったと言われている。第2種活用の願望法の語尾と祈願法の語尾を並べてみるとその特徴がわかるので，表にして並べてみよう。

表74　能動態　第2種活用の願望法と祈願法の語尾

	願望法 能動態		
	単	両	複
1	yām	yāva	yāma
2	yās	yātam	yāta
3	yāt	yātām	yur

祈願法 能動態		
単	両	複
yāsam	yāsva	yāsma
yās	yāstam	yāsta
yāt	yāstām	yāsur

左が第2種活用の動詞の願望法・能動態の語尾，右が祈願法・能動態の語尾である。第2種活用の動詞の願望法の語尾の目印は人称語尾の前に -yā- が挟まることであったが，祈願法の場合は，さらに -yā- と人称語尾の間に -s- が挟まることである。左右を見比べればそのことがよくわかるであろう。中動態についても同様に作られるが省略する。

しかし，願望法に比べると祈願法が使われることは稀にしかない。祈願法は，文法的にはすべての語根から直接作られるとされ，文法書にはいろいろな語根についてその祈願法の語形が例示されるが，実際のテキストの中で出会うのは，おそらく bhū-「なる，ある」の能動態の変化形がほとんどで

あろう。そこで，その変化表を示しておく。

表75　bhū-「なる，ある」の祈願法・能動態の変化表

	祈願法 能動態		
	単数	両数	複数
1	bhūyāsam	bhūyāsva	bhūyāsma
2	bhūyāḥ	bhūyāstam	bhūyāsta
3	bhūyāt	bhūyāstām	bhūyāsuḥ

それでは実際の文を読んでみることにしよう。『カターサリットサーガラ』の一節である。『カターサリットサーガラ』は，説話集で，神話や怪奇談，民間信仰などに関わる様々なおもしろい話を含んでいる。次の話は「生まれ変わり」に関するもので，前世が鵞鳥（がちょう）の夫婦（ハンサ haṃsa- とハンシー haṃsī-）であった王子と王女の物語である。海岸近くの池の岸辺の木の上に巣を作って2羽で暮らしていたところ，巣の中にいた子供たちが波にさらわれてしまった。悲しんだ雌の鵞鳥（ハンシー）は海に身を投げて死んでしまう。そこで別離を悲しんだ雄の鵞鳥（ハンサ）は，鳥であることを嘆き，その体を捨てたいと思って，次のように心に願った。

jātismaro 'haṃ **bhūyāsaṃ** rājaputro 'nyajanmani.
eṣā ca tatra me bhāryā **bhūyāj** jātismarā satī.（7. 9. 185）

太字が祈願法の動詞である。上の表を見てもわかるように，bhūyāsam が，bhū- の祈願法の能動態の1人称・単数形，bhūyāt が3人称・単数形である。「私は（aham）～しますように」，「この彼女は（eṣā）～しますように」という祈願を表している。

この2つの動詞以外の語を見ると，主格・単数形が多く並んでいることに気がつく。1行目に，jātismaraḥ，aham，rājaputraḥで，いずれも男性形。2行目に，eṣā，bhāryā，jātismarā，satīで，いずれも女性形である。語根bhū-の基本的な意味は，「〜となる，生ずる」，「〜がある，存在する」，「〜である」だから，英語で言えば，SVCの構文をとることになる。つまり，主語と補語がともに主格からなる文であるから，当然，文中には主格の語が多くなる。

先に言ったように，1行目と2行目の主語はそれぞれ，「私は（aham）」と「この彼女は（eṣā）」であると見てよいから，1行目の中心的な意味は，「私は，王子（rājaputra-）となりますように」であり，2行目は，「この彼女は，私の妻（me bhāryā）となりますように」である。

残る単語は，1行目では，jātismaraḥとanyajanmani，2行目では，ca，tatra，jātismarā，satīである。これらのうち，jātismarāが，jātismara-の女性形であることはすぐにわかるであろう。この語の意味については後で考えることにして，まず，anyajanmaniから見ることにしよう。anya-janman-の処格・単数形である。anya-「他の」，janman-「生まれ，誕生」，つまり「他の生まれにおいて」，「他生において」という意味である。

「袖振り合うも他生の縁」ということわざを知っている人もいるだろう。この世（今世）において知らない人と路上で袖が触れ合うのも，前世（他生）の因縁によるのだ，ということを言うことわざだとされている。この解釈では，「他生」は，「今世」に対する「前世」とされることが多いが，「他生」は，文字通り「他の生」，つまり「今のこの生」とは別の「他の生」という意味で，「前世」だけでなく「来世」も意味することができる。目下の文では，生まれ変わった後のことを言っているから，anya-janman- は，「来世」を意味することになる。

また，2行目の ca は，「そして，また」という接続詞である。tatra は，「その場所で」という場所を示す指示的な副詞で，「その同じ来世において」という意味である。また，最後の satī は，語根 as-「存在する」の現在分詞 sat-「現に存在している」から転じて形容詞「正しい，善なる」となったものの女性形で，「貞節な（妻）」という意味で使われることが多い。

最後に jātismara- という複合語である。jāti- は，先の janman- と同じく，語根 jan-「生まれる，生じる」から派生した名詞で，ここでは，「誕生，生まれ，種姓（カースト）」を意味する。smara- は，語根 smṛ-「記憶する，想起する，思い出す」から派生した名詞で，「記憶」また「想起すること，思い出すこと」を意味する。そこで，複合語 jāti-smara- であるが，主語の性に一致して，1行目では男性形，2行目では女性形をとっていることからわかるように，ここではこの語は修飾語（形容詞）であるから，単に「生まれを思い出すこと」のような独立した名詞としての意味を表すものではない。「生まれを思い出す者」，「前生の記憶をもつ者」という意味をとって，主語を修飾する語となっている。以上から，この詩節は次のような意味になる。

来世では，私（ハンサ）は王子となりますように。前生を思い出す者でありますように。そして，この彼女（ハンシー）は私の貞淑な妻となりますように。前生を思い出す者でありますように。

このような願いを抱いた彼（鵞鳥）は，シヴァ神を念じ，その身を海に投じた。その後，雄の鵞鳥（ハンサ）はヴァッサ国の王子に生まれ，雌の鵞鳥（ハンシー）はカルプーラサンバヴァの王女として生まれて，やがて2人は結ばれたのであった。

前課では，人はカルマ（業）の力に支配されて輪廻するという古来のインド的な観念を見たが，ここで語られているのは，カルマの力など関係なしに，自らの「願い」によって来世における「生まれ」を実現する話である。ヒンドゥー教の神であるシヴァに祈れば，カルマの理法（「因果応報」）でさえも克服できるというのであろうか。

その一方で，「前生を思い出す」ということが言われているのがおもしろい。「来世も一緒に」というだけなら口先だけの口説き文句であろう。前世でも一緒であったのをともに思い出すことを願望するからこそ，来世も一緒に生きようと言うことに真実味が出てくるのである。

さて次に，「～するな」，「～してはならない」という強い禁止を表す用法を見ておこう。古典文法の時間に，終助詞の「な」については，「～な」だけでなく，「な＋そ」で感情の混じった強い禁止を表すということも習ったはずである。それと同じような用法でサンスクリットの禁止の用法にも，単に否定辞の na や mā と動詞の命令法で禁止を表すだけでなく，否定辞の mā とオーグメント（346頁コラム13参照）のないアオリスト形を用いて表す場合がある。次の詩節は，『バガヴァッド・ギーター』の一節である。

sarvadharmān parityajya mām ekaṃ śaraṇaṃ vraja.

ahaṃ tvā sarvapāpebhyo mokṣayiṣyāmi **mā śucaḥ**.
（18. 66）

すべての宗教的義務（ダルマ）を放棄して，ひとり私にだけ庇護（ひご）を求めよ。私はお前をすべての罪悪から解放してやろう。嘆くな。

太字で示した mā śucaḥ が禁止の用法である。語根 śuc- は，第１類動詞としては，「嘆く，悲嘆する」という意味で使われる。このアオリスト形の能動態の単数形は，１人称 aśucam，２人称 aśucaḥ，３人称 aśucat である。これらの変化形を見てわかるように，語根 śuc- に母音 a を付けて語幹を作り，その語幹の前にオーグメントの a- を付け，語幹の後に人称変化語尾（第１種活用の動詞の過去形語尾）を付けてアオリスト語形（a-アオリスト）が作られている。そして，この語形からオーグメントの a- を除いた語形を，否定辞 mā とともに用いて，mā śucaḥ という２人称・単数の禁止の表現ができるのである。「嘆くな」という意味である。古語ならば，「な嘆きそ」となるだろう。この mā śucaḥ という表現は，『マハーバーラタ』には常套句のようにしばしば現れてくるが，「泣くな」，「嘆くな」，「弱音を吐くな」と，場面により，また話し手により様々なニュアンスが加わっている。

目下の言葉は，神クリシュナが勇士アルジュナに対して，自分に対して絶対的な帰依をしろと説くもので，『バガヴァッド・ギーター』の最終章である第18章の末尾近くに置かれている。ようやくここに至って，絶対的な救済神としてクリシュナ（ヴィシュヌ神）が登場するのである。ヒンドゥー教のヴィシュヌ派では，この詩節を「最終詩節」（チャラマ・シュローカ）と呼んで重要視している。

各語句については，だいたい理解できると思うが，重要なものについて少しだけ説明しておこう。まず，śaraṇaṃ vraja である。śaraṇa- は，一般には「避難する場所」を意味し，そこから「帰依所」という意味で使われている。vraja は，語根 vraj-「行く」の命令形の２人称・単数形である。仏教においては「三帰依文」があり，「buddhaṃ śaraṇaṃ gacchāmi（帰依仏），dharmaṃ śaraṇaṃ gacchāmi（帰依法），saṃghaṃ śaraṇaṃ gacchāmi（帰依僧）」と唱える（ただし，一般にはサンスクリットではなくパーリ語で唱える）が，この語根 gam- の代わりに，vraj- がここでは使われている。「帰依」という語あるいは概念は，仏教のもののように思っているかもしれないが，実際にはこのようにヒンドゥー教においても宗教的に重要な意味をもつ語である。

もうひとつ重要な語は，mokṣayiṣyāmi である。「私は解放してやろう」と訳した。「解脱」を意味する名詞 mokṣa- から作られた第10類の語根 mokṣaya-「解脱させる，解放する」の未来形の１人称・単数形である。１人称の未来形であるから，ここでは「私はお前を解放してやろう」という意志を表していると言えるだろう。

拙著『『バガヴァッド・ギーター』――神に人の苦悩は理解できるのか？』（岩波書店，2008年）では，これを，語根 muc- の使役形の未来形・１人称・単数形と説明してしまったが，その場合は，mocayiṣyāmi という語形になる。意味は同じで，やはり「解放してやろう」である。『八千頌般若経』などの大乗仏典にその用例が見られる。

第41課 真理を知らない者には眠りがある。——準動詞(1)

動詞形から派生した語形の語は準動詞と呼ばれる。準動詞には，これまでもたびたび出てきた過去受動分詞がある。また，不定詞や未来受動分詞（動詞的形容詞）があり，さらに現在分詞，未来分詞，完了分詞，そして絶対分詞もある。本課と次課では，これら準動詞の用例を見ることにしよう。まず不定詞と未来受動分詞（動詞的形容詞）である。

さて，前課で見た mā śucaḥ「嘆くな」が，強い禁止を表すとすると，「嘆く必要はない」，「嘆かなくてもよい」という弱い禁止はどのように表現されるのだろうか。次のような用例が見られる。『マハーバーラタ』の一節である。

bhavitavyaṃ tathā tac ca nātaḥ śocitum arhasi.
daivaṃ prajñāviśeṣeṇa ko nivartitum arhati.（1. 1. 186）

そして，それは，必然的にそうなるべきことであったのだ。だからあなたは嘆く必要はない。神が定めた運命を，いったい誰が限られた知恵によって拒絶することができようか。

na śocitum arhasi「あなたは嘆く必要はない」である。śocitum は，先に見た語根 śuc- の不定詞である。不定詞は，語根または語幹に不変化の接辞 -tum を付けて作られる。arhasi は，語根 arh- の２人称・単数形（能動態のみで活用する）で，不定詞と共に使われて，「〜することができる」「〜する権利がある」という意味を表す。また，２人称・単数形は，丁寧な命令として「どうか～されますように」といった意味となる。ここでは，前に否定辞の na が置かれているから弱い禁止の命令となっている。

1行目の前半の8音節に戻ると，bhavitavyam は，これまでにも見たことのある未来受動分詞（動詞的形容詞）である。語根に -tavya，-anīya，-ya という接辞を付けて，「～されるべき」という意味で使われる。ここでは，語根 bhū-「なる，ある」に付いた形で，「なるべき，あるべき」という意味で，そのもの・ことが，不可避なもの・ことであること，必然的な結果であるもの・ことを言う。主語は，tat「それ」で，中性の指示代名詞である。何かの出来事を指していると考えてよいだろう。

2行目に移ると，後半の8音節 ko nivartitum arhati に，また不定詞と語根 arh- が現れている。kaḥ は，「誰が」という疑問代名詞であるが，ここでは「誰も～できない」という反語になっている。nivartitum は，語根 ni-vṛt-「逆に向かう，逃れる，拒絶する」から作られた不定詞である。

不定詞は，ここに見るように，能力（「～できる」）や意欲（「～したい」）を表す動詞とともに用いられる。arh- のほかには，śak-（「～できる」，能動態の3人称・単数形は，śaknoti）や，iṣ-（「～しようと望む」，能動態の3人称・単数形は，icchati）が使われる。また，不定詞は，「～するために」という目的を表すのに使われることもある。

次に現在分詞を見ることにしよう。現在分詞は，能動態の場合は，現在語幹に接尾辞 -at / -ant を添えて作られる。その変化表については，第14課「子音語幹の名詞(2)」を学んだときに，tudat- / tudant-「打っている」の格変化を見ている（表30)。もう一度その変化表を見てほしいが，特に注意すべきは，中性の主格と対格と呼格の両数形に -atī / antī という形が現れることで，女性語幹も同じ形をとる。女性の場合は，ī-語幹の nadī- と同じ格変化（表14）になる。

中動態の場合は，第1種活用に属する動詞の場合は，語幹に接尾辞 -māna（女性形は -mānā）が添えられる。また，第2種活用に属する場合は，接尾辞 -āna（女性形は -ānā）が添えられる。

まず，能動態の現在分詞の例を見てみよう。

anyathā gṛhṇataḥ svapno, nidrā tattvam ajānataḥ.
（I. 15ab）

誤解している者には夢があり，真理を知らない者には眠りがある。

gṛhṇataḥ は，語根 grah-（第9類）「つかむ，把捉する，理解する」から派生した現在分詞形で，grah- の能動態の3人称・複数形が gṛhṇanti（3人称・単数形は，gṛhṇāti）であるから，現在分詞の強語幹は gṛhṇant-，弱語幹は gṛhṇat- である。そこで格語尾に注目すると，-aḥ である。この語尾が現れるのは，男性形の奪格と属格の単数形と対格の複数形である。（ちなみに，主格・複数形は強語幹をとって gṛhṇantaḥ である。）どの格かは，文章中の語の格関係（文脈）によって決まるから，これだけではまだわからない。

次に，ajānataḥ である。語根 jñā-（第9類）「知る」から派生した現在分詞形で，jñā- の能動態の3人称・複数形が jānanti（3人称・単数形は，jānāti）であるから，現在分詞の強語幹は jānant-，弱語幹は jānat- である。語頭の a- は，否定を表す接頭辞である。格語尾の -aḥ については，gṛhṇataḥ と同じことが言える。

では他の語についても見てみよう。anyathā は，「別様に，違ったやり方で」という副詞。svapnaḥ は，svapna-「夢」の主格・単数形。nidrā は，女性名詞の主格・単数形で「眠り」の意味。tattvam は，中性名詞であるから，形だけからだと，主格・単数形か対格・単数形か決められない。

そこで全体の意味を考えることにしよう。anyathā は，副詞であるから，動詞を修飾する語である。現在分詞は，形容詞的に使われると言っても，動詞としての働きも残しているから，ここでは，anyathā grah-「別様に理解する」つまり「誤解する」の現在分詞形だと考えてよい。

svapno（連声をはずせば，svapnaḥ「夢が」）は，主格・単数形の男性名詞で，次に続く nidrā「眠りが」は，同じ主格・単数形で，女性名詞であるから，２つの主格が並んでいることから，文の切れ目がここにあることがわかる。

そして tattvam である。中性名詞であるから，語形だけからでは主格か対格かはわからない。そこで先にも言ったように，現在分詞は動詞としての働きも残しているということを考慮して ajānataḥ について考えてみよう。jñā-「知る」という動詞は，tattvam を目的語として，tattvaṃ jñā-「真理を知る」というように使われる。したがって，これの現在分詞形として tattvaṃ jānataḥ を作ることができる。そしてこの jānataḥ に，否定を表す a- を付けて，「真理を知らない（者）」という意味になるのである。

最後に，gṛhṇataḥ と ajānataḥ が，それぞれ奪格か属格の単数形か，それとも対格の複数形かを決めなければならない。この文章にはこれらを目的語とする動詞はないから，これらが対格であることはない。では，奪格・単数形か属格・単数形か。奪格もまた，動詞との関係で決まる格であるからここではあり得ない。よって，属格である。属格は様々な関係を表すが，ここでは「〜の者には〜がある」という所属を表すものだと考えよう。そこで最初に示したような意味になる。

この一節は，『ガウダパーダのカーリカー』，別名を『マンドゥーキヤ・ウパニシャッド・カーリカー』と言い，また『アーガマシャーストラ』とも呼ばれている論書のものである。初期のヴェーダーンタ思想を代表するテキストで，作者のガウダパーダ（7世紀）は，不二一元論（ふにいちげんろん）の大思想家シャンカラ（8世紀）に先立って，現象世界が虚妄であること，すべての存在物が「不生」であることを主張した思想家として有名である。ここに言われる「夢」や「眠り」は，人の意識の状態を表す重要な概念として使われているのだが，今はその説明に深入りすることはやめて，同じテキストから別の文を引用してみよう。

bhūtasya jātim icchanti vādinaḥ kecid eva hi.
abhūtasyāpare dhīrā. vivadantaḥ parasparam.（4. 3）
bhūtaṃ na jāyate kiṃcid, abhūtaṃ naiva jāyate.
vivadanto ’dvayā hy evam ajātiṃ khyāpayanti te.（4. 4）

ある（kecid）論者たちが（vādinaḥ），あったものの（bhūtasya）生起を（jātim）認める（icchanti）。他の（apare）賢者たちが（dhīrāḥ），なかったものの（abhūtasya）［生起を認める］。彼らは，互いに論争している者たちである（vivadantaḥ parasparam）。（4. 3）

「あったものが（bhūtam），決して生じることはない（na

jāyate kiṃcit)」［と，後者は言う］。「なかったものが(abhūtam)，決して生じることはない（na ＋ eva jāyate)」［と，前者は言う］。このように（evam）論争している者たちは（vivadantaḥ)，実に（hi）同類の者たちであって(advayāḥ)，［結局のところ，］「不生」（すべてのものは生じないということ）を（ajātim)，彼らは（te)，明らかにしている（khyāpayanti）のである。(4. 4)

単語も構文も難しくはないと思う。これまで訳文の中にもとのサンスクリットを示すときには変化語尾を伴わない語根や語幹の形を（　）内に入れてきたが，上の訳文では，これまでと違って，（　）内は変化語尾を伴った形で示している。したがって，（　）の位置も格語尾の後になっていることに注意してほしい。これによって，名詞の格についても理解できると思う。たとえば，bhūtam は，語根 bhū-「なる，ある」の過去受動分詞形 bhūta-「なった（もの)，あった（もの)」の変化形である。そして，格助詞の「が」が付いた「あったものが」の後に，(bhūtam）と示しているから，この bhūtam は中性名詞の主格であることがわかるだろう。一方，ajātim は，〈「不生」を〉の後に示しているから，対格である。(ただし，i-語幹の名詞であるから，中性名詞でないことはわかっても，男性名詞であるか女性名詞であるかは語形だけからではわからない。jāti- は女性名詞である。)

上の文の中で，能動態の現在分詞は，vivadantaḥ である。語根 vi-vad-「論争する，議論する」(能動態の３人称・複数形は vivadanti）から派生した形で，主格・複数形である。

ここでの問いは，「ものが生じる」とはどういうことかである。この問題をめぐって論争しているのは，「因中有果論」

(satkāryavāda) を主張したサーンキヤ学派と,「因中無果論」(asatkāryavāda) を主張したニヤーヤ学派およびヴァーイシェーシカ学派とである。「ものが生じる」とは，そこに原因と結果があるということである。では，原因と結果の関係はどのようなものか。「原因から結果が生じる」と言うとき，原因の中に結果があるのか，それともないのか。

「原因の中に結果がある」というのが，サーンキヤ学派の主張である。しかし，原因の中にすでに結果があるならば，それが「生じる」とはどういうことか。すでに「ある」，つまりあったのだから,「あったものが生じる」というのはおかしい，という批判が可能となるだろう。これが，ニヤーヤ学派とヴァーイシェーシカ学派からの批判である。

一方，ニヤーヤ学派とヴァーイシェーシカ学派は,「原因の中に結果はない」と主張した。しかし，原因の中に結果がないならば，どうして「なかったものが生じる」のか。「なかったものが生じることはない」とサーンキヤ学派は批判するのである。

両者はこのように言い争っているのであるが，そもそも「ものが生じる」ということを事実として前提としているのがおかしいのだと言うのが，作者であるガウダパーダの主張である。一方は，存在しているものの生起を否定し，他方は，存在していないものの生起を否定する。いずれにせよ，ここで否定されているのは「生起」である。したがって，正しいのは,「何ものも生じることはない」，つまり「不生」ということになると，ガウダパーダは言っているのである。

さて，上では能動態の現在分詞形を見てきたが，中動態の現在分詞形についても見ておきたい。能動態と中動態で，動詞の働きに違いがあり，使い分けられる重要な動詞に yaj-

がある。能動態の yajati は，「その人は（他人のために）祭式を行う」であり，中動態の yajate は，「その人は（自分のために）祭式を行う」である。

この場合に注意すべきは，「その人」にあたるのは，前者の場合は「祭官」であり，後者の場合は「祭主」であるということである。ここに言われている祭式は，ヴェーダ祭式のことであるが，たとえば「天界に生まれること」を願って執行された祭式の結果（果報）を受けとるのは，「祭主」であって「祭官」ではない。

この「祭主」を意味する語に yajamāna- がある。これは，中動態の yajate の現在分詞形である。意味としては「祭式を行っている（者）」であるが，祭式を行うのは「自分のため」であることがその中動態の形から理解されるから，この語は，「祭主」を意味することになる。ヴェーダの祭式において，もともと「祭主」は，「祭官」とともにバラモン階級の者であった。しかし，祭主は，たびたび祭式を行い，祭官に対して多量の報酬を支払わなければならない。やがて，共同体における権力の中心が，バラモンから王権に移行すると，祭官に莫大（ばくだい）な報酬を与えて祭式を執行するのは，王の役割となる。

実際，叙事詩『マハーバーラタ』において，「祭主」として登場してくるのは王である。ついでに言うと，この「ヤジャマーナ」というサンスクリットは，ヒンディー語で「ジャジュマーン」となって，「顧客，得意先」を意味するようになった。

第42課　自分が藍色をしているのを見て，考えた。
——準動詞⑵

前課では，不定詞と未来受動分詞と現在分詞を見た。残る準動詞は，未来分詞，完了分詞，絶対分詞である。

ところで，過去ー現在ー未来という時の３つの区分を表すサンスクリットは，bhūta-，bhavat-，bhaviṣyat- である。このbhūta-「過去の」，bhavat-「現在の」，bhaviṣyat-「未来の」という３つの形容詞は，bhūta- が，語根 bhū-「なる，ある」の過去受動分詞形，bhavat- は，bhū- の現在分詞形である。そして bhaviṣyat- が，未来分詞形である。bhaviṣyanti が，bhū- の能動態の未来形の３人称・複数形であるから，bhavanti から能動態の現在分詞形である bhavat- が作られるのと同じようにして，bhaviṣyanti から能動態の未来分詞形 bhaviṣyat- が作られる。語尾変化は，現在分詞の場合と同じである。また，完了分詞については，第19課ですでに見ている。そこで本課では，絶対分詞について見ておこう。

絶対分詞についても，これまでの例文で何度か見てきたが，動詞の語根または語幹に接辞 tvā，または ya を付けて作られるものである。これまでの例文でも見てきたように，絶対分詞は，一連の行為がひとりの動作者によってなされる場合に，先行する行為を示すのに使われる。ここでは，少し長い文章を読んでみよう。『ヒトーパデーシャ』の一節である。

⑴ asty araṇye kaścic chṛgālaḥ, svecchayā nagaropānte bhrāmyan nīlībhāṇḍe patitaḥ. ⑵ paścāt tata utthātum asamarthaḥ, prātar ātmānaṃ mṛtavat **saṃdarśya** sthitaḥ.

(3) atha nīlībhāṇḍasvāminā mṛta iti **jñātvā**, tasmāt **samutthāpya**, dūre **nītvā**pasāritas tasmāt palāyitaḥ. (4) tato 'sau vanaṃ **gatvā** ātmānaṃ nīlavarṇam **avalokyā**cintayat — aham idānīm uttamavarṇaḥ. tadāhaṃ svakīyotkarṣaṃ kiṃ na sādhayāmi. (5) ity **ālocya** śṛgālān **āhūya**, tenoktaṃ — ahaṃ bhagavatyā vanadevatayā svahastenāraṇyarājye sarvauṣadhirasenābhiṣiktaḥ. tad ady**ārabhyā**raṇye 'smadājñayā vyavahāraḥ kāryaḥ. (6) śṛgālāś ca taṃ viśiṣṭavarṇam **avalokya** sāṣṭāṅgapātaṃ **praṇamyo**cuḥ — yathājñāpayati devaḥ. (Kāle p.72)

太字にしたのが絶対分詞である。前後の音と連声している語もある。絶対分詞のほかに，現在分詞も過去受動分詞も出てくる。区切られた文章の順に読んでいくことにしよう。

(1) 人里離れた荒野に（araṇye），ある（kaścit）ジャッカルが（śṛgālaḥ）いた（asti）。自分の（sva-）気の向くままに（-icchayā）町の（nagara-）近くを（-upānte）うろついていて（bhrāmyan），藍の（nīlī-）甕（かめ）の中に（bhāṇḍe）落ちてしまった（patitaḥ）。

本文中の名詞や形容詞については，その意味も変化形もおそらくわかりやすいと思うので，ここでは主として動詞に関する説明をしておこう。

まず，asti である。語根 as- の能動態の直接法現在の３人称・単数形であることはおわかりであろう。ではなぜ，「いた」と過去で訳しているのか。これは物語の中でしばしば使われる時制の用法で「歴史的現在」と呼ばれるものである。

サンスクリットでは，sma という語を現在形の動詞に付加して過去を表すが（214頁参照），この sma はしばしば省略されるので，ここでも sma が省略されていると考えてもよい。いずれにせよ文中の主文で使われている他の動詞はどれも過去の時制が使われているから，ここで語られているのが過去のことであることは明らかである。

bhrāmyan は，現在分詞の主格・単数形で，もとの動詞は第４類の語根 bhram-「徘徊（はいかい）する，さすらう」（３人称・複数形は，bhrāmyanti）である。patitaḥ は，語根 pat-「落ちる，飛ぶ」から作られた過去受動分詞の主格・単数形である。ここでは「落ちた」という能動の意味で使われているから，この過去受動分詞が表しているのは，それが過去のことであったということである。したがって，ここでの現在分詞も，それが表す動作が「落ちた」という過去の動作と同時進行であったということを言っている。

藍甕（あいがめ）は，藍染めの染料となる藍汁を溜（た）めて，そこで染めの作業をする甕である。日本では「紺屋（こうや）」と呼ばれる藍染め専門の工場に，「藍場」と呼ばれる藍甕をいくつも土中に埋めた作業場がある。藍甕の大きさは，口まわりの直径は70〜90センチ，胴回りになると１メートルほどあり，深さは１メートル30センチほどある。しゃがめば大人ひとりすっぽりと入ってしまう大きさである。日本では，タデ科の植物から染料をとったが，インドではマメ科の植物から藍染めの染料をとった。これが「インジゴ」と呼ばれるものである。残念ながらインドの藍甕は見たことはないが，ジャッカルが落ちて出てこられなくなるぐらいだから，日本の藍甕とおそらく同じような大きさであったろうと，私は想像している。次の文章に移ろう。

(2) その後（paścāt）そこから（tata）立ち上がることが（utthātum）できない者（asamarthaḥ）［となったジャッカル］は，翌朝に（prātar）自分を（ātmānaṃ）死んだ者のように（mṛtavat）見せて（saṃdarśya）とどまっていた（sthitaḥ）。

utthātum は，語根 utthā-（← ud-sthā-）の不定詞形である。語根 sthā-「立つ，とどまる，停止する」に接頭辞 ud-（上方への方向を表す）が付いたもので，「立ち上がる」の意味になる。samartha- は，不定詞をとって「〜する能力がある（もの）」を意味する。a-samartha- は，その否定。mṛta- は，語根 mṛ-「死ぬ」から作られた過去受動分詞形である。（mṛ-「死ぬ」は自動詞であるから，mṛta- は能動の意味をもつ過去分詞であり，「死んだ」を意味する。次の sthā- から作られた sthita- も同じである。）saṃdarśya が絶対分詞で，語根 saṃ-dṛś-「注目する，認める」の使役形 saṃdarśayati（３人称・単数形「示す，見せる」）から作られている。sthita- は，語根 sthā- の過去分詞である。

(3) さてそこで（atha），藍甕（nīlībhāṇḍa-）の持ち主によって（svāminā）死んだと（mṛta iti）考えられて（jñātvā），そこから（tasmāt）立ち上がらせられて（samutthāpya），遠くへと（dūre）連れて行かれて（nītvā），捨てられた者（apasāritaḥ）［となったジャッカル］は，そこから（tasmāt）逃げ去った（palāyitaḥ）。

ここでも絶対分詞と過去受動分詞が並んでいるが，(2) の文との構文の違いに気がついただろうか。その違いは訳文にも現れている。絶対分詞が表すのは動作主の動作である。そして，動作主は，能動文の場合は主格で示され，受動文の場合は具格で示されるのが普通である。つまり，(2)の場合，「死んだふりをしていた」(mṛtavat saṃdarśya sthitaḥ) のはジャッカルであるから，その動作主は主格で示されている。他方，(3)の場合，ジャッカルは「捨てられた」のであり，「考える」，「立ち上がらせる」，「連れて行く」，「捨てる」という一連の動作の動作主は，文中に具格で示されている藍甕の持ち主である。

しかし，(3)の文中で，主格で表されているのはジャッカルであるから，日本語の訳文において，この主格で表されている「ジャッカル」を主語にして文を作ると，藍甕の持ち主の動作は受動の形で示されることになるのである。もちろん，「藍甕の持ち主」を主語にして訳文を作ることもできる。その場合は，「藍甕の持ち主は，［ジャッカルは］死んだと考え，そこから立ち上がらせ，遠くへ連れて行って，［ジャッカルを］捨てた。［そこで，ジャッカルは，］そこから逃げ去った。」のような訳文になるだろう。

最後の「逃げ去った」は，語根 palā-i-「遁走(とんそう)する」(自動詞，3人称・単数形は palāyate) から作られた能動の過去分詞で，これは，「捨てられた者 (ジャッカル)」を主語 (主格) とする能動文となっている。このようなところに，主語と述語の関係によって文を考える日本語と，動作主とその動作の関係によって文を考えるサンスクリットの違いが表れているということができるだろう。

samutthāpya は，語根 samuttha- (← sam-ud-sthā-)「起きる」の使役形 samutthāpayati (「起こす」「立ち上がらせる」3人称・単数形) から作られた絶対分詞である。apasārita- は，

語根 apa-sṛ-「去る」の使役形 apasārayati（「遠ざける，取り除く」３人称・単数形）から作られた過去受動分詞（「遠ざけられた，捨てられた」）である。別の写本では，parityaktaḥ となっていて，こちらは語根 pari-tyaj-「捨てる，手放す」の過去受動分詞でわかりやすい。

⑷ それから（tataḥ）それ（ジャッカル）は（asau）森に（vanam）行って（gatvā），自分が（ātmānam）藍色をしているのを（nīlavarṇam）見て（avalokya），考えた（acintayat）。「私は（aham）今（idānīm）最上の色をしている（uttamavarṇaḥ）。そのときに（tadā），私は（aham）自分自身の（svakīya-）地位向上を（-utkarṣam）どうして（kim）達成しないことがあろうか（na sādhayāmi）。」［と。］

ここでは，絶対分詞と過去形が並んでいる。「～して，その後～した。」である。gatvā は語根 gam-「行く」の絶対分詞形で目的語に vana-「森」の対格・単数形 vanam をとっている。その処格・単数形 vane を目的語にしているテキストもあるが，どちらにしても「森に」である。avalokya は，語根 ava-lok-「見る，気づく」の絶対分詞形である。ātmānaṃ nīlavarṇam と２つの対格・単数形をとっている。ava-lok- はいわゆる感覚動詞であるから，この２つの対格（目的語）を「～が～であるのを」と訳すことが可能である。もちろん，「藍色をしている自分を」と修飾語と被修飾語で訳しても問題はない。kim na の kim は，疑問代名詞の中性形であるが，ここでは単なる疑問辞として用いられており，さらに na が付いているから，否定疑問辞である。Why not? と同じように肯定の答えを当然のものとして期待している。

(5) このように（iti）考えて（ālocya），ジャッカルたちを（śṛgālān）呼び集めてから（āhūya），それ（藍色ジャッカル）によって（tena）［次のように］言われた（uktam）。「森の（vana-）神である（-devatayā）女神によって（bhagavatyā），自身の（sva-）御手によって（-hastena），あらゆる（sarva-）薬草の（-oṣadhi-）汁をもって（-rasena），森の（araṇya-）王の地位に（-rājye），私は（aham）灌頂（かんじょう）された（abhiṣiktaḥ）。だから（tat），今日ただいま（adya-）からは（-ārabhya），森の中では（araṇye），私の（asmad-）命令によって（-ājñayā），日常生活は（vyavahāraḥ）なされなければならない（kāryaḥ）。」［と。］

絶対分詞は，ālocya と āhūya と ārabhya である。そのうち，ālocya（語根 ā-loc-「考える」）と āhūya（語根 ā-hū-「呼び集める，招集する」）は，通常の絶対分詞の用法で，「言う」という動作に先行する動作を表している。しかし，ārabhya は，語根 ā-rabh-「企てる，始める，作る」の絶対分詞の形であるが，副詞化あるいは前置詞化して，「〜から始めて」，「〜以後」の意味で用いられる。ここでは，adya-「今日ただいま」を前分とする複合語を作っているが，tasmād ārabhya「それから」のように，奪格の語と共に前置詞のようにして使われることもある。また，「だから」と訳した tat は，指示代名詞 tad- の中性形の対格・単数形であるが，「それゆえ」という意味で接続詞として使われている。

ここで重要な語として abhiṣikta-「灌頂された」を説明しておこう。語根 abhi-ṣic-「（水などを）振りかける」の過去分詞形である。この動詞は，王の即位儀礼や，密教における受法の際の儀礼で，その頭頂に水を振りかけることがあるが，その動作を特に意味する。そしてその結果，この動詞 abhiṣic- は，即位させることを意味するのである。この動詞から派生した名詞は，abhiṣeka- で，「灌頂」，「即位」を意味する。

⑹ そして（ca），ジャッカルたちは（śṛgālāḥ）それ（そのジャッカル）が（taṃ）特別な色をしているのを（viśiṣṭavarṇam）見て（avalokya），八肢投地の最敬礼をもって（sāṣṭāṅgapātam），敬礼して（praṇamya），言った（ūcuḥ）。「王様が（devaḥ）お命じになる（ājñāpayati）ままに（yathā）。」［と。］

絶対分詞は，avalokya で先に見た。ここでも2つの対格をとっているので，このように訳したが，「特別な色をしているそれを見て」と訳すことも可能である。「八（aṣṭa-）肢（-aṅga-）投地（-pāta-）」というのは，体の8つの部分（両手，両足，両膝，額，胸）を大地に投げ出して恭順の意を表す敬礼法で，「五体投地」と同じである。

さて，このようにして，仲間のジャッカルだけでなく，虎やライオンなどすべての動物を家来にして森の王となった藍色ジャッカルは，次第に仲間のジャッカルを軽んじるようになる。そこで仲間のジャッカルたちは，その正体をあばいてやろうと，近くでいっせいに遠吠（とおぼ）えをする。それにつられて藍色ジャッカルも遠吠えをした。その結果，正体がばれて虎にかみ殺されてしまった。

そこで教訓である。ここでは，次の翻訳を引用させてもらおう。

「己が仲間を捨て去りて，余所の仲間につく馬鹿は，藍に染まりし山犬か。その余所人に殺されん」（金倉円照・北川秀則訳『ヒトーパデーシャ　処世の教え』岩波文庫。なお，この訳では，ジャッカル〔śṛgāla-〕は，「山犬」と訳されている。同じく「豺」と訳されることもある。）

『ヒトーパデーシャ』（『トゥーティー・ナーメ』）の藍色ジャッカル

『ヒトーパデーシャ』は，先に第33課でも見たように，実践的な教訓を説く寓話集で，動物寓話集『パンチャタントラ』と共通する話も多く含んでいる。この「藍色ジャッカル」の話も共通している。この話は，『鸚鵡七十話』（『シュカ・サプタティ』，田中於莵弥訳，東洋文庫）の第15話にも採られており，それにはペルシア語訳（『トゥーティー・ナーメ』）もあって，美しい細密画（15世紀）の挿し絵がついている。

第43課　日月——名詞複合語(1)

サンスクリットの文には複合語がしばしば現れてくる。特に古典期の文学作品ではよく使われて，美文体の詩節では1詩節がまるまる複合語でできているものもある。哲学の本では，頁を越えて延々と続く複合語に出会ったこともある。複合語が表す意味を正確に理解することは，サンスクリットの文を理解するうえで大変重要である。

複合語には，大きく分けて名詞複合語と動詞複合語がある。名詞複合語の最も基本的な形は，2個の名詞語幹の結合によって作られるものであるが，複合語を構成する名詞語幹の数は意味さえつながればいくらでも増やすことができる。しかし，基本的には，複合語の全体は「前分」（A）と「後分」（B）の組み合わせ（A-B）によって構成されている。複合語は，全体で1語とみなされるから，原則として最後にくる名詞語幹にだけ格変化を示す語尾が付く。名詞複合語には，それを構成する名詞語幹が表すそれぞれの意味の間の関係に応じて，次のような種類がある。（カッコ内は，サンスクリットの文法学における用語である。）

(1) 並列複合語（dvandva）：A-Bで，「AとB」という並列的な意味を表す。
(2) 同格限定複合語（karmadhāraya）：A-Bで，「AであるB」「AのようなB」という同格的な意味を表す。
(3) 格限定複合語（tatpuruṣa）：A-Bで，「AのB」「AによるB」のような格関係によって限定された意味を表す。

⑷所有複合語（bahuvrīhi）：文中で，A-B 以外の語を修飾する。

⑸不変化複合語（avyayībhāva）：A-B で，A＝不変化詞，B＝名詞の場合に，中性の対格・単数形 -am の形をとって副詞的に働く。副詞複合語（第46課）の一種である。

まず，「並列複合語」である。日本語で，太陽と月を並べて「日月」と言ったり，昼と夜を並べて「昼夜」と言うのと同じである。逆に言えば，この複合語は，基本的には2つ以上の名詞（語幹）に分解して「A と B と……」と並列して言い換えることができるものである。したがって，複合語の語尾は，それを構成する要素が2つであれば両数形を，3つ以上であれば複数形をとることになる。その際，最後の名詞の性が保持される。ただし構成する要素をまとめて総合的な意味を表す場合は，中性の単数形をとる。たとえば，次の文を見てみよう。

sūryācandramasau kṛtvā cakre rathavarottame.
pakṣau pūrvāparau tatra kṛte rātryahanī śubhe.（8. 24. 71）

太陽と月とを最上の戦車における両輪にし，美しい夜と美しい昼とがそこ（戦車）における前部と後部にされた。

昔，インドラをはじめとする神々と神々の敵であるアスラたちとの間に大戦争が起こったとき，シヴァ神に庇護を求めた神々は，シヴァのために強力な戦車を作った。「大きな都市で飾られた，山や森や大陸を有する，生類を支える大地の女神を戦車の座席にした。」（8. 24. 68）（上村勝彦訳，『マハーバーラタ』8，ちくま学芸文庫）という描写で始まるこの箇所は，森羅万象をその部品にした荘厳な戦車の姿を描いている。

上はその一節である。この詩節で，並列複合語は，sūryācandramasau と pūrvāparau と rātryahanī である。それぞれについて見ていこう。

sūryācandramasau は，sūryā-「太陽」（女性名詞，男性名詞 sūrya-「太陽」の妻または娘とされる）と，candramas-「月」（男性名詞）の2語からなる。語尾は子音に終わる男性名詞の両数の主格あるいは対格の語尾 -au をとっている。ここでは動詞の目的語であるから対格である。「太陽と月」を表す並列複合語としては，sūryacandra- という2語がともに男性名詞のものもある。前分が sūryā- という女性形の場合は，ここに見るように，後分には candramas- をとる。（ただし，sūryacandramasau という前分が男性形のものもある。）

kṛtvā は，語根 kṛ-「する，作る」の絶対分詞。cakre は，cakra-「車輪」（中性名詞）の主格あるいは対格の両数形である。ここでは動詞の目的語であるから，対格・両数形である。つまり，この一文には，動詞 kṛ- の目的語が2つあり，「〜を〜にする」という二重対格の構文になっている。ちなみに，語根 kṛ- は，その中動態では完了形の1人称あるいは3人称の単数形として cakre という形をとるから，kṛtvā と cakre が並んでいると，cakre はこの完了形ではないかと思ってしまうかもしれない。しかしたとえば，「太陽と月を作った後で，〜を作った」と読めるかと言えば，それは無理である。その理由を述べよう。

ポイントは，rathavarottame である。cakre と同じように語尾に -e が来ているから，これも中性の対格・両数形で，cakre の修飾語になっている……かと思えば，そうではない。ratha-「戦車」-vara-「最上の」-uttama-「最上の」の3語からなっているが，後の2語は形容詞で，rathavara-，rathottama-という形でも『マハーバーラタ』にはしばしば現れてくる語である。意味としては「戦車の中で最上のもの」，「最上の戦車」を表し，これは並列複合語ではなく，次に見る限定複合語である。したがって，この語尾 -e は，中性の主格あるいは対格の単数形ではなくて，a-語幹の男性名詞の処格・単数形である。そのことは，次の行の tatra「そこに」という場所を示す副詞（不変化詞）からもわかるが，『マハーバーラタ』の中では，rathavare とか rathottame という処格・単数形が詩節の末尾に常套句としてしばしば現れることからも確認できる。

さて2行目の pūrvāparau である。pūrva-「前の，前方の，東の」-apara-「後の，後方の，西の」という2つの形容詞からなる並列複合語である。並列複合語は，このように2語の形容詞から作られる場合もあれば，副詞から作られているものもある。方角を表す場合，pūrvāpara- は，「東と西の」で語尾は両数形をとるが，uttarapūrva- は，「北と東の」ではなくて，「北東の」で単数形の語尾をとる。dakṣiṇapūrva- も同様で，意味は「南東の」である。これらは，単数形の語尾をとって，2語が示す意味の中間を表している。（ただし，もしそれらが両数形の語尾をとっていたら「北と東の」とか「南と東の」という意味になることは言うまでもないが，今のところその用例を見たことはない。）pakṣau は，pakṣa-「両翼の一方，部派，支部」の主格あるいは対格の両数形である。主格か対格のどちらだろうか。

ここでの動詞は，kṛte である。語根 kṛ- の過去受動分詞形 kṛta-「された，作られた」に語尾 -e が付いた形である。ここでもa-語幹の名詞の格変化を思い出してみると，-eという語尾は，男性の場合は，先にも見たように，処格・単数形である。そして中性の場合は，主格か対格の両数形である。述語として，主語と性・数・格は一致しなければならないから，ここでの主語は何かということになる。先に見たpakṣau pūrvāparauは，男性の両数形であったから，性は一致しても数が異なり，これが主語になることはない。そこで，次を見てみよう。

rātryahanīは，rātri-「夜」（女性名詞）とahan-「昼，日」（中性名詞）からなる並列複合語である。では，rātry-ahanīというのはどんな形か。

ahan-は，an-語幹の中性名詞である。nāman-の格変化と同じように考えたらよいのだが，少しだけ異なるところもある。名詞の格変化のところで見ておけばよかったのだが，ここで変化表を見ておこう。

表76　ahan-「日」（中）の変化表

<table>
<tr><th></th><th>単数</th><th>両数</th><th>複数</th></tr>
<tr><td>主格</td><td rowspan="2">ahaḥ (ahar)</td><td rowspan="2">ahnī / ahanī</td><td rowspan="2">ahāni</td></tr>
<tr><td>対格</td></tr>
<tr><td>具格</td><td>ahnā</td><td rowspan="3">ahobhyām
← *ahasbhyām</td><td>ahobhiḥ ← *ahasbhis</td></tr>
<tr><td>与格</td><td>ahne</td><td rowspan="2">ahobhyaḥ ← *ahasbhyas</td></tr>
<tr><td>奪格</td><td rowspan="2">ahnaḥ</td></tr>
<tr><td>属格</td><td rowspan="2">ahnoḥ</td><td>ahnām</td></tr>
<tr><td>処格</td><td>ahni / ahani</td><td>ahassu / ahaḥsu</td></tr>
<tr><td>呼格</td><td>ahaḥ (ahar)</td><td>ahnī / ahanī</td><td>ahāni</td></tr>
</table>

この表を見てわかるように，ahan-には，語幹として，ahar- / ahan- / ahas-の3つがある。aharは，主格と呼格と

対格の単数形にしか現れないが，中性名詞で r-語幹と n-語幹が交替で変化形の中に現れてくるのは，印欧語族の古い言語ではよく見られることで，古い形が残ったものと考えられている。こういった変化形をきちんと覚えることは難しいだろうが，「日」のような日常的に使う語は重要であるから，ちょっと変わった格変化をする名詞として記憶には残しておいてほしい。

そこでこの表を見てみると，ahanī という語形は，主格と呼格と対格の両数形のところにある。これで kṛte と性・数・格が一致する主語を見つけることができた。そして，kṛte が，過去分詞で「された，作られた」という受動の意味を表すから，その主語は主格でなければならない。こうして，「夜と昼とが〜にされた」という意味になる。

さて，pakṣau pūrvāparau である。主格か対格か。意味は，「夜と昼とが，（戦車の）前部と後部にされた」である。能動文であれば，「夜と昼とを，前部と後部にした」のように2つの目的語（対格）をとるが，これが受動の文にされたことによって，「夜と昼とが」（rātryahanī）が主語の主格・両数形となった。では，一方の「前部と後部に」（pakṣau pūrvāparau）はどうなるか。これが仮に過去受動分詞の kṛte の代わりに，普通の動詞の受動形で kriyete となっていれば，pakṣau pūrvāparau は，能動文のときの対格・両数形としてそのまま残ると言えるだろう。しかしここは kṛte である。つまりこの文は名詞構文である。そうであれば，これは主語と同格の主格と言えるかもしれない。どうやらどちらでもよいという答えになりそうである。最後の śubhe は，śubha-「美しい」の変化形で，rātryahanī の修飾語として中性の対格・両数形をとっている。

3つ以上の要素からなる並列複合語の例も見ておこう。

gatiṃ yasya na jānanti devagandharvamānuṣāḥ.
anantajñānasaṃyuktaṃ bravīmi brāhmaṇaṃ hi tam.
(33. 46)

神々もガンダルヴァたちも人間たちも，その者の行くところを知らない。無限の知識を備えたその者を，私は「バラモン」と言う。

ブッダの言葉を集めた初期の経典『ウダーナヴァルガ』の一節である。その第33章では，「その者を，私は『バラモン』と言う」という文句が繰り返され，真のバラモンとはどのような者かを述べている。

deva-gandharva-mānuṣāḥ「神々もガンダルヴァたちも人間たちも」が，並列複合語である。yasya … tam の関係構文となっている。2行目の最初の語は，ananta-「無限の」-jñāna-「知識」-saṃyukta-「を備えた」という複合語で，格限定複合語である。この複合語については次課で見ることにしよう。

第44課　大王，王子，赤目――名詞複合語(2)

本課では，同格限定複合語，格限定複合語，所有複合語を見ることにしよう。これらの複合語については，これまでの例文でもいくつか見てきた。まず例文である。

pūrṇāyatavisrṣṭena pītena niśitena ca.
nirbibheda mahārāja rājaputraṃ bṛhadbalam.（6. 88. 37）

大王よ［お聞き下さい］。満月のように引き絞られた（弓）から放たれた，黄色の鋭くとがった（矢）によって，彼は，王子のブリハッドバラを引き裂きました。

『マハーバーラタ』第6巻「ビーシュマの巻」の一節である。ヒンドゥー教の聖典とされる『バガヴァッド・ギーター』（『神の歌』）は，この巻の前半にあたる。そして，クリシュナの説教によって迷いを捨てたアルジュナが戦意を取り戻し，いよいよ大戦争が始まる。五王子軍と百王子軍の入り乱れての戦闘は凄惨を極める。相争う両王子たちのいずれにとっても大伯父である英雄ビーシュマの活躍とその壮絶な最期を描くのが，後半で，上はその一節である。

mahārāja は，mahat-「大きい，偉大な」と rājan-「王」からなる同格限定複合語である。この複合語は，このように同格の形容詞と名詞からなるのが一般的である。mahat- は一般に mahā- となる。また，rājan- のような an-語幹の名詞，および in-語幹の名詞は，複合語の一部となるときには，こ

のように -a, -i の形をとる。したがって，名詞 rājan- の呼格・単数形は，rājan であるが，mahārāja- の場合は，a-語幹の名詞としての語尾をとるから，ここでの mahārāja は，「大王よ」という呼格・単数形である。

これは，百王子の父であり盲目の王であるドリタラーシュトラに対して，側近のサンジャヤが呼びかけているもので，サンジャヤが王にその戦闘の一部始終を物語るという形をとって，ここでの話は展開する。

さて，五王子のひとりビーマには羅刹女ヒディンバーとの間にもうけた息子ガトートカチャ（ghaṭotkaca）がいた。この名前（ghaṭa-「壺」-utkaca-「無毛の」。日本語の「禿茶瓶（はげちゃびん）」にあたるだろう）から，絵本ではスキンヘッドのアブドーラ・ザ・ブッチャーのように描かれる。巨大な羅刹で，ドリタラーシュトラの長男ドゥルヨーダナに率いられた百王子軍の勇士の多くが，彼によって殺害された。上の詩節は，ブリハッドバラが殺害されたことを物語る場面である。この詩節には，主語がないが，nirbibheda が，語根 nir-bhid-「切り裂く，バラバラにする」の完了形の３人称・単数形であるから，「彼（ガトートカチャ）が」を補うことができる。

この詩節中で「ブリハッドバラ」と同格で現れているのが，rājaputra-「王子」という複合語である。この複合語は，rājan-「王」と putra-「息子」から成っている。（複合語中では，rājan- は，rāja- となることは先に言った。）この複合語が，「王の息子」，つまり「王子」を意味することはすぐにわかるであろう。この「王の（属格）息子」のように，複合語の前分と後分の間に格関係が認められるのが格限定複合語である。

この格限定複合語には後分の位置に過去分詞などの準動詞が来ることが多い。上の詩節では，pūrṇāyatavisṛṣṭena がこれにあたる。pūrṇa-「満ちた，完全な」-āyata-「引き延ばされた」-visṛṣṭa-「発射された」の3語からなっていて少し複雑である。このような複数の語からなる複合語は，まず2語の組み合わせから考えるとよい。どの2語の組み合わせから考えるのがよいかは，それぞれの場合による。ここでは，pūrṇa ＋ āyata- から考える。「完全な状態にまで（満月のように）引き絞られた」という意味は理解できるだろうし，それが「弓」を含意していることもおそらく想像がつくだろうが，この2語だけで，「完全に引き絞られた弓」を意味する名詞になっていることは，辞書などで確認する必要があるだろう。ともあれ，これで，3語のうちの前半2語がまとまって前分になることがわかった。

そして，後分の -visṛṣṭa- である。これは，語根 vi-sṛj-「発射する，放つ」の過去受動分詞である。受動の意味をとって「放たれた」になるから，前分とあわせて考えると，「弓から放たれた矢」と理解することができるだろう。この場合は，過去分詞の意味との関係から，前分に奪格が想定されたが，たとえば，grāma-gata-「村へ行った」であれば対格であるし，deva-datta-「神によって授けられた」であれば具格である。また，svarga-patita-「天から落ちた」であれば奪格であるし，gṛha-jāta-「家に生まれた」であれば処格である。このように格関係によって理解されるのが格限定複合語である。今，後分が過去受動分詞のものばかりを挙げたが，sarva-jña-「一切を知る（人）」や kumbha-kāra-「壺を作る人」のような動詞から派生した名詞を後分とするものもある。

さて，上の詩節には，もうひとつ複合語がある。bṛhadbala- である。殺された王子の名前である。この名前を分解すれば

bṛhat-「大きな」とbala-「力」である。こう言えば，以前に第10課で「ブリハダシュヴァ」という名前について学んだことを思い出した人もいるだろう。そのとき，「～をもっている」という所有を表す複合語があって，それは修飾語となって他の語を修飾することもあれば，名詞となって「～をもっている人」を意味することもあるということを言った。ここでのbṛhadbala-も同じで，bṛhat-とbala-の複合語で，「大きな力をもつ者」という意味の所有複合語である。それが固有名詞となって名前を表しているのである。ついでに言えば，「ガトートカチャ」（ghaṭotkaca）も，「壺のようにつるつるの頭をもつ者」で所有複合語である。

所有複合語についてはこれまでにも何度か見ている。これまでの用例を見てもわかるように所有複合語は，何らかの意味で所有を表す形容詞（あるいは名詞）として，その複合語の各支分が意味するものとは別のものを修飾する働きをしている。次の例文には，前課で学んだ並列複合語と，同格限定複合語，格限定複合語，そして所有複合語が並んでいる。どれがどれかわかるだろうか。

adya tau puruṣavyāghrau lohitākṣau paraṃtapau.
vāsudevārjunau karṇa draṣṭāsy ekarathasthitau.（8. 31. 54）

karṇaは，呼格・単数形で，「カルナよ」と呼びかけている。『マハーバーラタ』の第8巻「カルナの巻」では，勇士カルナの死が語られている。五王子軍と百王子軍は壮絶な戦いを繰り広げる。第10日目に勇士ビーシュマを失い，第15日目にドローナを失った百王子軍は，第16日目の戦闘において，勇士カルナを軍司令官にして五王子のひとりアルジュナとの決戦に臨む。第17日目，カルナは勇士シャリヤを戦車の御者にしてアルジュナを攻撃したが，アルジュナの矢によって射殺される。上の詩節は，白馬に引かれクリシュナを御者とするアルジュナの戦車が向かってくる様子を，シャリヤがカルナに語っているところである。

複合語以外の単語を先に見ておこう。adya「今日」。tau「その２人を」。指示代名詞 tad- の男性の主格あるいは対格の両数形。ここでは動詞の目的語として対格である。

draṣṭāsi は，draṣṭā ＋ asi である。これは動詞であるが，どんな形かわかるだろうか。複合未来形である。語根に -tā，あるいは -itā を付けて，助動詞として as-「ある，いる」の現在形を付加するものである。draṣṭā は，語根 dṛś-「見る」から作られる。asi は，語根 as-「ある」の直接法現在の２人称・単数形。draṣṭāsi で，「あなたは見るだろう」となる。

さてそこで複合語である。順番に見ていこう。いずれも語尾は，-au で終わっており，先に tau という指示代名詞の男性・対格・両数形を見ているから，これらの複合語のいずれもが，この tau と同格で，同じものを指しているという予測はつくだろう。

まず，puruṣavyāghrau である。puruṣa-「人」と vyāghra-「虎」の複合語である。「人と虎と」のように並列複合語で理解したくなるが，ここではそれでは意味が通じない。指示代名詞の tau「その２人を」は，次に見るようにクリシュナとアルジュナの２人を指しているので，片方が「人」で片方が「虎」ということにはならない。ここでの意味は，「虎のような人間」「虎のように勇敢な人間」ということで，これは同格限定複合語である。「２人の虎のような人間を」という意味になる。

lohitākṣau は，lohita-「赤い」＋ akṣa-「目」である。この限りでは，前課で見た「大王」(mahārāja-) と同じように形容詞と名詞から成る複合語で，同格限定複合詁である。しかし，「2つの赤い目を」とするとどうも文脈としておかしいと思えるだろう。そもそも2人いるのだから，目は4つあるのではないか。実は，これは所有複合語で，「赤い目をもつ（2人）を」という形容詞なのである。所有複合語というのは，このように複合語の前分と後分の関係は同格限定複合語や格限定複合語と同じで，それが他のものを修飾する働きをもつ場合に「～をもつ」という意味を表すことになる。

paraṃtapau は，param「他を，敵を」(対格・単数形の語尾を保持している）と tapa-「苦しめる」（語根 tap-「悩ます，苦しめる」から派生した形容詞）から成る複合語で，これは格限定複合語である。格限定複合語の中には，このように前分が格形を保持したままのものもある。

vāsudevārjunau が，「ヴァースデーヴァ」と「アルジュナ」の並列複合語であることは，すぐにわかるだろう。「ヴァースデーヴァ」は，クリシュナの別称である。

ekarathasthitau は，eka-「ひとつの」ratha-「戦車」sthita-「立っている」の3要素から成る複合語であるが，「ひとつの（同じ）戦車に乗っている」という意味であることは明らかであろう。sthita- は，sthā-「～に立つ」の過去受動分詞であるが，もとの動詞が自動詞としての意味をもっているから，過去分詞はここでは「～に立っている」という形容詞的な意味を表す。後分が過去分詞などの準動詞で前分と格関係によって理解されるから，これは格限定複合語である。

以上のことから，上の詩節の全体の訳は次のようになるであろう。

カルナよ，今日，お前は，敵を苦しめる，虎のような人間，赤い目をし，ひとつの戦車に乗っている，クリシュナとアルジュナという，あの2人を見るであろう。

所有複合語はサンスクリットの文において多様な使われ方をするものであり，サンスクリットの文を読むときには最も注意すべき重要なものであると言える。それだけに，この所有複合語をうまく理解できたときには，なるほどそういう意味かと感激することもある。

コラム13　オーグメントと重字

動詞の活用形の形成において重要な役割を果たす要素として，サンスクリットにおいては，「オーグメント」と「重字」がある。オーグメントは，ギリシア語などで動詞の語頭に母音字を加えて過去を表すようにすること，またその母音を言う。サンスクリットでは，過去を示す接頭辞のa-がオーグメントで，直説法過去，直説法アオリスト，条件法において，語根の前に付加される。重字は，動詞の活用形が作られるとき，語根の一部が重複されるもので，第3類の動詞の直説法現在，直説法完了，重字アオリスト，意欲活用，強意活用において現れてくる。

第45課　あなたは，私を見下されたりしませんように。――動詞の接頭辞

接頭辞は，動詞の語根に付いて，語根が表す意味に何らかの限定を加える働きをする。接頭辞の付いた語根については，これまでも時々見たが，本課ではそれらについてまとめて見ておくことにしよう。とはいえ，それらをすべて網羅することはできないので，代表的ないくつかについて具体例を挙げることにする。ここでは，語根 jñā-「知る」に接頭辞が付いたものを取り上げて，接頭辞が実際にどんな働きをするのかを見てみたい。

以下では，例文はすべて，ナーラーヤナ作の『ヒトーパデーシャ』（Kāle 校訂本，リプリント1976年）から採っている。『ヒトーパデーシャ』は，第33課や第42課でも見たように，ジャッカルなどの動物が出てくる寓話集である。寓話によって実践的な処世術をわかりやすく説くもので，幼い王子が帝王学を学ぶために作られたものと言われている。文章もわかりやすいので，初級の読本としてもよく用いられてきた。ここでは，これまで学んで来たことの復習のつもりで読んでほしい。

ko 'trety, aham iti brūyāt, samyag ādeśayeti ca.
ājñām avitathāṃ kuryād yathāśakti mahīpateḥ.
（2. 55; Kāle p.40）

接頭辞は，2行目の先頭にある ā-jñām の ā- である。ā-jñā- は，それが動詞形であるときは「わかる，了解する」

を意味するが，ここにあるのは，その動詞から派生した女性名詞 ājñā- で，「命令」を意味している。どこから「命令」という意味が派生したかと言うと，動詞 ā-jñā- の使役形 ājñāpayati（直接法の３人称・単数形）が，「了解させる」，つまり「～するように命じる」という意味を表すからである。このように語根に接頭辞が付いた形は，直説法の動詞としてより，それから派生した名詞や準動詞の形で使われることが多いように思う。

それでは文章全体の意味を見ておくことにしよう。ko 'trety は，連声をはずせば，kaḥ atra iti である。以下３度現れる iti は，「～と」を意味する引用標識である。まず問いである。「誰がここに［いるのか］?」と。そこで答えである。aham iti「私が［います］。」と。brūyāt は，語根 brū-「言う」の願望法の３人称・単数形で，「（その者は）言うべきである」。samyak ādeśaya iti「しかとご指示下さい。」と。samyak（← samyañc-）は不変化詞（副詞）で「正しく」の意味。ādeśaya は，語根 diś-「指し示す」に接頭辞 ā- が付いた形で，その使役形 ādeśayati（３人称・単数形）「指示する」の命令法の２人称・単数形である。

ここで，ā-jñā- と ā-diś- とに，接頭辞の ā- が現れている。ā- は，一般に「方向」を表す接頭辞と言われており，ここでは，「～に向けて命じる」「～に向けて指示する」を意味している。もっとも命令も指示も誰かに向けてするものであるから，ā- が付いても付かなくても同じような意味である。ただ，ā- が付いたほうが，誰かに向けての指示であることを強く表しているとは言えるだろう。

ājñām avitathām kuryāt は，語順通り訳せば，「命令を，間違いないものと，すべきである」となる。yathāśakti は，

「精一杯に」。mahīpateḥ は，「王の」である。全体は次のような訳になるであろう。

「ここに誰がいるのか？」と言われれば，「私がいます」と［その者は］答えるべきである。そして，「しかとご指示下さい」と［言うべきである］。［その者は，］王の命令を，命令通りに，できる限り実行すべきである。

上の話は，ダマナカとカラタカという２匹のジャッカルが，主君に仕える者のあれこれの事情を語り合う話の一節である。ダマナカは，主君に仕える者の心得を上のように語った。そして，そのダマナカが，ピンガラカというライオンの王に，王たる者のあり方を，次のように語るのである。

kiṃ bhaktenāsamarthena, kiṃ śaktenāpakāriṇā.
bhaktaṃ śaktaṃ ca māṃ rājan nāvajñātuṃ tvam arhasi.
（2. 76; Kāle p.42）

最後の８音節のところに ava-jñā- という動詞が見える。連声をはずして示すと，na avajñātum tvam arhasi となる。不定詞 -tum ＋ arhasi「どうか〜されますように」に否定辞 na が付いて弱い禁止命令を表すことは，第41課で見ている。ava-jñā- は，「見下す，軽んじる」という意味である。そこで，「あなたは，どうか見下しませんように。」となる。

誰を見下すのかと言えば，その前の８音節の中に，mām があるから，「私を」である。そして，bhaktam と śaktam が，この「私を」の形容詞である。bhakta- は，語根 bhaj- の過去受動分詞形である。bhaj- は，もともと「分有する，分け前をもらう」を意味する動詞であるが，ヒンドゥー教の歴史の中では，信仰に関わるとても重要な観念を表す語となっている。その名詞形である bhakti- は，「誠信」とか「献愛」と訳されるが，神に対する「帰依」の心を表す語である。そして，bhakta- は，「信者」（「分与された者」）を意味することが多い。しかしここは信仰と関係がないから，「忠実な（者）」といった意味になる。śakta- は，「〜することができる」を意味する語根 śak- の過去分詞形で，「能力がある，有能な」という意味になる。rājan は呼格・単数形である。そこで，2行目は，「王様。あなたは，忠実でもあり有能でもあるこの私を，見下したりされませんように。」となる。

さて1行目である。8音節でひとまとまりの語句となっている。前半の8音節も後半の8音節も，kim で始まっており，bhaktena と asamarthena，śaktena と apakāriṇā，ともに具格・単数形の語を伴っている。「kim ＋ A-具格」は，「A など何の役に立つのか。A は何の役にも立たない」を意味する成句である。bhakta- と śakta- は先に見た。asamartha- は，samartha-「〜に適した，〜に能力がある，〜できる」に，否定の接頭辞が付いたものである。apakārin- は，「害を与える（者）」の意味で，「加害行為」を意味する男性名詞 apakāra- に，所有を表す接尾辞 -in が付いた形容詞である。apa-kṛ- という動詞から派生した語である。-kṛ- は，これまで何度も見てきたように，「なす，作る」を意味するが，それに apa- という接頭辞が付くと，「害する」という意味になる。これは，apa- という接頭辞が，逆方向への運動，つまり「逆らう」という意味をもっているからである。また，先に見た，ava-jñā- の接頭辞 ava- は，動作が下方向に向かうことを表している。以上から，上の詩節を訳せば，次のようになるだろう。

忠実であっても無能な者が何の役に立ちましょう。有能であっても有害な者が何の役に立ちましょう。王様。あなたは，忠実でもあり有能でもあるこの私を見下されたりしませんように。

そして，そのダマナカが，王に次のような教訓を語る。

śabdamātrān na bhetavyam ajñātvā śabdakāraṇam.
śabdahetuṃ parijñāya kuṭṭanī gauravaṃ gatā.
（2. 88; Kāle p.45）

音の（śabda-）原因を（-kāraṇam）知ることなしに（ajñātvā），ただの音だけを（śabda-mātrāt）恐れるべき（bhetavyam）ではない（na）。音の（śabda-）原因を（hetum）完全に知って（parijñāya），クッタニー（kuṭṭanī）は，重んじられること（gauravam）になった（gatā）。

bhetavyam は，語根 bhī-「恐れる」の未来受動分詞（動詞的形容詞）の形である。一般に非人称（中性名詞の語尾をとる）で使われて，否定辞の na と共に用いられ，「～を恐れるべきでない，～を恐れる必要はない」を意味する。直説法現在の３人称・単数形は bibheti，恐れの対象が奪格で示される。

接頭辞は，parijñāya の pari- である。周囲を取り囲むような意味，あるいは全面的に作用するような意味を表す。pari-jñā-「完全に知る」の絶対分詞である。１行目の後半にある ajñātvā も絶対分詞である。この jñā- の前に付いている a- も接頭辞であるが，否定を表す a- は実は接頭辞としての扱いは受けない。それゆえに，-tvā という形をとっているのである。もし，これが接頭辞であるならば，ajñāya というように -ya という接辞をとるはずである。

「クッタニー」は，「遣手婆（やりてばば）」と訳されることが多い。遊女を教育し監督する女のことである。クッタニーは知恵が回る。山から恐ろしげな音が聞こえてくるので，町の人々は，人食い羅刹のガンターカルナが鳴らしていると思い逃げ出す。そこでこのクッタニーの登場である。その場景は，散文で次のように描かれている。

tataḥ karālayā nāma kuṭṭanyā vimṛśyānavasaro 'yaṃ ghaṇṭāvādaḥ, tat kiṃ markaṭā ghaṇṭāṃ vādayantīti svayaṃ vijñāya rājā vijñāpitaḥ.（Kāle p.45）

文の後半に，vijñāya と vijñāpitaḥ という動詞が見える。ともに，語根 vi-jñā-「はっきり知る，識別する」から作られた語で，vijñāya は，その絶対分詞形であり，vijñāpita- は，その使役形（vijñāpayati　3人称・単数形）の過去受動分詞形である。svayaṃ vijñāya で「（クッタニーは）自分ではっきり知ってから」という意味になる。また，rājā vijñāpitaḥ は，「王は，はっきり知らされた」である。このように，vi- という接頭辞は，ここでは「はっきりと」のような意味を「知る」という動詞に加えているように思えるが，この vi- は dvi-「2つ（に区別する）」に由来するもので，「区別，分離，反対」のような意味を語根の意味に加えるものである。

文の前半には，同じ接頭辞をもつ動詞 vimṛśya がある。これは，mṛś-「(手で) 触れる；(心で) 触れる，感じる，考える」という語根に接頭辞 vi- が付いたもので，「熟考する，省察する」という意味を表す絶対分詞形である。

karālayā と kuṭṭanyā は，ā-語幹と ī-語幹の女性名詞の具格・単数形で，両者は同格である。nāma は，不変化詞で「〜という名前の」を意味する。つまり，「カラーラーという名前のクッタニーによって」である。ここで，文中で動詞が表す動作の主体は，具格によって示されることがあるということを思い出しておこう。つまり，ここでは，vimṛś- したのも，vijñā- したのも，カラーラーという名前のクッタニーである。そして，王は，この女によって「はっきり知らされた」のである。

さて，vimṛśya に続く文であるが，anavasaraḥ ayam ghaṇṭāvādaḥ, tat kim markaṭāḥ ghaṇṭām vādayanti iti（連声をはずしている）と，iti「〜と」で終わっている。つまり，この文は，vimṛśya「熟考して」の内容を表しているのである。ayam「この」ghaṇṭā-vādaḥ「ガンター（鐘）［が告げる］音は」an-avasaraḥ「適時のものではない」。tat「だから」markaṭāḥ「猿たちが」ghaṇṭām「ガンター（鐘）を」vādayanti「鳴らしている」(vad-「語る，歌う，響く」の使役形の３人称・複数形)。kim は，ここでは，疑問文を作る疑問辞である。以上から，上の文の訳は次のようになる。

そこで，カラーラーという名前のクッタニーは，「この鐘の音は時刻通りではない。だから猿たちが鐘を鳴らしているのではないか」と考えて，［それを］自分で確かめたうえで，［そのことを］王に知らせた。

最後の部分は，原文通り訳せば，「[クッタニーによって，] 王は知らされた」となるが，ここでは，「考える」，「確かめる」，「知らせる」という一連の動作の主体である「クッタニー」を主語にして，上のような訳にしている。

ちなみに，「ガンター」(ghaṇṭā) は，「犍稚(けんち)」と漢訳される語で，この語は，『広辞苑』にも載っており，「寺院で時刻や事件を知らせるために打ち鳴らす法具の通称。梵鐘(ぼんしょう)，磬(けい)，魚鼓(ぎょく)，木魚の類」と説明されている。時刻を知らせるはずの音が，時ならぬ時に鳴るので，これはおかしい，猿がたたいているのではないかと考えたクッタニーが，そのことを王に知らせた。それで，クッタニーは，重んじられることになったというのが，上の話である。

さて以上見てきたように，動詞に付く接頭辞は，語根が表す意味に何らかの限定を加えるという役割を果たしていると考えられるが，それが表す意味がはっきりしていないことも多い。この接頭辞が付いているから，この語の意味はこうなると一律には言えない。上に見たのは比較的わかりやすい例について説明したものであるが，実際には，辞書にいちいち当たってその意味を確認する必要がある。辞書によっては，語根の形を見出し語にして，その語根に接頭辞の付いた形をその見出し語のもとに並べて示すものもあれば，接頭辞を見出し語にして，その後にその接頭辞の付いた種々の動詞形を見出し語にして個別に並べているものもある。語根の意味と接頭辞が表す意味との関係は，なかなか複雑なのである。

第46課 加齢は，疑いなく，時の力によって生じてくる。──接頭辞を前分とする複合語と副詞複合語

本課では，接頭辞を前分とする複合語を見ることにしよう。たとえば，次のような例はどうだろうか。『ヒトーパデーシャ』からである。

tasmij jīvati jīvāmi. tanmaraṇe cānumaraṇaṃ kariṣyāmīty eṣa me niścayaḥ.（Kāle p.68）

anu-maraṇa- が，接頭辞を前分とする複合語である。mṛ-「死ぬ」という語根から派生した名詞 maraṇa-「死ぬこと」に，「そのあとから〜する，それに随（したが）って〜する」という意味を表す接頭辞 anu- が付いた名詞で，「あとを追って死ぬこと，殉死」を意味している。このように後分には動詞的意味をもつ語がくることが多い。この文の意味を，区切りながら示すと次のようになる。

tasmin jīvati「彼が生きているとき」。これは処格絶対節の構文である。jīvāmi「私は生きる」。tan-maraṇe は，指示代名詞 tad- と，処格・単数形の名詞 -maraṇe の複合語で，「彼が死んだとき」。ca「そして」。anumaraṇam kariṣyāmi「私は，あとを追って死ぬことをしましょう」。iti eṣa「というこれが」。me niścayaḥ「私の決意です」。

この一文は，夫に対する妻の深い愛情を述べるもののようであるが，実は，「サティー」（satī，「寡婦（かふ）殉死」と翻訳される）と呼ばれる古代からの風習で，死んだ夫の火葬の際に妻を焼死させるという非常に残酷なヒンドゥー教の慣行を述べ

るものである。

接頭辞に戻ろう。今，anu-maraṇa- を，接頭辞を前分とし，動詞的意味をもつ語を後分とする複合語として説明したが，これは anu-mṛ-「あとを追って死ぬ」という動詞から派生した名詞として説明したほうがわかりやすいかもしれない。しかし，中には，動詞ではなく名詞を後分とする複合語の例もある。それを次に見てみよう。これも『ヒトーパデーシャ』の一節である。

parokṣe kāryahantāraṃ pratyakṣe priyavādinam,
varjayet tādṛśaṃ mitraṃ viṣakumbhaṃ payomukham.
（1. 78; Kāle p.16）

この文には，parokṣa- と pratyakṣa- という語が出ている。parokṣa- は，「～を越えて，～の向こうへ」を意味する不変化詞 paras を前分とし，「目」を意味する名詞 akṣa- を後分としている。これに対して，pratyakṣa- は，「～に向かって」を意味する接頭辞 prati- を前分とし，akṣa- を後分としている。それぞれ，「視界の外にある，目に見えない」と「目前にある，目に見える」を意味する形容詞である。全体の意味は次のようになる。

見えないところでは，［その人の］利益を妨害し，見えるところでは，［その人に］親切な言葉をかける，そのような友人を，人は避けるべきである。牛乳に見えても毒の壺を［人は避けるべきであるのと］同じように。

また，上の parokṣa- と pratyakṣa- は，それぞれ，parokṣam,

pratyakṣam という中性の対格・単数形の形をとって副詞として使われることがある。parokṣam は,「視界の外で, 知覚されることなしに」, pratyakṣam は,「目前に, はっきりと」言う意味になる。このような複合語は副詞複合語と呼ばれる。

たとえば, 仏教詩人アシュヴァ・ゴーシャ（馬鳴（めみょう））の『サウンダラ・ナンダ』という詩作品の一節を見てみよう。アシュヴァ・ゴーシャは, 100年頃に北西インドのクシャーナ朝のカニシカ王の治世下で活躍したとされている。

pratyakṣam ālokya ca janmaduḥkhaṃ, duḥkhaṃ tathātītam apīti viddhi. yathā ca tad duḥkham idaṃ ca duḥkhaṃ, duḥkhaṃ tathānāgatam apy avehi.（16. 14）

誕生することの苦を（janma-duḥkham）その目ではっきりと（pratyakṣam）見て（ālokya）, 過去［の誕生］もまた（atītam api）同様に（tathā）苦である（duḥkham）と（iti）知れ（viddhi）。そして, あれ（過去の誕生）が苦であり（duḥkham）, これもまた（idaṃ ca）苦である（duḥkham）のと同じように（yathā）そのように（tathā）未来［の誕生］もまた（anāgatam api）苦である（duḥkham）と理解せよ（avehi）。

janman-「誕生, 生まれること」が中性名詞で, duḥkha-「苦」も中性名詞であるから, janma-duḥkha- は同格の２語からなる中性の複合語で,「誕生という苦」, つまり「生苦」を意味する。

ここに語られているのは, 仏教が教えるいわゆる「四苦」のひとつ「生苦」である。ほかに,「老苦」,「病苦」,「死苦」

がある。これらの苦をブッダが目の当たりにする話は，同じアシュヴァ・ゴーシャの作品でゴータマ・ブッダの全生涯を語る『ブッダチャリタ』の第３章「苦悩」に見られる。その一節を次に引用しておこう。

ブッダはまだ出家前である。王宮で王子としてなに不自由のない暮らしをしていた。ある日，王子は王のゆるしを得，宮殿を出て森に行く。その途中，神々が，楽しげな王子の目の前に老人の姿を現出させたのである。驚く王子に御者は次のように言う。

> āyuṣmato 'py eṣa vayaḥprakarṣo niḥsaṃśayaṃ kālavaśena bhāvī. evaṃ jarāṃ rūpavināśayitrīṃ jānāti caivecchati caiva lokaḥ.（3. 33）

> あなた様にも，この加齢というものは，疑いなく，時の力によって，生じてまいります。世間の人は，このように，老いを，容色を失わせるものだと確かに知っております。そしてそれにもかかわらず，［老いを］求めるのです。

niḥsaṃśayam「疑いなしに」が副詞複合語である。saṃśaya-「疑い」という名詞に，「分離」や「欠如」を表すnis-（nir-，niḥ-）という接頭辞が付いた語が，中性の対格・単数形をとったものである。

他の語についても説明しておこう。āyuṣmato は，連声をはずせば，āyuṣmataḥ である。āyuṣmat-「寿命（āyus-）をもつ，長寿の」という形容詞の属格・単数形である。「長老」と訳されることも多く，尊敬を込めた呼びかけの語としても使われる。vayaḥ-prakarṣaḥ は，「年齢（vayas-）の優越（prakarṣa-）」

という意味であるが，-prakarṣa- は複合語の後分に来て「多量の〜」という意味を表す。ここでは，「年齢が増えること」と理解した。kāla-vaśena は，そのまま「時（kāla）の力（vaśa）によって」である。bhāvī は，bhāvin- の主格・単数形で，「未来には〜となる」という意味を表す。

jarām は，女性名詞 jarā-「老い，老齢」の対格・単数形。rūpavināśayitrīm は，rūpa-「色，容色」と vināśayitrī- という女性名詞からなる複合語の対格・単数形である。vināśayitrī は，男性名詞である vināśayitṛ- の女性形である。vi-naś-「失われる，滅びる」という動詞の使役形 vināśayati（3人称・単数形）「失わせる，滅ぼす」から派生した行為者名詞 vināśayitṛ- である。これら2つの語が対格をとっているのは，jānāti の目的語であるからで，「世間の人（loka-）は，A が B であることを知っている」となる。

この御者の言葉を聞いて，王子は驚き，恐れ，急いで王宮に帰った。しばらくして，王子は再び宮殿を出たが，今度は神々によって病者が現出された。王子は病を恐れてまたもや王宮に引き返した。王子は再度外出する。神々は死者を現出した。王子は不安におちいった。王子は御者にすぐさま王宮に戻るように命じるが，御者は聞かずに王子をむりやり美女の集まる森へと連れて行く。『ブッダチャリタ』第3章はこれで終わる。第4章「幻滅」では，王子は美女たちに囲まれ次々と誘われる。しかし，すでに老・病・死を知った王子は，全く心を動かされることはなかった。そして，第5章，あるとき再び王宮を出た王子は，出家修行者に出会う。そして，出家を決意して，ある夜王宮を出たのであった。これが，「四門出遊」と言われる出家する前のブッダのエピソードである。

第47課 それはないことはない。——否定の用法

文章中で使われて否定の意味を表す否定辞の na や，語に付いてその語が表す意味を否定する接頭辞の a- や an- については，これまでの課において何度も見てきた。そこで本課では，否定の用法とそれが表す意味についてまとめておくことにしよう。まずは次の詩節を読んでみよう。5世紀に活躍した文法学者で言語哲学者であったバルトリハリの『ヴァーキヤ・パディーヤ』（『文章単語論』）の一節である。

na tad asti na tan nāsti. na tad ekaṃ na tat pṛthak.
na saṃsṛṣṭaṃ vibhaktaṃ vā. vikṛtaṃ na ca nānyathā.
(3. 2. 12)

詩形はこれまでも頻繁に現れたシュローカ体である。つまり，原則として8音節目に文の切れ目がある。そこで8音節ごとに区切って見ていこう。

(1) na tad asti na tan nāsti.

連声をはずすと，na tat asti na tat na asti である。na（否定辞），tat（「それ」），asti（「ある」）とこれまでに何度も見た単語が並んでいる。そしてこの8音節には，tat（指示代名詞「それ」中性・単数・主格）という主語と，asti（as-「ある」直説法現在・3人称・単数形）という動詞が2回出てくるから，これをさらに，na tad asti と na tan nāsti の2つの文に分け

ることができることに気がつくだろう。この2つの文には，否定辞 na が使われているから否定文である。否定文というのは，一般に，否定を表す語や要素を肯定文に付け加えることによって作られるものである。つまり，次のようになる。

na ＋ [tat asti]，ない ＋［それはある］→「それはあることはない。」→「それはない。」

na ＋ [tat na ＋ [asti]]，ない ＋［それは・ない ＋［ある］］→「それは［あることはない］ことはない。」→「それはないことはない。」→「それはある。」

(2) na tad ekaṃ na tat pṛthak.

これも上の文と同様に2つの否定文に分けられる。

na ＋ [tat ekam]，ない ＋［それはひとつである。］→「それはひとつではない。」

na ＋ [tat pṛthak]，ない ＋［それは別個にある。］→「それは別個にない。」

(3) na saṃsṛṣṭaṃ vibhaktaṃ vā.

これは，na がひとつだけなので一文のように見えるが，実は vā「または」（不変化辞）は，否定辞と一緒に使われて，na … va …という構文になると，「……でもなく……でもない」という意味を表すことになる。そこで次のようになる。

na ＋ [(tat) saṃsṛṣṭaṃ]，ない ＋［（それは）結合されたものである］→「（それは）結合されたものではない。」

(na) ＋ [(tat) vibhaktaṃ vā]，ない ＋［また（それは）区分されたものである］→「また（それは）区分されたものでもない。」

⑷ vikṛtaṃ na ca nānyathā.

これも連声をはずすと，vikṛtam na ca na anyathā となり，ca（「そして」）で接続された2つの否定文であることがわかる。

［(tat) vikṛtam］＋ na，［（それは）変化したものである］＋ない →「（それは）変化したものではない。」

na ＋［(tat) anyathā］，ない ＋［（それは）その様であることはない］→「（それは）その様であることはないことはない。」→「（それは）その様である。」

ここで，「その様であることはない」と訳した anyathā という語は，an ＋ yathā で，yathā「その様である，それと同じである」に否定の接頭辞である an- が付いたものである。そしてここでは，「その様」の「その」は，先行して言われた「変化したものである」ということを指している。つまり，「それはその様である」とは，「それは変化したものである」ということである。全体を訳せば次のようになる。

それはあることはない。それはないことはない。それはひとつではない。それは別個にはない。それは結合されたものではない。それは区別されたものでもない。それは変化したものではない。それはその様でない（変化したものでない）こともない。

ここで，バルトリハリが，「それ」として指しているのは，本書の第8課「君はそれである。」で見た「それ」と同じであり，第7課「私はブラフマンです。」で見た，最高実在としてのブラフマン（中性）にほかならない。文中のすべての「それ」は，ブラフマンを指している。

しかし，同じひとつのものについて，同時に「ある」と言いまた「ない」と言うことは，矛盾しているであろう。「ひとつである」と言うことと「別個にある」と言うこと，「結合されたものである」と言うことと「区別されたものである」と言うこと，「変化したものである」と言うことと「変化したものでない」と言うこと，これらは互いに矛盾する言明である。日常的には，このような矛盾したことを言うことは許されないはずである。つまり，日常的には，同じ「それ」について「ある」と言えば，同時にそれが「ない」と言うことはできないし，「ない」と言えば，「ある」と言うことはできないのである。

論理の法則で言えば，これは矛盾の原理であり，そこで働いているのは排中の原理（どちらでもあるものを排除する原理）である。この原理が成り立たないと，言葉による日常のコミュニケーションは成立しないだろう。つまり，逆に言えば，バルトリハリは，究極の実在であるブラフマンにおいては，日常的な言葉の世界では矛盾するこのような2つの様態が成立していると言うのである。

究極の実在については，「〜ではない，〜ではない，……」と否定によってしか言い表すことはできないという考え方は，ウパニシャッドに由来するものである。それは，「非（あら）ず，非ず（neti neti）のアートマン」という定句によって知られている。この句自体の解釈については，neti neti ＝ na iti na iti をどのように理解するかによって，諸説がある。iti という語を，「このように」を意味する evam という語と同じ働きをもつものとして説明したのは，ヴェーダーンタ学派の巨匠であるシャンカラ（8世紀）であるが，その影響もあってやはり多くの研究者はこの説を受けて，neti neti を，「こうでもない，ああでもない」（アートマン）という意味で理解している。

しかし，我々もこれまでに学んで来たように，iti は，「～と」「～と言う」のような引用を示す不変化辞（引用標識）であると理解するのが一般的であろう。つまり「『ない』と［言われ］，『ない』と［言われる］」（アートマン）というように，neti neti を理解するのである。もっともこの場合も，「ない」と否定されているのは，絶対的な原理であるアートマンに対して世間一般でなされる限定的な説明であるから，結局のところ言われていることは，「〈こうでもない〉と言われ，〈ああでもない〉と言われる」（アートマン）ということだから，内容的には同じであるということにはなるだろう。

いずれにせよ，究極の実在であり最高の原理であるブラフマン＝アートマンについては，「それは～である」というように肯定的・限定的にとらえることはできない。それは否定によってしか把握できないということである。究極の実在についてこのように否定的に論じる方法を，キリスト教の神学では，「否定神学」と呼んだが，同じような論じ方は仏教においても見出される。その代表格がナーガールジュナ（以下では「龍樹」とする）の『中論』であろう。たとえば次のように言われている。

paraṃ nirodhād bhagavān bhavatīty eva nohyate.
na bhavaty ubhayaṃ ceti nobhayaṃ ceti nohyate.
（25. 17）

tiṣṭhamāno 'pi bhagavān bhavatīty eva nohyate.
na bhavaty ubhayaṃ ceti nobhayaṃ ceti nohyate.
(25. 18)

見てわかるように，前半2行と後半2行では，最初の5音節が異なっているだけである。そして，今，前半の2行について，最初の5音節を別にして読むことにすれば，次のようになる。例によって連声をはずし，［　］内に語を補って，それぞれをひとつの文として示すことにする。

(1) bhagavān bhavati iti eva na ūhyate.
(2) [bhagavān] na bhavati [iti na ūhyate].
(3) [bhagavān] ubhayam [bhavati] ca iti [na ūhyate].
(4) [bhagavān] na ubhayam [bhavati] ca iti na ūhyate.

bhagavān は，bhagavat「幸運をもつ（者）」「尊崇すべき（者）」という意味の形容詞・名詞の主格・単数形である。ヒンドゥー教では，これまで何度か見てきた『バガヴァッド・ギーター』の名が示すように，bhagavat は，クリシュナやヴィシュヌのような「神」の尊称として使われる。同様に，仏教やジャイナ教であれば「尊者」「世尊」を意味してブッダやジナを指して使われる尊称である。ここでは，ブッダを指しているから「世尊」と訳すことにしよう。

bhavati は，bhū-「ある，存在する」の3人称・単数形。ūhyate は，ūh-「推定する」の受動形の3人称・単数形であるが，ここでは非人称の用法として使われており，It is said that …と同じような意味，つまり，「〜と言われる」という意味だと考えられる。(arjyate という読みを伝えるテキストもある。その場合も，意味は同じで，「言われる」である。）ubhaya-は，「両方，２つとも」を意味する形容詞で，ここでは，bhavati「存在する」とna bhavati「存在しない」の「両方」を指して，中性の主格・単数形をとっている。それぞれを訳せば，次のようになるだろう。

⑴「世尊は存在する」とは言われない。
⑵「世尊は存在しない」とは言われない。
⑶「世尊は両方である（存在しかつ存在しない）」とは言われない。
⑷「世尊は両方でない（存在しかつ存在しないことはない）」とは言われない。

さて，サンスクリットの原文において訳さず別にしておいたのは，paraṃ nirodhādという部分と，tiṣṭhamāno 'piの部分である。前者の意味は，「入滅（nirodha-）の後に（param）」であり，後者のtiṣṭhamāna-は，語根sthā-「［この世界に］とどまっている，生きている」の中動態の現在分詞形である。したがって，前半の詩節では，⑴から⑷の「世尊は」の前に「入滅後に」を置き，後半では，「現に生きていても」を置けば，それぞれの文の訳は完成する。

この場合，前半の詩節で述べられているのは，釈尊の入滅後に釈尊が「存在する」とか「存在しない」とかと言われることはないということであり，これは日常言語の範囲内で理解することができることのように思える。

一方，後半の詩節で述べられているのは，「現に生きている」釈尊であっても，「存在する」とか「存在しない」とか言うことはできないということである。日常言語の範囲で考えれば，「現に生きている」ということは，「存在する」と同義であり，「存在しない」とは矛盾することである。したがって，普通に考えれば，「現に生きている世尊は，存在しない」とは言えないにしても，「現に生きている世尊は，存在する」とは言えるはずである。しかし，龍樹は，「存在しない」と言えないだけでなく，「存在する」とも言えないと述べ，さらに「存在しかつ存在しない」とも言えないし，「存在することも存在しないこともない」とも言えないとするのである。龍樹は，何を言っているのだろうか。

この言明によって，龍樹は「一切空」を説いたのだとされる。上の4つの言明は，一般化すれば，「Aである」，「Aでない」，「AでありかつAでない」，「AでありかつAでないことはない」（「AであることもAでないこともない」）となる。これが「四句分別（しくふんべつ）」と呼ばれる言明の形である。この4つの言明によって，あらゆる事象のあり方の可能性は尽くされているから，この4つの言明の可能性をすべて否定することによって，「すべては空（くう）である」（sarvaṃ śūnyam）という真理を，龍樹は説いたのである。「空」とは，ものがそのものに固有の存在性をもっていないことである。

龍樹が，この『中論』で論じた「空」については，仏教学者だけでなく哲学者や論理学者による論考もこれまで数多くなされている。ここで深入りする余裕はないが，先に見たウパニシャッドの言説やキリスト教の否定神学が，絶対者をとらえるために否定的な言明を用い，それによって神秘体験という絶対的な肯定へと向かったのに対して，龍樹のこの論法は，言説によってはどこまでも絶対存在はとらえられないということを言おうとするもののように思える。

第48課　ブラフマンは一者，２番目はいない。
——数詞と序数詞

文法的な事柄についてはほとんど説明したつもりであったが，ひとつ重要なものが残っていた。数詞と序数詞である。第17課で，dvi-「２」という数詞については，それが両数形しかないことを説明して，変化表（表37）も示したが，ここではまとめて見ることにしよう。まず例文である。

ekam evādvitīyaṃ brahmāsti.

ブラフマンは一者であって，２番目をもたないものである。

eka- は「１」である。a-dvitīya- は，序数詞の dvitīya-「第２」に否定を表す接頭辞 a- が付いた複合語であるが，ここでは所有複合語として使われている。ブラフマンが中性名詞であることは，ekam も advitīyam もともに中性の主格・単数形であることからわかる。

さて，eka- は「１」「ひとつの」を意味する場合には，当然のことながら単数形でしか使われない。修飾する名詞の性に応じて男性，中性，女性の形をとる。

ただし，eka- は，複数形で使われることがある。その場合には，「若干の」「ある……」という意味で使われる。「ある者たち」という意味の代名詞として使われることが多い。（単数の場合と複数の場合の変化表は次頁。）

dvi-「２」についてはすでに見た。続けて数えれば，tri-「３」，catur-「４」，pañca-「５」，ṣaṣ-「６」，sapta-「７」， aṣṭa-「8」, nava-「9」, daśa-「10」……である。

表77　単数の eka- と複数の eka- の変化表

<table>
<tr><th rowspan="2"></th><th colspan="3">単数</th><th colspan="3">複数</th></tr>
<tr><th>男性</th><th>中性</th><th>女性</th><th>男性</th><th>中性</th><th>女性</th></tr>
<tr><td>主格</td><td>ekaḥ</td><td rowspan="2">ekam</td><td>ekā</td><td>eke</td><td rowspan="2">ekāni</td><td rowspan="2">ekāḥ</td></tr>
<tr><td>対格</td><td>ekam</td><td>ekām</td><td>ekān</td></tr>
<tr><td>具格</td><td colspan="2">ekena</td><td>ekayā</td><td colspan="2">ekaiḥ</td><td>ekābhiḥ</td></tr>
<tr><td>与格</td><td colspan="2">ekasmai</td><td>ekasyai</td><td colspan="2" rowspan="2">ekebhyaḥ</td><td rowspan="2">ekābhyaḥ</td></tr>
<tr><td>奪格</td><td colspan="2">ekasmāt</td><td rowspan="2">ekasyāḥ</td></tr>
<tr><td>属格</td><td colspan="2">ekasya</td><td colspan="2">ekeṣām</td><td>ekāsām</td></tr>
<tr><td>処格</td><td colspan="2">ekasmin</td><td>ekasyām</td><td colspan="2">ekeṣu</td><td>ekāsu</td></tr>
</table>

例文を見てみよう。『ブリハッド・アーラニヤカ・ウパニシャッド』(第3章第9節)の中で神々の数が論じられている。「神々は幾柱あるか」(katy eva devāḥ)と問われた哲人ヤージニャヴァルキヤが，まず次のように答える。

trayaś ca trī ca śatā trayaś ca trī ca sahasreti.

「3と300と3と3000と［で合計3306柱］である。」と。

この文は，ca「〜と」によってわかるように，4つの部分に分けることができる。主語の devāḥ を補って，これを示すと次のようになる。

(1) devāḥ trayaḥ.
(2) devāḥ trī śatā.
(3) devāḥ trayaḥ.

⑷ devāḥ trī sahasrā.

devāḥ trayaḥ が，⑴と⑶で繰り返されているが，これは「神々は３柱である」という意味である。trayaḥ は tri-「３」の男性の主格・複数形。ここでの主語が男性名詞 deva- の複数形であるから，述語として示されるその数が形容詞として男性の主格・複数形となっている。ここで，tri-「３」の変化表を見ておこう。言うまでもなく複数形しかない。

表78　tri-「3」の変化表

<table>
<tr><th rowspan="2"></th><th colspan="3">複数</th></tr>
<tr><th>男性</th><th>中性</th><th>女性</th></tr>
<tr><td>主格</td><td>trayaḥ</td><td rowspan="2">trīṇi</td><td rowspan="2">tisraḥ</td></tr>
<tr><td>対格</td><td>trīn</td></tr>
<tr><td>具格</td><td colspan="2">tribhiḥ</td><td>tisṛbhiḥ</td></tr>
<tr><td>与格</td><td colspan="2" rowspan="2">tribhyaḥ</td><td rowspan="2">tisṛbhyaḥ</td></tr>
<tr><td>奪格</td></tr>
<tr><td>属格</td><td colspan="2">trayāṇām</td><td>tisṛṇām</td></tr>
<tr><td>処格</td><td colspan="2">triṣu</td><td>tisṛṣu</td></tr>
</table>

ところが，サンスクリットの場合，このようにその数が形容詞として修飾する名詞の性・数・格に一致するのは，１から19までの数詞に限られる。その数が20以上になると，今度は数詞は，主語と同格の名詞として現れてくる。それが，trī śatā 300と，trī sahasrā 3000である。つまり，⑵「神々は300である」，⑷「神々は3000である」と，主格の語を並べた名詞構文になっているのである。

さて問題は，trī śatā と trī sahasrā の語形である。語尾が母音の長音で終わっているので女性形のように見えるが，実

は śata- も sahasra- も中性名詞である。古典サンスクリットであれば，第9課で見たように，a-語幹の中性名詞の主格および対格の複数形の語尾は，-āni である。ところがここでは śatā，sahasrā となっている。これはどういうことか。実は，trī śatā 300も trī sahasrā 3000も，『リグ・ヴェーダ』によく見られる語形で，ヴェーダ語の語形である。ヴェーダ語の古い層では，中性名詞の主格および対格の複数形は，-ā という語尾をとることが多い。

目下の『ブリハッド・アーラニヤカ・ウパニシャッド』の文章は，神々の数を数える話なので，数詞を使った例文としてはちょうどよいと思ったのだが，ウパニシャッドには時々このようなヴェーダ語が現れてくる（ヴェーダ文献だから，当然と言えば当然なのであるが）。実はこの300と3000もヴェーダ語の特徴が表れていて，古典サンスクリットであれば，śata- 100も sahasra- 1000も中性名詞で，その形は主格・複数形であれば，śatāni と sahasrāṇi であり，300であれば，trīṇi śatāni，3000であれば，trīṇi sahasrāṇi となるのだが，ヴェーダ語では，このように trī śatā や trī sahasrā という形で現れてくることが多い。もちろん，『リグ・ヴェーダ』にも，śatāni や sahasrāṇi という語形が現れることもあるが，数は少ない。

「サンスクリット」と言っても，本書で扱っているのは，古典サンスクリットである。ヴェーダ語は，それより古い層に属するものである。こういったインドの言語の諸相については次課で触れることにしたい。

さて，ヤージニャヴァルキヤは，さらに「神々は，実際には幾柱あるか」と問われたので，こう答える。

trayastriṃśad iti. 「33柱である。」と。

trayastriṃśatは，trayas 3とtriṃśat 30（女性名詞）を組み合わせた形の数詞である。viṃśati- 20，catvāriṃśat- 40，pañcāśat- 50となり，さらにṣaṣti- 60，saptati- 70，aśīti- 80，navati- 90となる。いずれも女性名詞である。そして，たとえば，22はdvāviṃśati-，44はcatuścatvāriṁśat-，55はpañcapañcāsat-，66はṣaṭṣaṣti-，77はsaptasaptati-，88 aṣṭāśīti-，99 navanavati-のようになる。ただし，99は，ekonaśata-，つまり100－1と表されることもある。また同様に100－1 ekānnaśata-という表記もある。同様に，19はnavadaśa-とも，ekonaviṃśati-とも，またekānnaviṃśatiともなる。

さらに尋ねられたので，ヤージニャヴァルキヤは，次々と次のように答えている。

ṣaḍ iti. … traya iti. … dvāv iti. … adhyardha iti. … eka iti.

「6柱」と，「3柱」と，「2柱」と，「1柱半」と，「1柱」と。

この後，ヤージニャヴァルキヤは，それぞれに具体的な神の名を挙げて説明していく。そして，「1柱の神」として「気息」を挙げ，それが「ブラフマン」であることを言うのである。つまり「ブラフマンは一者である」というわけである。

さて，数の数え方については，それぞれの文化において独特のものがあり，それだけに数詞と序数詞については，細かく説明し出すときりがなくなるのでこのあたりで切り上げることにしたい。最後に数の一覧表を付けておく。

この一覧表の最初には，「ゼロ」を置いて，そのデーヴァナーガリー文字による数字として白丸の点，数詞として śūnya（シューニヤ，「空」）を示したが，実は，古代インドでは，数字（aṅka）は，１から９までであった。「ゼロ」は，「そこには何も無いこと」つまり「空」であることを示す記号であって，数字ではなかった。

インド人が「ゼロを発見した」あるいは「ゼロを発明した」と言われているが，これは古代のインド人が，「何も無いこと」つまり「ゼロ」という観念を文字で表して，他の数字と並べるとともに，それを数として扱ったということを言うものにほかならない。インドでは古くから10進法が使われてきたが，ゼロがなければ，１も，10も，100も，すべて「１」としか表記できない。位取りの位置に空所を置いて区別しようとしても，空白があるだけで何桁の数であるかはすぐにはわからない。そこで，空所の数，つまり桁数を表すために記号を使ったというわけである。

「ゼロ」を表す記号は，通常 bindu「点」と呼ばれている。「点」は，中黒の点の場合もあれば，中抜きの小円の場合もあった。インドの数学については，林隆夫（はやしたかお）著『インドの数学　ゼロの発明』（ちくま学芸文庫，2020年，中公新書，1993年）に詳しいので，関心がある方は是非読んでほしい。無いものを形で表

「ゼロ」を表す記号

す，そしてそれを実践において活かすというのは，インド的思考法の得意技であった。

表79　1～1000までの数字と数詞

数字	数詞	数字	数詞
0 (०)	शून्य (śūnya)	10 (१०)	दश (daśa)
1 (१)	एक (eka)	11 (११)	एकादश (ekādaśa)
2 (२)	द्वि (dvi)	12 (१२)	द्वादश (dvādaśa)
3 (३)	त्रि (tri)	13 (१३)	त्रयोदश (trayodaśa)
4 (४)	चतुर् (catur)	14 (१४)	चतुर्दश (caturdaśa)
5 (५)	पञ्च (pañca)	15 (१५)	पञ्चदश (pañcadaśa)
6 (६)	षष् (ṣaṣ)	16 (१६)	षोडश (ṣoḍaśa)
7 (७)	सप्त (sapta)	17 (१७)	सप्तदश (saptadaśa)
8 (८)	अष्ट (aṣṭa)	18 (१८)	अष्टादश (aṣṭādaśa)
9 (९)	नव (nava)	19 (१९)	नवदश (navadaśa) एकोनविंशति (ekonaviṁśati) ऊनविंशति (ūnaviṁśati) एकान्नविंशति (ekānnaviṁśati)

20 (२०)	विंशति (viṁśati)	70 (७०)	सप्तति (saptati)
30 (३०)	त्रिंशत् (triṁśat)	80 (८०)	अशीति (aśīti)
40 (४०)	चत्वारिंशति (catvāriṁśat)	90 (९०)	नवति (navati)
50 (५०)	पञ्चाशत (pañcāśat)	100 (१००)	शत (śata)
60 (६०)	षष्टि (ṣaṣṭi)	1000 (१०००)	सहस्र (sahasra) दशशत (daśaśata) दशशती (daśaśatī)

第49課　インドの言語について

古典サンスクリットに先立って，歴史的にはヴェーダ語（ヴェーダ文献で用いられる古層のサンスクリット）が存在することについては，前課で触れた。また，現代インドでは，憲法によって「公用語」として認められている言語が22あり（ほかに39の言語について追加の要求が出されていると言われている），インド紙幣には，英語とヒンディー語のほかに，15の異なる文字と言語で，額面価格が示されていることも本書のはじめに触れた通りである。このようにインドには，古代から現代に至るまで数多くの言語が存在してきた。本課では，インドの諸言語について概観しておきたい。

インドの人口は，2022年末で中国を抜いて世界一となった。その数はおよそ14億1700万人である。これだけの数の国民を対象にして国勢調査を実施するのはさぞかし大変だろうと想像するが，2011年に実施された国勢調査に基づいて，2022年に，インドの言語状況についての報告書 *Language Atlas of India 2011* がインド政府によって公表されていて，ネット上でも読むことができる。この報告書によると，当時の人口は，

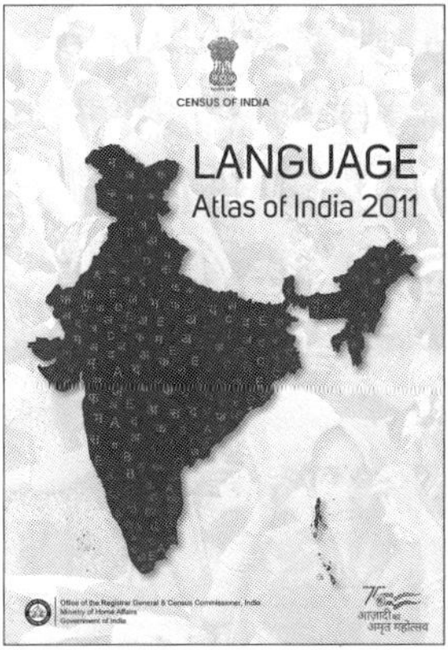

*Language Atlas of India 2011*の表紙

12億1085万4977人であった。インドは連邦共和制の国家で，現在は，28の州と8の連邦直轄領からなっている。県の数で言えば，640である。これだけの地域の人々を対象に「母語」は何かと尋ねるのである。「母語」というのは，幼年期にその人の母親によって話されていた言語である。その人が幼いうちに母親が亡くなった場合などは，その家庭で主に話されていた言語がその人の「母語」となる。

こうして回答者が「母語」として答えた言語の名称がまずはそのまま記録された。「母語」として示された言語の数は19569にのぼったという。そのうち1369の「母語」が言語学的に分類可能なものとされ，その中でインド全体での話者の数が1万人以上いる「母語」は270あった。そのうち123が「22の公用語」のグループ内に，また147が公用語以外の99の言語グループ内に分類可能なものであった。こうして，大きな言語グループとしては121種が数えられることになる。

ただし，「22の公用語」のグループに属する各言語を話す人の数は，人口の96.72パーセントを占めており，それ以外の言語は人口の3.28パーセントに過ぎない。しかし，これらの少数言語も，それが話されているコミュニティや地域にとって重要であることは言うまでもない。逆に言えば，これらの少数言語を「母語」として話す人々が，「日常語」としては，ヒンディー語やタミル語を話しているのであり，また英語をも話しているのであるから，インドは巨大なマルチリンガル国家と言えるであろう。

たとえば，ヒンディー語を「母語」として答えた人の数は3億2223万97人であった。また，ヒンディー語グループに入れることができる言語を「母語」として答えた人の数は2億611万7096人であった。両方合わせると5億2834万7193人

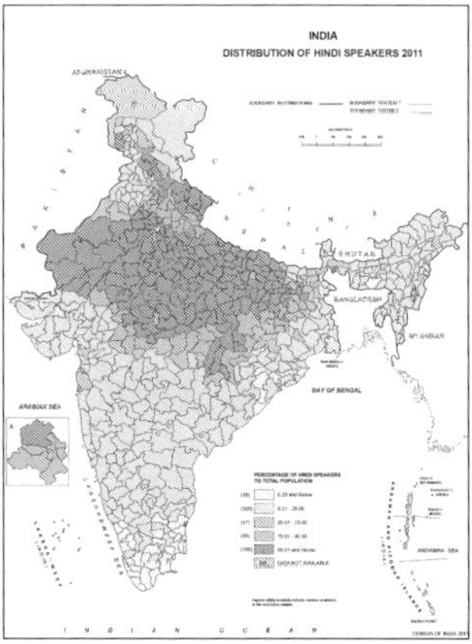

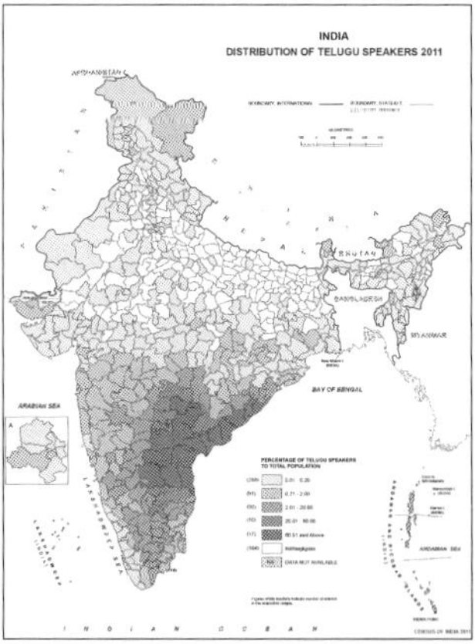

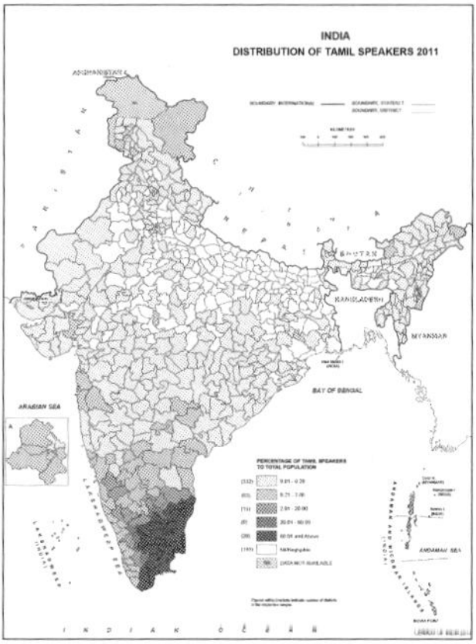

2011年の国勢調査に基づくヒンディー語話者（上左）とテルグ語話者（上右）とタミル語話者（下）の分布

となる。しかしこれでは，総人口の半分にもならない。ヒンディー語は「国語」と言われるぐらいだから，実際にはもっと多くの人々がヒンディー語を日常語として話しているはずである。

とはいえ，ヒンディー語を話す人の数は北に偏っており，南ではテルグ語やタミル語を話す人の数が圧倒的に多いことも事実である。

そのことはたとえばインド映画の製作地を見てもわかる。インドは，映画の年間製作本数でも観客動員数でも世界一を誇る映画大国であるが，その製作地は北と南に分かれている。

ハリウッド映画ならぬ「ボリウッド映画」は，北インドのボンベイ（ムンバイ）で作られるヒンディー語の映画のことを言い，最近の代表作としては，「3 idiots」（邦訳「きっと，うまくいく」）や「Dangal」（邦訳「ダンガル きっと，つよくなる」）がある。他方，2015年の公開以来日本でも大人気となった「バーフバリ 伝説誕生」は，南インドのテルグ語とタミル語で制作され，「トリウッド映画」と呼ばれるものである。このような南インドで製作された映画は，ヒンディー語などの吹き替え版によって南インド以外の映画館でも見られている。さらに英語などの各国語版が作られて，世界じゅうで評判になることもある。

さて，以上見てきたのは，現代インドの言語状況であるが，これを歴史的に見ればさらに複雑で多様なインドの言語状況が見えてくる。ヒンディー語，テルグ語，タミル語の話者の分布が，北と南に対照的に分かれていることは，前頁の地図を見ても一目瞭然であるが，このことはこれらの言語がたどってきた歴史的な変遷の結果を示すものである。

言語をその歴史的な変遷に基づいて系統的に分類する方法として「語族」という考え方がある。ちょうど「一族（ファミリー）」を構成して親縁関係にある各家が，系譜をさかのぼっていけば共通の祖先にたどり着くように，ひとつの「語族」に属する諸言語は，「祖語」と呼ばれる共通の起源となる同一の言語をもつと考えられる。（ただし「祖語」は，音韻法則に基づく厳密な比較言語学の方法によって理論的に仮定される語形である。）この考え方によれば，ヒンディー語は印欧語族のインド語派（「語派」は，「語族」の下位分類）に属するのに対して，テルグ語やタミル語はドラヴィダ語族に属する。インドでは，そのほかにオーストロアジア語族，シナ・チベット語族，そしてアフロ・アジア語族に属する諸言語が話されている。

先に触れた国勢調査の結果に基づいて，「22の公用語」と公用語以外の99の言語グループに属する合わせて121の言語について言えば，ヒンディー語やウルドゥー語，ベンガル語，パンジャーブ語，マラーティー語，グジャラート語など23の言語が印欧語族のインド語派に属している。また，テルグ語やタミル語，マラヤーラム語，カンナダ語など17の言語がドラヴィダ語族に属している。さらに，オーストロアジア語族に属しインドにおいてムンダ語族を形成しているムンダ語やサンタル語など14の言語がある。そして，インドの国境周辺部にあってシナ・チベット語族の特にチベット・ビルマ語派に属するラダック語などが66ある。以上で120の言語である。そして残るひとつはアラビア語である。

アラビア語はアフロ・アジア語族に属する。インドでは，イスラム教徒の共通語としてはウルドゥー語がある。ウルドゥー語は，文字こそアラビア文字を使うが，基本的な文法や語彙はヒンディー語と同じである。パキスタンの人たちは，ヒンディー語のインド映画を見て普通に楽しんでいる。一方，アラビア語は，文字はもちろんアラビア文字で，文法も語彙も，ヒンディー語などの印欧語族に属する言語とは全く異なっている。そのアラビア語を「母語」と答えた人が，インド国内に54947人いるのである。地域は，ほぼ半数がビハール州に集中し，その他ウッタル・プラデーシュ州や西ベンガル州，アッサム州などインドの北東部に多い。

このように異なる諸言語がそれぞれの特徴を伴って地域的に分布しているのは，長い間の文化接触の結果であり，政治や宗教が様々に発展した歴史の結果である。

たとえば，印欧語族についてみれば，今の東ヨーロッパの草原地帯に住んでいた「祖語」を話す人々の集団が，紀元前の4000年頃からグループに分かれて，西にまた東に，あるいは北に南にと，段階的に大移動を開始した。西や北に移動したグループの言語は，ケルト語派やイタリック語派，さらにゲルマン語派やギリシア語派を形成して，現代の英語やドイツ語，フランス語やイタリア語となっている。東に移動したグループの言語は，インド・イラン語派となり，さらに東と西に分かれた。東に向かったインド語派の言語を話すグループは，断続的にインド亜大陸の北西部の山岳地帯を越えて内陸部に侵入し，インダス川中流域から，インダス川とガンジス川に挟まれた両河地帯，さらにはガンジス川に沿って東へと定住地域を広げながら移動していったと考えられている。それは，ヴェーダの言語がブラーフマナ文献やアーラニヤカ文献を経て，ウパニシャッド文献へと変様していく過程であり，そこから古典サンスクリットが成立してくるのである。

この古典サンスクリットこそ，これまで本書で学んできたものであるが，古代から近現代に至るまでのインドの文化伝統の大きな流れを形成してきたものにほかならない。この古典サンスクリットが所属するインド語派は，「インド・アーリヤ語派」とも呼ばれ，その発展過程を古期，中期，新期に分けることができる。

古インド・アーリヤ語においては，ヴェーダ語から古典サンスクリットまでの発展が見られるが，その中には叙事詩サンスクリットや仏教サンスクリットも含まれている。この古インド・アーリヤ語が，様々な変様をこうむり，地域的な特徴を伴って簡素化していったものが中期インド・アーリヤ語である。「プラークリット」と総称されるが，初期の仏教聖典の言語であるパーリ語やジャイナ教聖典の言語であるアルダマーガディー語，またアショーカ王碑文に見られる詔勅の言語などがこれである。

サンスクリット劇の中では，女性や道化師の台詞にプラークリットが使用される。さらにマーハーラーシュトリー語の『サッタサイー』（『七百頌』）のように，プラークリットを用いた抒情詩の代表作もある。この作品については，「言語は直截・淡白で，地方語の単語に富むが，文学的に洗練されている。サンスクリットの詩に見られない現実性と豊かな興味とに秀でている点で珍重に値いする。」（辻直四郎著『サンスクリット文学史』岩波全書，1973年，134頁）と評されている。

プラークリットは，「アパブランシャ」と呼ばれる過渡的な形態を経て，さらにそこから地方的な特徴を伴って様々に発展した。それが，北インドで日常的に使われているヒンディー語やベンガル語などの現代インド語であり，新インド・アーリヤ語と呼ばれている。ただし，これらは，歴史的に先のものが消えて次のものが現れてきたというようなものではない。古典サンスクリットとプラークリットは，文化現象の様々な場所で共存してきたものであるし，現代インドにおいても，古典サンスクリットで作られた作品もあるし，プラークリットで作られる詩作品もある。

（次頁の表はインドの言語の諸相を大まかに示したもの。名を挙げた言語も主なものだけである。）

サンスクリット劇の中で使われるプラークリットについては，本書の第31課で，カーリダーサ作の『シャクンタラー』を読んだときに一度触れている。それは，シャクンタラーとドゥシュヤンタ（ドゥフシャンタ）王が互いの思いを相聞歌のように歌い交わす場面を紹介して，辻直四郎訳を引用した

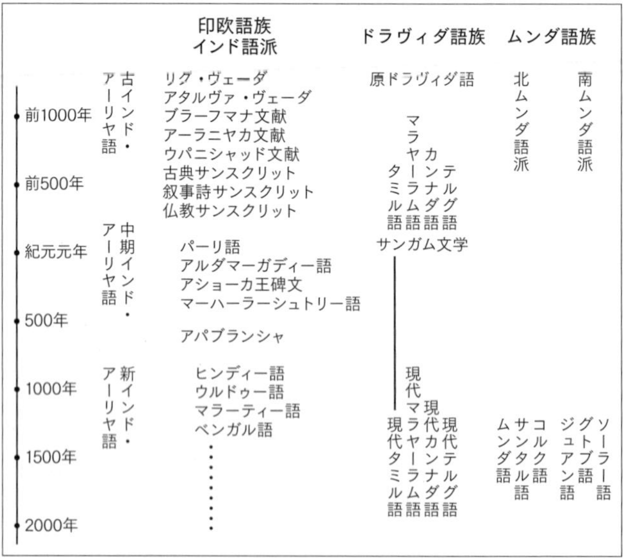

ときのことである。そのとき引用した訳は次のようなものであった。

（シャクンタラー）「君が心は 知らねども 君を慕いて 火と燃ゆる わが恋ごころ ひるに夜に さしも知らじな 身をこがす。」

そこでは，ベートリンク校訂のデーヴァナーガリー文字のテキストの写真を示しただけであったが（247頁），このシャクンタラーの言葉がプラークリットである。ローマ字で示せば次のようになる。

tujjha ṇa āṇe hiaaṃ mama uṇa kāmo divā vi rattiṃ mmi.
ṇigghiṇa tavei baliaṃ tui vuttamaṇorahāiṃ aṅgāiṃ.

これはマーハーラーシュトリー語である。『シャクンタラー』には各種の伝本があって，この詩節についても細かなところで異なっているが，ここではベートリンクの読みに従っている。これをサンスクリットにすれば次のようになる。

tava na jāne hṛdayaṃ mama punaḥ kāmo divāpi rātrim api.
nirghṛṇa tapati balīyas tvayi vṛttamanorathāny aṅgāni.

私はあなたの心を知りません。しかし，私の恋心は，昼も夜も，あなたに向けて一途(いちず)な思いをつのらせるこの身体を，猛烈な勢いで燃やしています。無慈悲なお方よ。

訳についていちいちの説明はもうよいだろう。どの単語がどの訳に対応するかはおおよそわかるはずである。ただひとつだけ説明するとすれば，aṅgāni である。「部分」を意味する中性名詞 aṅga- の複数形である。日本語で，体の５つの部分である頭・首・胸・手・足を「五体」と言って「身体」全体を表すのと同じように，aṅgāni という複数形は，「身体」（からだ全体）を意味している。

上のプラークリットの文と，それをサンスクリットにした文を，声を出して読み比べてみれば，なんとなくわかると思うが，プラークリットのほうが口のしまり方がゆるくなって，母音が目立つ感じがすると思う。マーハーラーシュトリー語は特に母音が多くなり，歌唱に適したものとなっていると言われる。『シャクンタラー』では，このほかに，漁師と巡査の会話ではマーガディー語が，警視総監の台詞にはシャウラセーニー語が用いられている。（これらの言語名はいずれも地名から来ている。）サンスクリット劇では，プラークリットは，このように登場人物の社会的身分・役割に応じて種類の異なるものが使い分けられている。

仮に古典サンスクリットを「標準語」とすれば，プラークリットは「方言」にあたると言ってよいかもしれない。「方言」と言っても，もちろんそこには音の変化に一定の規則があり，文法規則もきっちりしている。とはいえ，そこにもまた地域や個人による「訛り」が見られるであろう。古典サンスクリットは，古代から現代に至るまでのインド文化の大伝統を形作った言語であるが，インドのそれぞれの地域には，地域固有の豊かな伝統文化が多様に伝えられ発展していることを忘れてはならない。

コラム14　文法書と辞書など

日本語で書かれたサンスクリットの文法書の中で最も詳しいのは，辻直四郎『サンスクリット文法』（岩波全書，1974年）である。本書でも常に参考にした。筆者が大学に入った頃には，まだこの本はなく，荻原雲来の『実習梵語学』を古本屋で買って参考書として使った。この本の改訂版（現代語版）として，吹田隆道編著『実習サンスクリット文法――荻原雲来『実習梵語学』新訂版』（春秋社，2015年）が出ている。本書と同じく，サンスクリットについて多くの読者にわかりやすく学んでもらいたいという意図で書かれた本に，上村勝彦・風間喜代三

『サンスクリット語・その形と心』（三省堂，2010年）がある。急逝されたインド学者上村勝彦さんの遺稿を，『ラテン語・その形と心』（三省堂，2005年）の著者である言語学者の風間喜代三先生が編集補訂されたものである。サンスクリット会話の形で初級文法を学ぶことができる本として，石井裕『ニューエクスプレスプラス　サンスクリット語（CD付）』（白水社，2021年）が最近出ている。現代日本語の感性でサンスクリットが学べることと，会話の本文がデーヴァナーガリー文字で書かれていてその発音をCDによって耳で聞けるのがうれしい。

辞書としては，定番は，モニエル＝ウィリアムズの『梵英辞典』（*A Sanskrit-English Dictionary*）である。1899年にオックスフォードから出た改訂版のリプリントが流通している。私が持っているのは1970年のオックスフォード版で，28×23×8.5cm，重さは5kg近くある。大学に入ってすぐに京都の丸善で買った。持ち運びにはむかない。その後，日本の名著普及会からコンパクト版が出て（1986年），学生が使っているのを見てうらやましく思った。日本語のものとしては，平岡昇修『初心者のためのサンスクリット辞典』（山喜房佛書林，2015年）が，いろいろな工夫がしてあって入門によい。平岡先生は，「サンスクリットトレーニングシリーズ」という一連の学習書を出版されていたが，近年新たに，『しっかり基礎から学ぶサンスクリット（上，下）』（山喜房佛書林，2019年）という入門書も出されている。

第50課　日本語の中のサンスクリット

最後に日本語のサンスクリットとの関わりについて触れておきたい。サンスクリットは，印欧語族に属する言語である。これは，サンスクリットという言語が，ヨーロッパの古典語であるギリシア語やラテン語と系統を同じくしているということである。そしてそのことは19世紀以来発展してきた比較歴史言語学の方法論に基づいて事実として明確に認められているものである。

では，日本語はどのような系統に属しているのか。日本語が属する語族は何か。実はいまだに確定していない。「私は日本語の系統に興味を持って言語学を始めたと言っても過言ではない。（中略）日本語の系統が未詳であることを知った青年は，それを知りたいという非常に強い欲求にかりたてられたのであった。／それ以来30年の年月が流れた。しかし日本語の系統は依然として未詳である。」（服部四郎『日本語の系統』，岩波書店，1959年。岩波文庫版1999年）日本語系統論に生涯をかけて取り組んだ言語学者である服部四郎が，こう記したのは1957年のことであった。それから60年以上経（た）った今なおそれは「未詳」のままである。

もちろん日本語の系統や起源についてはいくつもの説がこれまで提唱されてきた。しかし最新版の『広辞苑』（第７版，2018年）でも，「起源についてはアルタイ諸語仮説・オーストロネシア諸語仮説などさまざまあるが，いずれも推測の域を出ていない」（「日本語」の項）と書かれているように定まった説がないのである。それらの諸説は，比較言語学的な意味での厳密さに欠けているので，結局のところ定説とはなり得ていないのである。（こういった日本語起源論の問題について論じた最近の研究としては，長田俊樹（おさだとしき）編『日本語「起源」論の歴史と展望──日本語の起源はどのように論じられてきたか』〔三省堂，2020年〕がある。特にその学説史については同書所収の長田論文「第12章　日本言語学史序説──日本語の起源はどのように論じられてきたか」を参照。）

明治期には，驚いたことに，日本語の起源をアーリヤ語（印欧語）に求める説まであったらしいが，ともかくこのような事情であるから，日本語の系統や起源と関連させて，古代の日本語の中にサンスクリットの直接の痕跡を見出そうとすることは難しいことだと言わざるを得ない。しかしその一方で，古代においても様々な文化接触があったはずであるから，その結果としてサンスクリットの語彙が古代の日本語の中に入り込んでいる可能性は否定できないだろう。特に仏教とともに日本語の中に取り入れられたサンスクリットの語彙は数多くある。まずは，そのような語を挙げてみよう。

まずは，「仏」（ほとけ，ぶつ）である。この漢字「仏」は，ブッダ buddha の音写語である「仏陀」の略であるが，「仏蘭西（フランス）」という当て字が発明されるまで，ほぼブッダを表すための専用の漢字だった。「ほとけ」の「ほと」は，「ぶつ」の音が変化したものである。また，「僧」は，出家者（僧侶）の集団を意味する「僧伽（そうぎゃ）」を略したものだが，これはサンガ saṃgha の音写であり，もとの意味は，「集団」「団体」である。サッカーチームの「京都サンガ」の「サンガ」もこのサンスクリットに由来している。「僧」はこの音写のための漢字として，中国で作られた（『諸橋大漢和辞典』）。また，寺院の建物を意味する「伽藍（がらん）」も「僧伽藍」の略で，サンガ・アーラーマ saṃghārāma の音写である。一方，僧侶を指して使われる「沙門」は，シュラマナ śramaṇa の音写で，苦行者を意味している。「シャーマン」もシュラマナを語源にしている。また，僧侶が身につける「袈裟」は，カシャーヤ kaṣāya に由来する。

仏舎利の「舎利」は，骨（また，身体）を意味するシャリーラ śarīra から来ていると言われる。そして「銀シャリ」のように米粒を意味するのは，それが白く輝く仏舎利に似ているからと言われるが，米を表すサンスクリットとしてシャーリ śāli があるから，これが由来かもしれない。また，火葬することを意味する「荼毘」は，パーリ語のジャーピタ jhāpita（jhāpeti「火葬する」の過去分詞形）から来ているとされる。お墓に立てる「卒塔婆」は，ストゥーパ stūpa の音写で，インドではサーンチーの仏塔（ストゥーパ）に見られるようなブッダの遺物をまつる大きな建造物を指していた。それが中国に伝わって楼閣建築となり，日本の五重塔のようになった。墓地に立てる「卒塔婆」は，それをシンボル化したものである。「塔」は「卒塔婆」の省略形。サーンチーの仏塔に通じる入り口には大きな「鳥居」が建っているが，トラーナ trāṇa と呼ばれる。これが日本の「鳥居」

サーンチーの仏塔（ストゥーパ）

の原型だとする説もある。また，死後の世界の地獄を意味する「奈落」は，ナラカ naraka に由来する。

ここまで見てきた語は，漢字の音読みがサンスクリットの語音と対応するものであったが，中には「瓦」のように，訓読みの音が対応しているものもある。「瓦」は，カパーラ kapāla から来ていると，これは確かに学生時代に習ったこともある。あるいは，「鼻」は，パナ phaṇa に由来するという話もあるが，これは「鼻孔」を意味する語であり，また蛇のコブラの首の膨らみの部分を指すから，日本人の鼻の形状を考えれば，おそらくあたらないだろう。しかし「痘痕」が，サンスクリットのアルブダ arbuda（あるいは arvuda）に由来するのは間違いなさそうである。

少し話を変えよう。私の学生時代には，京都大学文学部には，インド哲学史の講座と並んで「梵語学梵文学講座」があった。1910年（明治43年）に榊 亮三郎を教授に迎えて開講された。これより早く東京帝国大学に，1901年（明治34年）に高楠 順次郎によって梵語学講座が創設されている。この「梵語」や「梵文学」の「梵」は，ブラフマン brahman を表すための漢字で，もっぱらそのためだけに使われた漢字である。『広辞苑』（第７版）を見ると，梵王，梵音，梵我一如，梵閣，梵学，梵学津梁，……など，「梵」の字の用例は30ほど（ほかに「梵論」のような読みもある）見られる。大部分はブラフマンあるいはブラフマー神に関わるものか，サンスクリットとの関連を表す語か，あるいは仏教に関連する意味を表す語である。

「梵王」は，「梵天」と同じくヒンドゥー教の神であるブラフマー神のことであり，仏教においては，帝釈天（インドラ神）とともに守護神として最高位を占めている。「梵語」や

「梵文」は，サンスクリットやサンスクリット文学を指している。また，「梵学」は，サンスクリット学にほかならない。『梵学津梁』というのは，江戸時代の後期に，河内の高貴寺を中心に活動した慈雲尊者（1718〜1804）が，日本全国にあった梵字の仏教経典の写本等を収集し整理，編纂したもので，その中には梵語文法や梵語字典類なども含まれており，全1000巻とされている。当時のサンスクリット研究の百科全書とでも言うべきものである。1898年（明治31年）に来日したフランスのサンスクリット学者で仏教学者のシルヴァン・レヴィは，高貴寺を訪れ，帰国後には，『梵学津梁』について，それを比類のないサンスクリット研究の資料としてヨーロッパの学界に報告している。

「梵学」は，また「悉曇学」とも言われる。「悉曇」は，シッダム siddham の音写で，梵字の字母を指す。「悉曇学」は，経典に現れる「陀羅尼」（ダーラニー dhāraṇī の音写，梵文の呪文）を正確に発音するために学ばれた。梵字を母音と子音に分けて一覧表にしたものが「悉曇章」で，弘法大師空海が

『梵字悉曇章』（国立国会図書館蔵）

持ち帰ったとされるものなどが知られている。これが日本語の「50音図」の配列（「あいうえお」）に影響を与えたことは間違いないだろう。

「梵」の話をもう少し続けよう。ヒンドゥー教の聖典として有名なものに，『バガヴァッド・ギーター』(Bhagavad Gītā)がある。本書でもしばしば取り上げてきたから，その名前を覚えている人も多いだろう。このサンスクリットの聖典が，高楠順次郎によって翻訳出版されたときのタイトルが『聖婆伽梵歌』（1918年〔大正７年〕，丙午出版社）であった。この「婆伽梵」あるいは「薄伽梵」は，バガヴァット bhagavat の音写である。より正確に言うならば，bhagavat- の主格・単数形であるバガヴァーン bhagavān か，呼格・単数形であるバガヴァン bhagavan の音写語であろう。これが「天才バカボン」の語源のひとつではないかと言われることもあるが未詳である。

地名に目を向けてみよう。箱根に強羅温泉があるが，この「強羅」が，サンスクリットのゴーラ ghora（「恐ろしい」，「恐怖」）に由来するという説がある。地獄の呼び名として，「ゴーラ・ヴァールカ」があることからも可能性はあるだろう。また，旧北陸道の峠に「倶利伽羅」峠があるが，こちらは間違いなくサンスクリットから来ている。クリカ・ラージャ kulika-rāja の音写である。倶利伽羅竜王は，不動明王が姿を変えてこの世に現れたものである。「倶利伽羅紋紋」は，背中全体にこの竜王のいれずみをした人のことである。子供の頃，銭湯に行くと時々現れた。

以上は，古くから日本語の中で漢字で書かれてきたサンスクリットの例である。しかし最近では英語その他の欧米語を経由して日本語に入ってきたサンスクリットもある。たとえば，地名で言えば，「シンガポール」（Singapore）である。シンハ siṃha（ライオン）＋プラ pura（城）である。また，「スリランカ」（Sri Lanka）は，シュリー śrī（吉祥なる）＋ランカー laṅkā（セイロン島の中心都市名），「カンボジア」（Cambodia）は，カンボージャ kamboja という地名が『マハーバーラタ』などにも出てくる。

それから，これは地名ではないが，「ジャングル」（jungle）が，サンスクリットのジャンガラ jaṅgala に由来する語である。この語は，サンスクリットでは，「乾燥した（大地）」を意味している。しかし，現代のヒンディー語では「密林」や「茂み」を意味し，さらに英語などでは，高温多雨の熱帯の密林を意味している。このような意味の変化はどうして起こったのか。ここには環境についての考え方に大きな変化があったからだと考えられる。ヴェーダ時代のインド人にとっては，インド北西部の乾燥した地帯は聖なる故地であった。そこは人が定住することのない遊牧の地である。しかしやがて人々はその地を離れ，ガンジス川流域に定住して都市を築くことになる。その結果，「人が住めない場所」を意味した「ジャンガラ」が指す環境が，「乾燥地」から「密林」へと変化したのである。

インターネットの仮想空間での自分の分身を「アバター」と言うが，これはアヴァターラ avatāra から来ている。「アヴァターラ」は，ヴィシュヌ神がクリシュナのような人間の姿をとって地上に顕現することを言うものである。「権化」や「権現」が，その訳語である。また，コンピュータの業界などでとびきり優れた能力をもった人物を「グル」と呼ぶことがあるが，これは「師匠，先生」を意味するグル guru をそのまま使ったものである。同じく先生を意味する語で，ア

ーチャーリヤ ācārya があるが，これは「阿闍梨」と音写されて，平安時代から使われている語である。京都では，特に比叡山で修行する僧を指して使われる。その僧がかぶる網代笠をかたどった菓子に，「阿闍梨餅」というものがある。

お菓子が出たついでに，「フルーツポンチ」(fruit punch) はどうだろうか。「フルーツ」は英語だろうとツッコミを入れた人もいるだろう。そう英語である。では「ポンチ」はどうか。これも英語の punch である。ただし，英語の punch は，サンスクリットのパンチャ pañca（「５」）に由来する。ワイン，砂糖，レモン，水（湯），香料の５つを混ぜて作った飲み物である。(「パンチを食らわす」や「パンチで穴をあける」の punch とはスペルは同じでも，語源は異なる。)

飲み物つながりで，乳酸飲料の「カルピス」の話をしておこう。「カルピス」が，サンスクリットのサルピス sarpis に由来すると聞いたことがある人は多いだろう。サルピスは，サンスクリットでは，液体の精製バター，いわゆるギー（ヒンディー語で ghī，サンスクリットで ghṛta）を指している。カルピスが発売されたのは，1919年（大正８年）だが，そのときの命名について，カルピス創業者である三島海雲翁自身が次のように語っている。「これはカルシウムのカルと，梵語のサルピス（五味の中の熟酥）のピスを取った。醍醐味の梵語はサルピルマンダである。カルピルとすべきであるが，語呂が悪いから，私はカルピスとした。」(三島海雲『初恋五十年　甘くて酸っぱい人生遍歴』，ダイヤモンド社，1965年，26頁)

三島海雲は，カルピスに先立って，「酸っぱい乳のクリーム」を「醍醐味」と名づけて発売している。ただこの「醍醐味」は，大量生産ができず，大当たりしたもののすぐに販売中止となった。この失敗から生まれたのが乳酸飲料のカルピスということである。この「醍醐」のサンスクリットがサルピルマンダ sarpir-maṇḍa であると，三島は言っているのであるが，古代インドにおける乳製品に言及するものとして有名な『大般涅槃経（だいはつねはんぎょう）』の次の文句によって，それを確かめておこう。

牛より乳を出し，乳より酪（らく）を出し，酪より生蘇（しょうそ）を出し，生蘇より熟酥を出し，熟酥より醍醐を出す，醍醐は最上なり。

この文句には対応するパーリ語があり，それをサンスクリットにして並べてみると次のような順番になる。牛（go）→乳（kṣīra）→酪（dadhi）→生蘇（navanīta）→熟酥（sarpis）→醍醐（sarpirmaṇḍa，パーリ語では sappimaṇḍa）。確かに，「醍醐」と「サルピルマンダ」が対応している。

この加工工程を，再現実験した研究者たちがいる。その結果わかったのは，「生乳を酸乳化し，酸乳をチャーニングしてバターを形成させ，バターを加熱することによりバターオイルを加工し，更に，静置することにより低級脂肪酸と不飽和脂肪酸とがより多く含有した液状のバターオイルを分離する」ということであった（平田昌弘（ひらたまさひろ）他「古・中期インド・アーリア文献「Veda 文献」「Pāli 聖典」に基づいた南アジアの古代乳製品の再現と同定」，『日本畜産学会報』84 (2)，2013年，175-190頁）。これによるならば，乳酸飲料にあたるのは「酪」（ダディ，dadhi）ということになるが，三島がわざわざ「サルピルマンダ」に言及したのは，「カルピス」には「醍醐味」も加わっているということが言いたかったのだろう。

最後に印欧語族に属するサンスクリットの広がりを感じさ

せる語を取り上げて終わることにしよう。「ペッパー」(pepper，胡椒(こしょう)) は，ドイツ語でPfeffer（プフェファー），ラテン語でpiper（ピペル），ギリシア語でπέπερι，πιπέρι（ペペリ，ピペリ），そしてサンスクリットではpippalī（ピッパリー），ヒンディー語でpīpal（ピーパル）である。胡椒はインド原産で，紀元前1世紀にはローマに伝わり，ローマ人の食卓には欠かせないものとなっていた。そのときに，サンスクリットを語源にして広がったと思われる。ところが，「ピッパリー」は，胡椒は胡椒でも，インドナガコショウ（long pepper）を指す語であった。つまり「ヒハツ」である。漢字では，「蓽茇」とか「蓽撥」と書かれるが，こちらも「ピッパリー」から派生した音写語であることは間違いない。おそらく両者は早い段階で混同されて世界に広がったと思われる。そして，石垣島(いしがきじま)の島胡椒「ヒバーチ」もまた，「ヒバーツ」とか「ピパーツ」とか「フィファチ」とかいろいろ音色を変えながら，遠いサンスクリットの音を響かせている。

おわりに

サンスクリットについての本を新書でという話をいただいたのは，もう随分と前のことである。少しずつ書き進めてはいたが，まとめることができなかった。大学を退職してようやくその時間がもてた。すっかり時間が経ってしまったので，果たして出版してもらえるか不安であったが，編集者は待っていて下さった。しかし原稿は新書にするには長すぎた。こうしてできあがったものでも，新書にしては分厚すぎるが，もとの原稿はこれの倍ほどあった。それを削りに削ってできあがったのが本書である。最後にはまたあれこれ付け加えたので，ちょっと分厚くなってしまったが，とにかくサンスクリットについての本を新書で出すことができて，とてもうれしい。編集担当の酒井孝博さんと，多くの不備な点を指摘して下さった校閲の方には，いくら感謝してもし足りない。

「梵語というものは何年おやりになっても決してうだつの上らないものでございます。」これは，坂口安吾（さかぐちあんご）の『勉強記』（ネット上の青空文庫で読める）に出てくる「大変心のやさしい」サンスクリットの先生の言葉である。私も，サンスクリットの勉強を始めてすでに50年以上になる。50年もやっていれば，辞書も文法書もなしで，すらすらテキストを読めてよいはずだが，相変わらず辞書と首っ引きで，辞書を読んでいる時間のほうが長いくらいである。とはいえ，サンスクリットの文章を読むのはとても楽しいし，何よりサンスクリットは美しい言葉だと思う。そんな楽しさが，読者のみなさんに伝わることを願っている。

2024年６月　　　　赤松明彦

語彙索引

この語彙索引は，本書の本文中に現れたサンスクリットの語彙の索引である。索引といっても，出現箇所を網羅したものではなく，その語彙の意味や用法について説明している頁を特に指示している。本書に引用されるサンスクリット原文を読者が読む際に，辞書代わりに使ってもらいたい。

以下では，名詞・形容詞，動詞，不変化詞（副詞，接続詞など）の３グループに分けて示している。

→ は参照語彙を指示する。

語彙の順番は，サンスクリットのアルファベットの順（第１課，３頁）であるが，動詞に関しては，同じ接頭辞のものをまとめて示しているので，通常のサンスクリットの辞書の語順とは異なっている。

名詞・形容詞

名詞・形容詞については，語幹の形を示し，女性名詞を（女），中性名詞を（中），男性名詞を（男）とし，形容詞は（形）とする。

現在分詞や過去分詞や動詞的形容詞など形容詞となるものは（形）として示している。また代名詞は（代）としている。

数詞は，形容詞となるものは（数）とし，女性名詞あるいは中性名詞として変化するものは，その性を示している。

語彙の見出しの後に代表的な意味を示し，変化表のあるものについてはそれを指示している。不規則な変化形（例えば aham）については，変化形そのものを見出しにあげた場合がある。

akṣa（男）（中）目（ただしこの意味で使われるのは所有複合語の後分においてだけ）；サイコロ；軸 → akṣi　345, 356

akṣi（中）目　93

agni（男）火，祭火 → 表17　22, 89, 90, 91

agnimat（形）火をもつ → 表29　106-109

agra（中）始まり，先端，頂点　34, 35, 134, 135

aṅkura（男）（中）芽　272

aṅga（中）部分，肢（複数形で身体）　331, 383

ajāti（女）不生，生じないこと → jāti　321

ajānat（形）知っていない　318, 319

atandrita（形）怠ることのない　232, 236

atīta（形）過ぎ去った，過去の 357
atula（形）比べようのない 306
adas-（代）あれ，あの → 表48 166
advaya（形）不二の，同類の → dvi 321
advitīya（形）２番目をもたない → dvitīya 368
adhika（形）優勢な，卓越している 157
adhipati（男）主，王 227
ananta-（形）終わりがない，無限の → anta 201, 339
anavasara（形）時宜を得ていない → avasara 353
anāgata（形）まだ来ていない，未来の。（中）未来 357
anāgas（形）無辜の，何の罪もない 139
anirvarṇanīyam（形）じろじろ見られるべきではない → nir-varṇ- 255
anugraha（男）恩恵，好意 258, 259
anumaraṇa（中）後追い心中 355
anuvaktṛ（男）復唱する者 143, 144
anuśaya（男）後悔，恨み 238, 239
anuṣṭhāna（中）実行 236, 238
anta（男）終わり，端 90, 201
antara（形）内部の。具格の antareṇa は，対格の名詞とともに用いられて「～なしに」という意味を表す。 198, 287, 300
antarhita（形）隠された → antar-dhā- 249
anya（形）他の → 表49 169, 311, 312
anyonyakṛtya（中）互いの活動 258
apakāra（男）害をなすこと → apa-kṛ- 350
apakārin（男）害をなすもの → apakāra 350
apara（形）（代名詞的形容詞）他の，後の，西の 169, 170, 336
apasārita（形）除去された 328
apahāra（男）取り去ること → apa-hṛ- 252
apauruṣeya（形）人間に由来するものではない，非人為の 143
apauruṣeyatā（女）人為でないこと，人間によって作られたものでないこと 144
apsaras（女）天女 → 表28 105
abhiniveśa（男）執着，生存欲 154
abhiṣikta（形）灌頂された 330
abhiṣeka（男）灌頂，即位 → abhi-ṣic- 331
abhūta（形）（中）なかった（もの）→ bhūta 321
araṇya（中）森，荒野 330
arka（男）太陽 136
arjana（中）獲得 279, 280
artha（男）目的，対象，意味，事物；利益，富，財産，金銭 161, 280, 300, 301
alabdha（形）（中）未だ獲得されていない（もの）→ labdha 236
avatāra（男）権化，化身，アバタ

kṣura（男）刀刃，剃刀　306
gata（形）行った → gam-　263, 264, 342
gati（女）行くこと，状況，行く先　278, 339
gandharva（男）ガンダルヴァ，乾闥婆。インドラ天の眷属とされ，アプサラスを妻とするとされる。半神半獣の楽神ともされる。　220, 339
gariṣṭha（形）最も重い　guru の最上級　149
garīyas（形）より重い → 表40　148, 150
guṇa（男）美質，特徴，属性　234, 246, 291
guru（形）（男）重い，師匠　122, 150, 392
gṛha（中）家　157
go（男）（女）牛 → 表33　18, 19, 120, 121, 122
godhā（女）トカゲ　215
gaurava（中）重さ，重要性，尊重　351
grāma（男）村　261, 263, 264, 275, 276
grāvan（男）石，岩　115
ghaṇṭā（女）鐘，犍稚（けんち）　353
ghora（形）（中）恐ろしい，恐怖　226, 391
cakra（中）車輪　335
cakṣus（中）目　269, 283
cakṣuṣpatha（男）視界　294
catur（数）4　368
caturvidha（形）4種の，4重の　236
catvāriṃśat（数）40　372
candramas（男）月　105, 335
cikīrṣita（形）（中）～しようと欲せられた（こと），目的，意図，計画 → cikīrṣasi　298
chidra（中）弱点，裂け目　240
jagat（中）世界 → 表24　100
jaṅgala（形）（男）乾燥した（大地），不毛の（大地），砂漠（ジャングルの語源）　392
jana（男）人，男　290
janapada（男）地方，国土　157
jantu（男）人，生物　303
janman（中）誕生，生まれ　311, 312, 357
jarā（女）老い，老齢　359
jāta（形）生じた → jan-　263, 272
jāti（女）誕生，生まれ，種姓（カースト），生まれること → jan-　312, 320
jīrṇa（形）古い，使い古した　168, 263
jīva（形）生きている。（男）命我，個人の霊魂。（中）生命　201
jñātṛ（男）知る人，認識主体　301
jñāna（中）知識 → 表9　68, 272, 339
jñeya（形）知られるべき → jñā-　272
jyotis（中）光　104, 133
jvara（男）熱，苦悩　228
tattva（中）真理，真実，実在，本質　319
tad（代）指示代名詞の代表形。指示するものの性と一致した変化形を示すので，3人称の人称代名詞にもなり，「それ（ら）」，「彼（ら）」，「彼女（ら）」を意味する。複合語の前分として使われる。また，名詞の前におかれて，定冠詞のようにも使われる。→ 表7　59, 60, 101, 134, 161, 162-166, 360, 361 → tat（接続詞）
tanu（形）細い。（女）身体，体　245
tapas（中）熱力，苦行　102, 227
tapasvin（男）苦行者 → 表26　102, 103
tapo-vana（中）苦行林　253
tama　最上級を表す接尾辞　150, 151
tamas（中）暗闇，無知，迷妄　146
taruṇa（形）若い，新しい。（男）若者 → taruṇāyate　269
tasthivas（形）立ち続けた → sthā-　152
tiṅanta（中）tiṅ に終わるもの，動詞　171
tithi（男）（女）日　130
tisraḥ（数）tri- の女性形の主格あるいは対格の複数形　234
tudat（形）打っている → tud- → 表30　113
tṛṣṇā（女）欲望　269
tri（数）3 → 表78　368, 369, 370
triṃśat（女）30　372
tvad（代）2人称の人称代名詞（単数）の代表形。複合語の前分として使われ「君（の）」を意味する。また，奪格・単数形。→ 表5　59, 159, 160
tvam（代）2人称の人称代名詞（tvad-/yuṣmad-）の主格・単数形 → 表5　58, 61-65, 160, 221, 222, 259
daṇḍa（男）棒，刑罰　239
daṇḍya（形）罰せられるべき → daṇḍayati　239
dadhi（中）ヨーグルト，酪　215, 394
danta（男）歯　269
damayantī（女）王女ダマヤンティー　220
daridra（形）貧しい　266
daśa（数）10　表79　369
daśāha（男）10日，10日間　239
dahana（形）燃えている。（男）火（中）燃焼　306
dāra（男）妻　230
dāridrya（中）貧しいこと，貧困　266
dāva（男）森林火災　304
divā（女）日，昼　136, 383
divākara（男）太陽　136, 199, 200
divya（形）神聖な，天的な　203
dīrgha（形）長い　105
dīrghāyus（形）長生きの　74, 105
duḥkha（中）苦　234, 304, 357
duranta（形）いつ終わるとも知れない　305
durgati（女）悲惨な状況　305
duhitṛ（女）娘　294
dūta（男）使者　160, 161
dūra（形）遠い，隔たった　327
dṛṣṭa（形）見られた → dṛṣ-　149
dṛṣṭi（女）見ること，視覚，目　291

deva（男）神，王　125, 198, 256, 296, 331, 339, 369, 370
devatā（女）神格，神様　330
devadatta（男）デーヴァダッタ（人名）　175, 176, 177, 179-182, 261-265, 275, 276, 277, 279, 281
deha（男）身体　116, 117, 169, 225
dehin（男）身体をもつもの，「魂」　169
daiva（形）神の，神に由来する。（中）運命，宿命，幸運　316
doṣa（男）過失，罪　222
dravya（中）事物，実体，商品，物品　238
dvi（数）2 → 表37　132
dvitīya（形）（男）第二の（もの）　368
dveṣa（男）憎悪　30
dvau（数）dvi-「2」の両数・主格／対格形 → 表37　132
dharma（男）ダルマ，「法」（多義的な語）　186, 227, 261, 263, 275, 315
dharmabhṛt（形）ダルマ（法）を保持する（もの）。（男）王　227
dharmya（形）合法の，適法の　239
dhī（女）思考，思慮 → 表12
dhīra（男）賢者　320
dhūma（男）煙　108, 112
dhūmavat（形）（男）煙をもつ（もの）　107, 108, 109, 111, 112
dhenu（女）牝牛 → 表19
naḥ（nas）（代）1人称の代名詞の付帯形　私たちを／私たちに／私たちの　132, 162, 198
nagara（中）町，都城　325
nadī（女）川 → 表14　84, 85
nabha（男）空，虚空　133
nabhas（中）空，天空，大気　133, 135
nara（男）人　169
naraka（男）地獄，奈落　389
nareśvara（男）王　222
nala（男）ナラ王（人名）　125, 126, 221, 227
nava（形）新しい　169
nava（数）9　369
navati（数）90　372
navanīta（中）生蘇，新鮮なバター　394
nānā（形）種々の。→ nānā（副詞）　201
nāman（中）名前　50, 292
nāśa（男）滅，消滅，死 → naś-（227）
nāśitva（中）可滅性 → nāśin　117
nāśin（形）可滅の，消滅すべき → nāśa　117
niḥsattva（形）存在感のない（もの）　265, 266
niḥsvabhāva（形）無自性な（もの）→ svabhāva　191
nighātin（形）打ち倒す（もの）（男）破壊者　227
nitya（形）永遠な，不滅の　117
nityatva（中）永遠性，常住性 → nitya　117
nidrā（女）眠り　318, 319
nimitta（中）原因，きっかけ，目的　118
nirodha（男）入滅，滅亡　366

nirghṛṇa（形）無慈悲な，残酷な　383
nirveda（男）嫌悪，失望 → nir-vid-　267
niveśana（中）住居　220
niśā（女）夜　136
niśākara（男）月　136
niścaya（男）決意，決定　355
nīla（形）青い，黒い。（中）藍色　329
nīlī（女）藍　325, 327
nau（女）舟 → 表34　120-122
paktavya（形）調理されるべき → pac-　264
pakva（形）調理された，熟した　196, 263
pakṣa（男）翼，半分　336
pañca（数）5　152, 368, 393
pañcāśat（女）50　372
pati（男）主，支配者，夫　294
patita（形）落ちた → pat-　325, 326, 342
pathin（男）道 → 表35　124, 125
payas（中）乳，牛乳　356
payomukha（形）乳のような顔をしている → payas- + mukha-　356
para（形）他の，次の，最高の。（男）他人，敵　240, 255, 256, 345
paraṃtapa（形）敵を苦しめる → para- + tapa-　345
parasmaipada「他者のため語」為他言，能動態を指す。　52, 122, 176
parigraha（男）妻，側室　256
paribhava（男）無視，軽蔑 → pari-bhū-　267
parivarta（男）転回，運行，周期　258
parokṣa（形）目に見えない　356
parvata（男）山　107, 148
palāyita（形）逃げ去った → palā-i　327
paśu（男）家畜 → 表17　89
pāta（男）落ちること，投ずること → pat-　331
pātra（中）容器，うつわ　236
pāda（男）足，木の根　249
pādapa（男）木，「根で飲むもの」　249
pāpa（形）悪い，罪深い。（男）罪人。（中）罪，罪業，悪　198
pāpakṛt（形）（男）悪事をなす（もの）　198
pārthiva（形）地上の。（男）王　298
pāla（男）守護者，王　129, 130
pāvaka（男）火　306
pitṛ（男）父 → 表38　138, 140
pippalī（女）インドナガコショウ　395
puṃs（男）男 → 表36　125
puṇya（形）吉兆の，幸運な　85, 130
putra（男）息子，子　341
pura（中）城，都城，都市　392
puruṣa（男）男，人　198, 344
puruṣārtha（男）人間の目的，インド社会における「人生の目的」で，ダルマ・アルタ・カーマ・モークシャが数えられる。　236
pūrita（形）満たされた → pṝ-

133
pūrṇa（形）（月の）満ちた，完全な → pṝ- 342
pūrva（形）前の，前方の，東の 336
paura（形）都市の → pura。（男）都会人，市民，臣民，家来 253
prakarṣa（男）優越，多量 358
prakṛti（女）本性，本源，自然 246
prajā（女）繁殖，子孫，人々，人民 258
prajñā（女）叡智，判断，知恵 316
prajñāna（中）知るもの／こと，叡智，知識 → pra-jñā- 67-71
pratipatti（女）認識 300
pratyakṣa（形）眼前にある，目に見える，直接の。（中）直接の知覚 150, 245, 284, 287, 356, 357
prapanna（形）到達した → pra-pad- 具格を目的語にとって「～を供給された，～を与えられた，～をもつ」という意味になる。 245
pramāṇa（中）認識手段 149, 150, 287, 288, 300
prayāsa（男）労苦，骨折り 306
prayojana（男）達成手段 236
pravṛtta（形）なされた，起こった 256
pravṛtti（女）活動，生起 300, 301
prastara（男）ムシロ 122
prastuta（形）始められた，企てられた → pra-stu- 207
prājya（形）豊富な，大きな 258
prājyavṛṣṭi（形）（男）大量の雨を降らせる（もの） 258
prāṇa（男）息，呼吸，（複）いのち 225, 244
prāṇin（形）いのちをもつ（もの），人間 140, 244, 246
prāpta（形）到達した，来た → pra-āp- 130
prāsāda（男）テラス，宮殿 122
priyavādin（男）親切な言葉をかける者 356
preṣya（男）従者，召使 22
phala（中）果実，結果 96, 164, 191, 195, 196
phalaka（中）縁台，木の腰掛け 122
baka（男）アオサギ 240
bala（中）力 103, 343
balavat（形）力のある，強い 232
balin（形）力をもつ 103
balīyas（形）balin の比較級。より強い → balīyas（副詞） 383
bāndhava（男）親類，縁者 292
bāla（形）（男）幼少の（もの），子供，未成年者，愚かもの 139, 140
biḍaujas（男）インドラの別名 258
bīja（中）種子 244, 272
buddha（形）（男）覚った（もの），ブッダ，仏陀 → budh- 9-15, 315, 387
buddhi（女）理性，精神，意思，思い 13, 14, 131, 278
bṛhat（形）大きな 77, 80, 343

bodha（男）目覚めていること 14, 15
bodhi（女）（男）覚り，菩提 14, 15
bodhimārga（男）覚りの道，菩提道 292
bodhisattva（男）菩薩 212
bauddha（男）ブッダに関する（もの），仏教徒 9-15
brahman（中）中性の最高原理ブラフマン，梵 → 表2 49, 50, 51, 53-56, 67, 389
brahman（男）男性の人格神ブラフマー，梵天 → 表3 49, 50
brāhmaṇa（男）バラモン，祭官 294, 339
bhakta（形）仕えた（者），忠実な（者）。（男）信者 → bhaj- 349, 350
bhakti（女）誠信，献愛 → bhaj- 350
bhagavat（形）（男）幸運をもつ（者），崇拝すべき（者），世尊，神様 365, 391
bhagavatī（形）（女）bhagavat の女性形 330
bhajamāna（形）愛している → bhaj 221
bhartṛ（男）夫，維持者 298
bhava（男）存在，生存 → bhū- 304
bhavat（代）２人称の敬称代名詞あなた → 表44 155, 157-160, 257
bhavitavya（形）なるべき，あるべき → bhū- 317
bhaviṣyat（形）未来の → bhū- 324
bhasman（中）灰 306
bhasmīkṛta（形）灰にされた 306
bhājana（中）壺 215
bhāṇḍa（中）甕，壺 325
bhāryā（女）妻 226, 231, 311
bhāvin（形）未来に〜となる，未来の 359
bhiṣaj（男）医者 226
bhīma（形）恐ろしい。（男）ビーマ（名前） 129
bhīṣma（形）恐ろしい。（中）恐怖 303, 304
bhū（女）大地 → 表13
bhūta（形）（男）なった（もの），あった（もの），過去の。（中）存在物，衆生，人々，幽霊 → bhū- 187, 320, 321, 324
bhūtala（中）地面，大地 126
bhūmi（女）地，大地 → 表18
bhṛt（形）もつ（もの），保持する（もの） 227
bhetavya（形）恐れるべき → bhī- 351
bhaimī（形）bhaima「ビーマに関わる」の女性形。（女）ビーマの娘，ダマヤンティーを指す。 228
bhrātṛ（男）兄弟 140
mata（形）考えられた（もの）。（中）考え，意見，教説 226
matsya（男）魚 232
mad（代）１人称の人称代名詞（単数）の代表形。複合語の前分として使われ「私（の）」を意味する。また，奪格・単数形。→ 表1 48, 159

madhu（中）蜂蜜（酒）→ 表21 95
manas（中）心 → 表27 104, 229
manoratha（男）願望，欲求 383
mantra（男）マントラ，祭文 216
manmatha（男）愛の神カーマ 126, 127
maraṇa（中）死ぬこと，死 23, 355, 356
marut（男）風 → 表22 99
markaṭa（男）猿 352, 353
mahat（形）大きい，偉大な 113, 340
mahānasa（中）（男）かまど，コンロ 109, 110
mahārāja（男）大王 226, 340, 341
mahī（女）大地，土地，国土 349
mahīpati（男）大地の守護者，王 347, 349
mahīpāla（男）大地の守護者，王 129, 130
māṃsa（中）肉 95, 96
mātṛ（女）母 表38 138
mānada（形）（男）尊敬を与える（者） 221
mānuṣa（形）人間の。（男）人間 339
mānuṣya（中）人間の状態，人間の世界 306
mārga（男）道 292
mitra（男）友人 356
mukha（中）口，顔。（形）〜のような（顔をしている） 356
mūrti（女）形，形体，身体 125, 127
mṛta（形）死んだ。（男）死骸，死人 327, 328
mṛtyu（男）死 139
me（代）1人称の人称代名詞・単数の付帯形 私に，私の 132, 140, 162, 224, 296, 298, 310, 311, 355
yajamāna（男）祭主 323
yajña（男）祭式，供犠 258
yad（代）関係代名詞の代表形。相関辞としてはtad-が使われる。相関するものの性と一致した変化形を示す。複合語の前分として使われることもある。→ 表45 141, 163, 164, 207
yāna（中）（〜にひかれた）車，乗り物 121, 122
yuga（中）宇宙年代の周期，ユガ期 258
yuṣmad（代）2人称の人称代名詞（複数）の代表形。複合語の前分として使われ「君（の）」「君たち（の）」を意味する。また，奪格・複数形。→ 表5
yūyam（代）あなたたちは → 表5 58, 159
yoga（男）ヨーガ 103, 204
yogin（男）ヨーガ行者 103
rakṣita（形）護られた → rakṣ- 236, 238
ratha（男）戦車，荷車 335, 336, 345
rasa（男）精髄，潜勢力，樹液，味 154
rāga（男）欲望，愛 30, 290, 306
rājan（男）王 115, 130, 187, 340, 341
rājaputra（男）王子 311, 341

rātri（女）夜　334, 337, 338, 383
rāśi（男）塊，多量　201
ripu（男）敵　227
rūḍha（形）根付いた，成長した，生じた → ruh-　154
rūpa（中）色，容色，形，外観　127, 231, 291, 359
roga（男）病気　157
labdha（形）得られた → labh-　11, 20, 238
loka（男）世界，天，世間（の人）　222, 259, 359
locana（中）眼　291
lohita（形）赤い　345
vaḥ（vas）（代）2人称の代名詞の付帯形　君たちを，君たちに，君たちの　133, 162
vacana（中）言明，発話　234
vajrin（形）ヴァジュラ（金剛杵）をもつ。（男）インドラ神　258
vadhū（女）女 → 表15
vana（中）森，林　187, 253, 329
vapus（中）美貌　291
vayaḥstha（形）（男）成長した（もの），成人　139
vayam（代）1人称の人称代名詞の主格・複数形　我々は → 表1　58, 207, 227
vayas（中）年齢　358
vayasya（形）同世代の。（男）同輩，友　139
vara（形）最もすぐれた，よりすぐれた　336
varṇa（男）色，外観，形　329, 331
varṣa（男）雨，年　152
vaśa（男）力，支配。（形）～の支配下にある（状態）　30, 303, 306, 359
vaśīkṛta（形）（男）支配された（もの）　303
vāc（女）言葉，言語 → 表25　34-38, 40, 101, 102
vāda（男）主張，議論，音　322, 352
vādin（男）語る者，論者　320, 356
vānara（男）猿　213
vām（代）2人称の人称代名詞の付帯形　君たち二人を／に／の　133, 162
vāri（中）水 → 表20　22, 23
vāsas（中）着物，衣服　168
vāhin（形）（男）運ぶ（もの）　154
viṃśati（数）20　372
vikṛta（形）変化した（もの）→ vi-kṛ-　362
vigata（形）去った，消えた → vi-gam-　228
vijñāna（中）認識　285
vijñāpita（形）はっきり知らされた → vi-jñā-　352
vitata（形）広げられた，広がった，広大な → vi-tan-　258, 304
vitatayajña（形）（男）祭式を大々的に行った（もの）　258
vidyamāna（形）現に存在している（もの・こと），現在の → vid-（6）　282, 283, 285, 286
vidvas（形）（男）知った（もの），賢者 → 表42　153
vidha（男）種，類　201
vidhāna（中）規定，規則　239
vidhi（男）（祭式）規定，規則

動 詞

動詞については，動詞語根を見出しとして示し，その後にその動詞が何類の動詞であるかを1から10までの番号で示している。その後に，その動詞が能動態あるいは中動態でのみ使われる場合に，P（能動態）あるいはĀ（中動態）として示している。したがってPもĀも示していない場合は，両方の態で使われる動詞である。その後に意味を与えている。変化表がある場合はそれを示している。また，便宜的に様々な変化形も見出しにあげている。その場合は，（　）内に，能動態か中動態かの区別，次にその変化形の人称・数・形態を，例えば「能動態の3人称・単数・直説法現在形」であれば，（P3・単・現）のように示し，その後に動詞語根の形を示している。形態についての略号は次の通りである。（現）直説法現在形，（過）直説法過去形，（未）直説法未来形，（命）命令法，（受）受動活用，（使）使役活用，（願）願望法，（祈）祈願法，（ア）アオリスト形，（完）完了形，（条）条件法，（複完）複合完了としている。なお，本書中では形容詞（過去分詞）としてしか出ていないものの語根を，ここにあげた場合があるが，その場合は出現頁は空欄にしている。

vi-bhaj- 1 分かつ，分有する
vi-mṛś- 6P 熟考する，省察する 353
vi-vad- 1Ā 言い争う，議論する 321
vi-śiṣ- 7P 限定する，特定する
vi-śram- 4P 止める，休む 257
vi-sṛj- 6P 放棄する，発射する，放つ 295, 342
vi-hā- 3P 捨てる 168
vi-hṛ- 1P 取り去る，時を過ごす 213
vicukrośa（P3・単・完）vi-kruś- 214
vid- 2P 知る，理解する 153, 192, 207, 238, 296
vid- 6 見出す，見つける 200, 282
vidanti（P3・単・現）vid-（6） 192
viddhi（P2・単・命）vid-（2P） 221, 357
vidyate（Ā3・単・受・現）vid-（6）見出される → 存在する，〜がある 66, 200, 201, 226, 283
vidyāt（P3・単・願）vid-（6） 236, 237, 241
vidhattaḥ（P3・両・現）vi-dhā- 244
viniṣpatet（P3・単・願）vi-niṣ-pat- 240, 241
vindati（P3・単・現）vid-（6） 200
vindate（Ā3・単・現）vid-（6） 200
viś- 6 〜に入る 219
viśrāmyatu（P3・単・命）vi-śram- 256, 257
visarjayati（P3・単・使・現）vi-sṛj- 295
viharanti（P3・複・現）vi-hṛ- 213
vī- 2P 離れる，消える 290
vṛ- 5 選ぶ 222
vṛt- 1Ā 存する，生じる，起こる
vṛdh- 1Ā 増加する，成長する 237
vetti（P3・単・現）vid-（2P） 192, 207
vedmi（P1・単・現）vid （2P） 192
vy-ava-sthā- 1Ā 配置する，固定する，確立している 192
vyavasthāpayāmaḥ（P1・複・使・現）vy-ava-sthā- 192
vy-ā-han- 2P 苦しめる，打つ，妨害する
vraj- 1P 行く 218, 315
śak- 5P できる 199, 291, 317, 350
śaknoti（P3・単・現）śak- 317
śaknomi（P1・単・現）śak- 199
śam- 4P 静まる，止む 91
śuc- 1/4 燃える，輝く，焼ける，嘆く 225, 314, 316
śucaḥ（P2・単・ア）mā śucaḥ で禁止を表し，「嘆くな」を意味する。 211, 314, 316
śuṣ- 4P 乾く，乾燥する 281
śuṣyanti（P3・複・現）śuṣ- 281
śṛṇoti（P3・単・現）śru- 283
śoṣayate（Ā3・単・使・現）śuṣ- 281

不変化詞（語尾が変化しない語）

上に見た名詞・形容詞と動詞の他に，文法的には，副詞，前置詞，接続詞，間投詞などがあるが，サンスクリットではこれらを一括して不変化詞と呼んでいる。形容詞の中性の対格・単数形が副詞として使われたり，名詞の具格形が前置詞として使われたり，もとの形に -taḥ や -tra などの接尾辞がついて関係や場所を表す副詞となるものなどがある。

256, 330, 353
tatra　場所を示す副詞　そちらに（で），あちらに（で）［心理的に離れている場所を指す］　78, 167, 213, 312, 334, 336
tathā　そのように，同様に，そして（caと同じ），（yathāと相関して）〜と同じように　109, 129, 131, 154, 168, 220, 249, 316, 357
tadā　その時に，（yadāと相関して）〜する時に，〜した時に　230, 329
tāvat　その間，まずは，（yāvatと相関して）〜する間に，〜するまでに　225, 226, 249, 253, 290, 291
tu　しかし，一方　101, 198
dhik　ああ，嘆かわしい（間投詞）145
nānā（副）様々に，種々に　201
niḥsaṃśayam　疑いなしに　358
nityam　常に　236
nu　nu … nu … で，「… か … か」220
param　〜の後に　366
paramārthataḥ　本当に　256
paras（副）遠くに，向こうに，〜を越えて，〜を除いて　356
parasparam　互いに　320
parokṣam　視界の外で，知覚されることなしに　357
paścāt　その後　324, 327
pūrvam　以前に，すでに　218
pṛthak　別々に，別個に　360
pratyakṣam　眼前に，はっきりと　357
prayatnataḥ　懸命に　236
prātar　翌朝に，夜明けに　324, 327
balīyas　力強く，猛烈に　383
mā　「しないように」という禁止を表す　203, 211, 218, 229, 230, 314
māciram　今すぐ　218
yathā　〜のように，〜の通りに（従属接続詞としてtathāと相関して）〜のようにそのように…　109, 110, 111, 168, 331, 357
yathātatham　正確に，あるがままに　155, 168
yathāśakti　精一杯に，できる限り　347, 348
yadā（従属接続詞としてtadāと相関して）〜である時に，〜する時に　229, 230
yadi　もし〜なら（ば）　232, 233
yāvat（従属接続詞としてtāvatと相関して）〜する間，〜した時，〜するやいなや，〜するまで　225, 226, 289, 290
vai　実に　36, 40, 155, 156
samyak　正しく　236, 348
sarvatra　あらゆるところで　292
sasvaram　大声で　214
sākṣāt　眼前に，現に　127
sārdham　〜と一緒に　122
svabhāvataḥ　本質的に　234
svayam　自分で　294, 352
hi　なぜなら；実に　134

赤松明彦（あかまつ・あきひこ）

1953年，京都府生まれ．1976年，京都大学文学部哲学科卒業，1981年，同大学大学院文学研究科博士後期課程単位取得退学．1983年，パリ第三大学第三期博士課程修了．京都大学人文科学研究所助手，九州大学文学部助教授，同大学文学部教授，京都大学大学院文学研究科教授，京都大学白眉センター長等を歴任．この間，京都大学大学院文学研究科長，文学部長，大学理事・副学長等を務める．京都大学名誉教授．Ph.D.（インド学）．専攻・インド哲学・サンスクリット文献学．

著書『楼蘭王国――ロプ・ノール湖畔の四千年』（中公新書，2005年），『『バガヴァッド・ギーター』――神に人の苦悩は理解できるのか？』（岩波書店，2008年），『インド哲学10講』（岩波新書，2018年），『ヒンドゥー教10講』（岩波新書，2021年）他

翻訳『大乗仏典 中国・日本篇　第1巻「大智度論」』（龍樹作・鳩摩羅什漢訳，梶山雄一共訳，中央公論社，1989年），ピエール・ユアール，ジャン・ボッシー，ギ・マザール『アジアの医学――インド・中国の伝統医学』（高島淳・荻本芳信共訳，せりか書房，1991年），バルトリハリ『古典インドの言語哲学』（平凡社東洋文庫，全2巻，1998年）他

サンスクリット入門（にゅうもん）
中公新書 *2812*

2024年7月25日発行

著　者　赤松明彦
発行者　安部順一

本文印刷　三晃印刷
カバー印刷　大熊整美堂
製　　本　小泉製本

発行所　中央公論新社
〒100-8152
東京都千代田区大手町 1-7-1
電話　販売 03-5299-1730
　　　編集 03-5299-1830
URL https://www.chuko.co.jp/

Published by CHUOKORON-SHINSHA，INC.
Printed in Japan　ISBN978-4-12-102812-9 C1287